유머의
마법

유머의 마법

—

2021년 3월 3일 초판 1쇄 발행
2021년 3월 25일 초판 2쇄 발행

—

지은이 제니퍼 에이커, 나오미 백도나스
옮긴이 김영옥
펴낸이 이종주

—

총괄 김정수
책임편집 유형일
마케팅 배진경, 임혜솔, 송지유

—

펴낸곳 (주)로크미디어
출판등록 2003년 3월 24일
주소 서울시 마포구 성암로 330 DMC첨단산업센터 318호
전화 02-3273-5135
팩스 02-3273-5134
편집 070-7863-0333
홈페이지 http://rokmedia.com
이메일 rokmedia@empas.com

—

ISBN 979-11-354-9591-5 (03320)
책 값은 표지 뒷면에 있습니다.

—

- 안드로메디안은 로크미디어의 자기계발, 경제경영, 실용 도서 브랜드입니다.
- 잘못 만들어진 책은 구입하신 서점에서 교환해 드립니다.

Humor, Seriously: Why Humor Is a Secret Weapon in Business and Life

유머의 마법

인생과 비즈니스를 바꾸는 유머의 놀라운 힘

제니퍼 에이커,
나오미 백도나스 지음
김영옥 옮김

Andromedian

저자 / **제니퍼 에이커**Jennifer Aaker

제니퍼 에이커 박사는 스탠포드 경영대학원의 교수이다. UC버클리 대학교에서 필립 테틀록, 대니얼 카너먼 밑에서 공부하며 심리학으로 학사를 받았다. 졸업 후 스탠포드 경영대학원에서 마케팅으로 박사 학위를 받았으며, 부전공으로 심리학을 연구했다. 그녀는 의미와 목표가 어떻게 개인의 선택에 영향을 미치는지, 그리고 기술이 인간의 복지와 기업 성장에 어떻게 긍정적인 영향을 미칠 수 있는지에 대해 연구하는 선도적인 전문가다. 그녀의 연구는 주요 과학 저널에 게재되었고 이코노미스트, 뉴욕 타임스, 월스트리트 저널, 애틀랜틱, 사이언스에 실렸다. 뛰어난 과학적 업적상의 수상자이자 올해의 MBA 교수로 뽑힌 바 있다. 이러한 그녀이지만 스스로 인생에서 가장 훌륭했다고 생각하는 업적은 1980년대에 댄스 대회에서 우승한 것이라 말할 만큼 쾌활하다. 그녀는 많은 사람들이 유머를 직장에서만이 아니라 인생에서 제대로 활용할 수 있기를 바란다. 나오미 백도나스와 함께 진행하는 스탠퍼드 경영대학원의 인기 강의 '유머, 시리어스 비즈니스'를 확장하여 책으로 써내게 된 것은 이러한 노력의 일환 중 하나이다.

저자 / **나오미 백도나스**Naomi Bagdonas

나오미 백도나스는 스탠포드 경영대학원의 강사이자 경영자 코치이다. 그녀는 리더, 포춘지 선정 100대 기업, 비영리 단체를 위한 대화형 수업을 진행한다. 또한 미국 코미디 버라이어티 쇼 새터데이 나이트 라이브와 투데이 등 TV 프로그램에 출연하는 임원들과 연예인들을 코칭하기도 한다. 미국 즉흥 코미디 극단 업라이트 시티즌스 브리게이드Upright Citizens Brigade에서 훈련받은 그녀는 코미디 공연장에서 공연하고 샌프란시스코 카운티 교도소에서 즉흥극을 가르친다.

역자 / **김영옥**

독어독문학과를 졸업했다. 문학을 통해 사람을, 삶을, 이상을 들여다보며, 이해하고, 위로받고, 깨닫는 과정이 좋았다. 문화와 언어의 차이를 넘어 원작의 감동을 고스란히 독자의 가슴에 전하고자 번역에 매진하고 있다. 글밥아카데미 출판번역 과정을 수료하고 바른번역 소속 번역가로 활동 중이다. 옮긴 책으로 《마이펫의 이중 생활 1, 2》, 《프리다 칼로》, 《스티븐 호킹》, 《북유럽 신화》, 《고양이가 되다》, 《나는 아주 작은 것부터 시작했다》, 《어떤 개를 찾으세요》, 《이기는 식단》, 《새로운 정치 실험 아이슬란드를 구하라》 등이 있다.

유머가 우리를 인간으로 만든다

에드 캣멀

유머를 논해보자. 하지만 우선 이야기에 관해 알아보자.

이야기는 주로 다음과 같은 세 파트로 이뤄진다. 첫 번째 파트에서는 독자들에게 문제가 무엇인지 그리고 왜 그 문제를 신경 써야 하는지 알려준다. 두 번째 파트에서는 모든 것이 잘못된다. 진짜, 엉망진창으로 꼬이고 뒤틀린다. 세 번째 파트에서는 현실과 달리, 모든 것이 해결된다. 일이 정확히 마무리되는 방식은 현실과 달리 항상 놀라울 따름이다.

픽사의 영화는 우리의 가슴을 울리고, 집단적 경험에서 나오는 재미와 게임과 모험과 아픔이 담긴 의미 있는 이야기를 추구했다. 이를테면 레미는 그냥 쥐가 아니다. 그는 세계적인 요리사가 되겠다는 원대한 꿈을 가진 용감한 어린 쥐다.

우리는 그 의미를 근본적이고 감정적인 차원에서 사람들에게 전하는 가장 좋은 방법이 유머라는 것을 발견했다.

실제로 유머 없이 더 깊은 의미를 보여 주기란 아주 힘들다. 모든 것이 너무 정확하고 명확해지기 때문이다. 그러면 마음을 사로잡을 수 없다. 오히려 강의에 가까워진다. 그리고 요리사 모자를 쓴 쥐에게 강의를 듣고 싶은 사람은 아무도 없다.

유머는 농담이나 제멋대로 내뱉는 말이 아니다. 반향을 일으키려면 캐릭터 자체에서 자연스럽게 흘러나와야 한다. 영화의 서술기법이나 캐릭터의 변화 과정에서 창출되는 공간과 조화의 유머가 관객을 위한 의미를 만들어 낸다.

인생도 그래야 한다.

우리는 모두 삶에서 의미를 원한다. 하지만 일과 인생이 진지해지고 힘들고 재미없고 스트레스로 가득해지는 순간이 있다. 유머감각은 단순히 그런 진지한 상태를 종결하거나 상쇄하는 것이 아니라 의미를 회복시킨다. 직장 동료, 파트너, 가족, 친구 사이에 벌어진 예상치 못한 순간들이 당신을 뒤흔들고 긴장하게 만든다. 힘들었던 그 순간들이 관계의 형태를 정의한다. 좋은 시기에 함께 농담을 나누며 형성한 유대감은 상황이 아주 심각해질 때 어마어마한 가치를 지닌다.

이는 개인뿐만 아니라 각 조직의 리더에게도 적용된다.

픽사는 창립 이래 많은 문제에 직면해왔다. 어렵고도 심각한 문제들이었다. 재정 문제, 문화 문제, 우리의 정체성을 규정해 주던 환상적인 팀원들을 잃은…… 문제. 그런 상황에서 리더로서 내가 했던 말은 아무런 의미가 없었다. 그저 씻겨 나갈 말일 뿐 정작 사람들이 받아들인 것은 내 행동이었다. 우리는 실패를 인정하고 진정한 가치를 보여주는 행동을 취해야 한다.

지적인 시각, 공감, 인간애가 담긴 건강한 유머 감각을 이용해 그런 행동을 취하는 것은 예상치 못한 일에 대응하는 필수적인 부분이다. 새로운 현실에 적응할 때도 마찬가지다. 말은 별로 중요하지 않다. 행동과 태도가 중요하다.

유머 감각은 우리를 인간으로 만들어 주는 하나의 영역이다. 깊이 있는 연결력과 강력한 힘을 지녔다. 유머를 효율적으로 사용한다고 문제가 가벼워지지는 않는다. 하지만 심각한 일이 있어도 앞으로 나아가는 모습을 보여 준다.

훌륭한 픽사의 주인공들이 영화의 클라이맥스에서 보여 주는 모습이기도 하다.

주인공들은 문제에 적응하고 바꾸고 고친다. 우리 영화에서 주인공들은 유머로…… 때로는 약간의 파프리카로 그런 일들을 한다.

유머로 심각한 상황을 종결짓는 것. 그곳이 우리가 의미를 발견하는 지점이다.

의미 있는 독서가 되길 바라며.

에드 캣멀

진지함과 재미

재미의 법칙이 중력의 법칙을 대체할 수 있다. - R. A. 래퍼티

2016년, 선선한 10월의 어느 저녁, 행동과학자와 강사 열 명이 시카고의 한 무대에 올랐다. 스탠퍼드, 하버드, 컬럼비아, 펜실베이니아 대학에서 불려 온 이들은 인간의 인지, 인공지능, 웰빙, 세계적 부의 분배, 협상, 의사 결정 같은 주제에 관해서라면 잠결에도 강의할 수 있는 사람들이었다. (아마 그럴 것이다.)

하지만 우리는 그날 강의를 하기 위해 (아니면 잠을 자기 위해) 함께 무대에 오른 것이 아니었다.

우리는 스케치 코메디와 즉흥극을 하기 위해 그곳에 모였다.

오늘날에는 학자들이 비즈니스계 사람들처럼 재미가 없다고 알려져 있다. (또는 카리스마가 없거나, 사랑스럽지 않다고……. 우리도 안다.) 그런 우리 중 열 명이 세계적으로 유명한 극장이자 교육센터인 '세컨드 시티The Second City'에서 이틀 동안 유머 정상회담을 하기 위해 모였다. 지금까지 행해진 연구가 너무 명백했기 때문이다. 유머는 인간의 심리와 행동에 엄청난 영향을 미친다. 그리고 우리는 이 신흥 분야가 비즈니스계에서 가장 강력한 경쟁우위 중 하나가 되리라 믿

었다.

이틀에 걸쳐 우리는 그 분야에서 탐사해 온 내용을 논하고 우리의 여정을 함께할 새로운 연구 영역에 대한 아이디어를 모았다. 유머가 힘, 믿음, 창의성에 미치는 영향 같은 광범위하고 고차원적인 영역에서 농담거리를 만드는 방법 같은 전략적 영역까지 다루었다. 또한 우리는 보라색 공던지기 놀이를 하면서 '이런, 놓쳤어!', '앗싸!' 같은 소리까지 질렀다. 물론 보라색도 공도 다 상상 속 이야기다(모임에서 사람들 사이의 창의성, 협력, 친밀성을 높이기 위한 게임. 공이 있다고 상상하며 서로에게 패스하는 형식이다—옮긴이).

우리는 세컨드 시티의 코미디 전문가인 앤 리버타와 켈리 레너드에게서 유머 기법에 대한 집중 강의를 받았다. 그들은 스티븐 콜베어, 스티브 카렐 같은 유명인들 그리고 스티브라는 이름을 갖진 않았지만 티나 페이, 에이미 포엘러, 줄리아 루이스 드레이퍼스 같은 재능 있는 사람들을 가르친 전문가들이다. 집중 강의는 모두가 무대 위에서 신나는 스케치 코미디 공연을 하는 것으로 막을 내렸다.

우리 모두를 그날 그 무대로 데려다 놓은 학설, 그것을 확인하기 위한 다년간의 탐사가 그 회담으로 시작되었다. 연구라는 관점에서 보면 유머는 진지한 비즈니스다. 그런데 현재 대부분의 일터에서 아주 많이 과소평가되고 있다.

이런 현상은 유머의 이점에 대한 근본적인 오해에서 비롯되기도 한다. 진지함과 재미는 서로 어울리지 않는다는 오해 말이다. 하지만 연구결과는 이와 다르다. 사실 너무 진지하게 받아들이지 않을 때 중요한 일을 가로막는 스트레스가 줄고 동료들과 더욱 의미

있는 연결고리를 만들고 더 혁신적인 해결책에 마음을 열 수 있다.

한편 직감적으로 유머가 가진 힘의 일부는 이해하지만, 실제로 유머를 의도적으로 활용할 줄 아는 사람은 거의 없다.

이것은 심각한 문제다. 협상 자리에서 큰 이익을 안겨 주는 유머의 효과도 중요하지만, 우선 직장에서 유머가 부족하면 신체적 건강(우리의 일터가 우리를 죽이고 있다), 우리의 관계(우리가 그 어느 때보다 단절되고 있는 시기에 행복의 가장 훌륭한 원동력), 그리고 우리 팀과 동료들(급속히 변화하는 세상에서 경쟁하느라 사투를 벌이고 있다)에게 심각한 결과를 초래한다. 우리는 또한 이런 문제가 '쉬고 있는 상사의 얼굴'이라 알려진 영원히 펴지지 않을 볼썽사나운 찌푸린 얼굴의 원인이라고 추측한다.

우리는 기록을 바로잡기 위해, 학자들에게 알려진 가장 섹시한 수단인 행동과학을 이용해 (코미디언들의 도움도 살짝 추가해) 유머가 우리의 직업과 비즈니스와 삶에 주는 혜택을 분석하기 위해 이 책을 썼다. 그 속에서 유머가 그토록 강력한 영향력을 지닌 이유와 유머가 제대로 사용되지 못하는 이유 그리고 가장 중요하게는 유머를 더 많이 더 잘 사용하는 방법을 배우게 될 것이다.

그렇다. 당신, 우리가 가장 좋아하는 독자인 당신, 이 책의 주인공인 당신이 그렇게 될 것이라는 말이다.

이쯤에서 당신에 대한 이야기는 그만하고…….

우리에 대해서

우리는 지난 5년간 유머라는 학문에 푹 빠져 살았다. 행동과학자이자 스탠퍼드대학교 교수인 제니퍼는 개인의 선택이 어떻게 의미와 목적을 형성하는지 연구한다. 그리고 기업 간부와 유명 인사들에게 혁신과 미디어를 가르치는 나오미는 지난 10년간 협력 전략과 즉흥 연극과 스케치 코미디에 전념해 왔다.

우리는 또한 스탠퍼드 경영대학원에서 '유머: 진지한 비즈니스'라 불리는 강좌의 창시자(이자 교사)이다. 우리는 그곳에서 세상에서 가장 야심 있고 똑똑하고 카페인에 찌든 비즈니스 마인드들에게 유머와 가벼운 농담을 활용해 미래의 조직과 인생을 변화시킬 방법을 가르친다. 우리의 MBA 학생들은 '관리회계'와 '금융 거래 전략'을 듣는 것처럼 유머의 힘에 관한 강좌에서도 학점을 받는다.

그 과목은 재미있다. 그리고 진지한 비즈니스이기도 하다.

우리는 어떻게 그런 강좌를 하게 됐을까? 나오미의 경우는 한 고객의 즉석 코멘트가 그 시작이었다.

"나는 나오미 씨가 금요일 밤마다 뭘 하는지 정확히 알고 있어요."

그녀를 컨설턴트로 고용한 사람에게 듣기에는 이상한 발언이었다. 하지만 보니와 나오미는 지난 석 달 동안 꽤나 가까워졌다. 전략 컨설턴트로서 나오미는 보니의 조직이 고객의 경험을 재정립할 수 있도록 돕는 팀을 감독했다. 그 프로젝트는 치열했고 그녀와 보니는 함께 일하며 수백 시간을 보냈다.

보니는 심혈을 기울여 자기가 생각하는 금요일 밤 나오미의 모습을 설명했다. 풍경화가 걸려 있고 고양이가 있는 회색 벽면의 아파트에서 '다음 주를 위해 블라우스를 다시 다림질하고 있는' 나오미를 상상했다. 그리고 나오미의 고양이 이름이 '고양이'일 거라고 강조했다.

으응?

보니는 순식간에 나오미의 직업적 자아를 여실히 드러내는 거울을 끄집어냈고 거기에 비친 상은 진정성 면에서 실망스러웠다. 세련되고 엄격하고 자기 일에 어마어마하게 능숙하지만, 그녀를 그녀로 만드는 개성과 즐거움은 눈곱만큼도 없었다.

더욱이 보니의 평가가 완전히 틀렸다고 볼 수도 없었다. 나오미는 그동안 두 삶을 살고 있었다. 스포츠카, 멋진 호텔 같은 후끈후끈한 인생을 말하는 것이 아니다. 직장에서는 나오미가 밤에 코미디를 공부하고 공연한다는 걸 아는 사람이 아무도 없었고, 그녀의 코미디언 친구들은 낮에 그녀가 포춘 50인에 선정된 고객들에게 조언한다는 사실을 아는 사람이 없었다. 그녀는 수년간 이 두 가지 일을 신중하게 분리해 왔고 결국 다른 쪽에 '전달할 수 있는 기술'을 가지지는 못한 것이다.

하지만 더 자세히 들여다보니 코미디를 넘어 유머의 어마어마한 힘이 보였다. 그녀에게 가장 의미 있는 친구를 만들어 주고, 그녀의 아버지가 병들었을 때 가족을 버티게 해준 유머의 힘을 본 것이다. 그녀는 카운티 내 교도소에서 즉흥극을 가르치는 사이 웃음을 나누는 것이 어떻게 서로 간의 역학을 바꾸고 새로운 종류의 무방비 상태를 만들어 내는지 보았다. 그리고 유머의 설득력, 연계성, 기쁨의 힘을 보았다. 그 모든 과정에서 그녀는 스스로 더 큰 진정성을 느낄 수 있었다.

나오미는 보니와의 일을 겪은 뒤, 사무실에서 더 많은 즐거움을 누릴 수 있고 유머가 일터에서 자산이 될 수 있음을 증명하기 시작했다. 그리고 자신의 고객들도 그럴 수 있도록 도왔다.

제니퍼는 그럴 시간이 없었다.

제니퍼에게 유머는 결코 관심의 대상이 아니었다. 물론 그녀는 웃음을 좋아했다. (참고: 이 문장을 소시오패스처럼 들리지 않게 쓰기란 불가능하다.) 하지만 제니퍼는 연구나 글쓰기 등 이런저런 일들을 처리하는 것에 훨씬 더 관심이 많았다.

그런 관점은 2010년, 제니퍼가 남편과 함께 세상에 긍정적인 변화를 일으킬 네트워크와 이야기의 힘에 관한 《드래곤플라이 이펙트The Dragonfly Effect》를 쓰면서 완전히 변했다. 책을 출간한 첫해에 그녀는 스탠퍼드대학의 '십만 칙스'라는 학생단체와 함께 국가골수협회에 새 기증자를 100,000명 이상 등록시키는 것을 목표로 일했고 그 과정에서 자신의 책에 나오는 여러 도구들을 적용했다.

그때 제니퍼는 함께 일하던 열일곱 명의 환자 중에서 애미트 굽타를 만났다. 애미트는 백혈병을 앓고 있었고 골수 이식이 필요한 상황이었지만 전국 골수 기증 프로그램에 등록된 골수 중에 일치되는 것이 없었다. 그래서 애미트와 친구들은 가능한 많은 동남아시아 사람들에게 접촉해 기증 프로그램 등록을 설득하기 시작했다.

제니퍼는 객관적으로 인간이 경험할 수 있는 가장 침울한 시기에 애미트와 그의 친구, 가족, 동료들이 캠페인 사이사이에 어떻게 유머와 농담을 불어넣는지 목격했다.

그의 웹사이트(www.AmitGuptaNeedsYou.com)에서 방문자들은 구피가 그려진 빨간 티셔츠를 입고 구피 미소를 띤 애미트를 본다. '골수 기증은 헌혈과 비슷한 과정으로 이뤄집니다. 고통스럽진 않지만 지루하지요.' 그는 트위터와 텀블러에 기증자를 찾는 발랄한 메시지를 올리고, 집에서 연 골수 기증 이벤트에 모두 '동남아시아 친구'를 데려와야 한다고 외쳤으며, 트렌디한 뉴욕 바에서 '표본 채취 파티'를 열자고 농담했다. 그리고 캠페인에 코미디언들을 참여시키기 위해 dosomething.org와 협력했다. 일례로 아지즈 안사리와 크리스 프랫은 유쾌하게 (하지만 진심을 담아) 전립선암을 이야기하며 학생들에게 '암에 침을 뱉어라give a spit about cancer' 캠페인을 장려했다.

효과가 있었다. 2012년 1월 20일, 애미트는 완벽한 골수를 찾았다.

죽음에 직면하면서 애미트는 유머를 키웠다. 덕분에 자신과 주변 인물 모두가 더 의욕적이고 기민하게 그리고 효과적으로 사람들을 프로그램에 등록시킬 수 있었다. 애미트가 끊임없이 일을 진행하고 사람들을 결집하고 결국에는 그 치명적인 혈액 질병에서 살아남는 것을 지켜본 제니퍼는 유머가 이전에 한 번도 생각해 본 적 없었던 방식으로 사람들을 움직인다는 사실을 깨달았다.

우리는 이런 경험을 통해 일과 삶을 변화시키는 유머의 잠재력을 꽤나 과소평가했음을 알았다. 그래서 일과 삶에서 그 영향력을 살펴보기 시작했다.

나오미는 코미디 공부에 더 몰두했다. 경영진을 지도하는 일에 코미디를 접목하고자 했고 동경하는 코미디언들에게 배움을 얻기 위해 LA로 갔다.

그리고 제니퍼는 연구, 구체적으로는 유머의 행동과학을 연구하는 쪽으로 방향을 잡았다. 유머의 행동과학이 인간의 동기, 의사결정, 감정과 신체 건강에 미치는 영향 그리고 그것을 세상에 의미 있는 영향력으로 확장할 활용 방안을 연구했다. 물론 그 모든 연구를 (소시오패스처럼 보이지 않게) 웃으면서 진행했다.

하지만 데이비드 코퍼필드의 불꽃을 터뜨려야 마땅할 경이로운 자유의 여신상 없애기 같은 진짜 마술은 우리 둘이 경험하고 연구한 두 세상이 합쳐졌을 때 시작될 것이다.

2014년, 두 사람의 만남은 제니퍼가 유머와는 전혀 관련성이 없는 주제인 이야기와 데이터를 효과적으로 조합하는 법에 관한 자신의 강의 '이야기의 힘'에 나오미를 게스트로 초대하면서 이뤄졌다.

제니퍼는 나오미가 전달하는 내용에 대한 학생들의 반응을 지켜봤는데 그들이 신경 화학적 뇌 시스템과 인지 분석에 관해 배우면서 배꼽을 잡고 웃는 것을 보고 깜짝 놀랐다.

이 사실은 너무나 중요해서 반복할 필요가 있다. 그러니까 학생들이 신경과학과 통계 방법을 배우는 동안 웃었다. 더욱이 제니퍼는 학생들이 학기 내내 나오미에게 배운 개념을 응용했고 8주가 지난 후에도 그 개념들을 생생히 기억하고 있음을 관찰했다.

분기가 끝나고 보고를 위해 전화기를 들었다. 통화는 단순한 개요 설명을 벗어나 우리를 여기, 여러분과 함께하는 이곳에 필연적

으로 이끈 그 질문에 대한 열정적 탐구로 이어졌다:

만약 우리가 코미디 이론에 유머의 행동과학을 접목하고 그것을 실제로 사업에 도움이 되는 방식으로 적용할 수 있다면 어떨까? 이것이 관계를 심화시키고 직장 생활을 더 효율적이고 즐겁게 만들고 근본적으로 기업을, 어쩌면 세상까지도 변화시킬 수 있을까?

그래서 우리는 연필을 깎아 글을 쓰기 시작했다. 이 책은 이런 질문들에 답하기 위한 우리의 시도다.

우리가 해 온 일

지난 6년에 걸쳐 우리는 어질어질할 정도로 많은 연구와 실험을 진행하고 그러면서 아름다운 우정을 쌓아 왔다.*

구체적으로는 이렇다.

우리는 유머가 어떻게 작용하는지(또는 어떻게 실패하는지), 유머가 사람의 수명과 문화에 따라 어떻게 달라지는지, 사회적 지위와 유머 사이의 미묘한 관계, 특히 자칭 재미없는 것이 어떻게 재미있는 것이(아니면 좀 덜 재미없는 것이) 되는지 이해하는 것을 목표로 166개국

* 한 학생은 강의 평가에서 '불편할 정도로 가깝다.'라고 평가했다.

의 150만 명이 넘는 사람들을 대상으로 연구를 진행했다.

우리는 심리학(이를테면 의사결정과 동기), 사회학(사회운동과 이야기 정체성), 신경과학과 생물학(뇌 화학과 웃음 생리학) 면에서 실험하고 관찰하는 연구를 통해 깊이 파고들었다. 그런 다음 특별히 재미를 위해 몇몇 연구를 좀 더 해 보았다.

우리는 세컨드 시티에서 스케치 코미디를 배우고, UCB 코미디 즉흥극장과 그라운들링즈 희극극단에서 즉흥코미디를 배우는 등 세계 유수의 코미디 협회 및 기관에서 훈련했다. 우리는 수백 시간을 연습하고 극단의 희미한 불빛 아래에서 공연하면서 대실패를 거두는 느낌이 어떤지 거듭 체험했다. 그러면서 서서히 나아졌다.

우리는 우리에게 지혜와 비밀을 나눠 줄 실제 코미디언들을 만나기 위해 전국을 날아 다녔다.* 노먼 레어와 문화적 특징을 활용하는 유머의 힘에 대해 이야기하고, 디 어니언The Onion(미국의 언론사로 풍자적인 뉴스와 신문을 제공한다—옮긴이)의 설립자인 스코트 디커스에게 창작 과정을 인터뷰하고, 줄리아 루이스 드레이퍼스에게 〈부통령이 필요해Veep〉(줄리아 루이스 드레이퍼스가 출연한 미국 드라마—옮긴이)의 코미디 마술에 대해 질문했다. 우리는 〈투나잇쇼The Tonight Show〉의 무대 뒤 복도에서 지미 팰런을 만났고, 언젠가 완벽하게 깎은 연필을 좋아한다고 거의 들리지도 않게 중얼거린 세스 마이어스에게 제대로 깎은 연필들을 보냈다. 우리의 연구 과정은 학구적이고 흡인력이 있었으며 전혀 스토커처럼 보이지 않았다.

* 그러니까 우리가 여기저기 돌아다녔다는 소리다. 버스를 타고.

우리는 산업 전반에 걸쳐 수백 명의 리더들을 인터뷰했다. 트위터와 구글 같은 거대 기술기업부터 안드레센 호로위츠Andreessen Horowitz 같은 벤처캐피털, IDEO 같은 창의적인 컨설팅 회사, 퍼니 오어 다이Funny or Die와 〈새터데이 나이트 라이브Saturday Night Live, SNL〉 같은 코미디쇼에 이르기까지 다양한 기업의 CEO들과 이야기했다. 우리는 전 미국 국무장관 매들린 올브라이트에게 외교와 협상에서 위험성이 높은 상황일 때 유머가 어떤 도움이 되는지를 묻는 등 정치 지도자들도 인터뷰했다.

우리는 배가 불러 숨도 못 쉴 만큼 코미디를 먹어 치웠다. 나오미는 혼자 즉흥극과 스탠드업쇼에 가느라 수백 시간을 보냈다. 연구를 이어가다 보니 그 속도에 맞춰 친구를 사귈 수가 없었다. 제니퍼는 1975년 이후 SNL의 전체 에피소드와 《티나 페이의 보시팬츠Bossypants》(〈SNL〉의 수석작가가 쓴 책이다—옮긴이)를 두 번 읽었고, 존 멀레이니의 〈더 컴백 키드Comeback Kid〉는 너무 많이 봐서 그의 대사가 수시로 자기도 모르게 입에서 튀어나왔다.

그런 다음, 우리의 아이디어를 뒷받침할 수 있게 스트레스 테스트를 받았다.

우리는 매킨지, 딜로이트, 포레스터 같은 회사에서 **워크숍을 열었다**. 물론 컨설팅을 하지 않는 회사들도 많지만, 중요한 것은 경영컨설턴트가 유머의 힘을 활용하는 법을 배울 수 있다면 우리 모두에게 희망이 있다는 사실이다.

우리는 경영진과 유명 인사들에게 미디어 코칭을 할 때 이런 원칙을 적용했다. 이는 〈투나잇쇼〉와 〈새터데이 나이트 라이브〉부터 회사 전체 미팅, 정치 캠페인 연설, 유엔 포럼에서 나온 회담까지 모두 적용된다.

우리는 수백 명의 스탠퍼드대학 MBA와 경영진들에게 강의했는데 그들은 그 원칙을 우리의 상상을 뛰어넘어 기상천외한 방법으로 실행에 옮겼다. 한 창업가는 유머를 가미해 회사의 성명서를 만들었고 어떤 공학자는 유머의 문화적 뉘앙스를 시각화하기 위해 설치 미술을 제작했고, 한 식품 과학자는 인생을 함께하자는 내용의 만화책을 만들어 (당시)* 남자친구에게 청혼했다.

언제나 우리의 발견은 진지함과 재미 사이의 그릇된 이분법에 도전했고, 재미가 키워 내는 인생의 심오한 혜택을 찾아냈다. 우리의 연구가 밝혀 낸 한 가지가 있다면 그것은 진지한 것들과 싸우기 위해서 우리 스스로 진지해질 필요가 없다는 것이다.

진지함과 재미가 균형을 이루면 그 두 가지가 모두 힘을 얻는다.

그게 바로 우리가 여기 있는 이유다.

게임전략

당신이 우리가 아는 사업가들과 별다르지 않다면 당신도 전략을 좋아할 것이다. 지침도 마찬가지다. 그리고 전략을 위한 지침도. (어쩌면 전술도?) 이 책에서 다룰 내용은 다음과 같다.

---

* '당시 남자친구'와 관련된 이야기는 그 끝맺음이 두 가지 중 하나다. 이 경우는 해피엔드다.

유머 절벽 (1장). 일터에서 유머를 더 효과적으로 사용하는 법을 배우기에 앞서 우리를 가로막는 것을 이해할 필요가 있다. 우리는 일터에서의 유머에 관한 가장 일반적인 미신 네 가지를 밝히고 재미, 유머, 코미디 사이의 관계를 이해하는 중요한 틀을 나눌 것이다. 그런 다음 뚜렷이 구분되는 네 가지 유머 스타일을 탐구하고 자신만의 유머를 찾도록 도울 것이다. 왜 이렇게 하냐고? 훌륭한 유형별 분류체계를 싫어할 사람이 어디 있겠는가?

유머와 뇌 (2장). 우리는 과학을 파헤칠 것이다. 우리의 뇌가 유머와 웃음에 대한 반응과 어떻게 연결되어 있는지, 그리고 행동학 연구에서 (여러 가지 가운데 특히) 유머가 지위에 대한 인식을 높이고, 의미 있는 관계로 가는 길을 단축하고, 창의성과 혁신을 실현하고, 복원력을 촉진한다는 사실이 어떻게 증명되었는지 살펴보자.

코미디 해부학 (3장). 다음으로 우리는 코미디 세상을 철저히 분석할 것이다. 뭔가를 재밌게 만드는 것이 무엇인지 알아보고 우리의 뇌가 다른 렌즈를 통해 세상을 볼 수 있게 훈련하고 전문 코미디언의 기술을 이용해 유머를 만든다.

유머로 18킬로그램을 감량한 방법(당신도 할 수 있다!). 농담이다. 4장은 몸무게 감량과는 전혀 상관이 없다. 진짜 제목은…….

재미를 일터로 (4장). 아마 당신은 유머의 힘을 직관적으로 이해하고 '실생활'에서 상당량의 유머를 구사하고 있겠지만 일터에서만큼은 그러기가 쉽지 않을 것이다.

우리는 당신이 일터에서 매일매일—전략적으로—더 많은 유머를 구사할 수 있게 하는 간단한 전략을 제공한다.

유머로 리드하기 (5장). 조직의 대열에 오른 사람이라면 누구나 알듯이 지위는 많은 면에서 게임의 판도를 바꾼다. 우리는 유머가 강력한 리더십 전략인 이유를 탐구할 것이다. 그리고 그것은 앞서 가장 주목할 만하고 성공한 리더들이 어떻게 유머로 자신의 힘을 드높이고 사람들의 신뢰를 얻었는지 탐구할 때 썼던 도구를 기반으로 할 것이다. 우리가 이렇게 해야 하는 이유는 결국 리더십의 권위자 존 맥스웰의 확실하고 지혜로운 말처럼 '리드해도 아무도 따라오지 않는다면 그저 산책일 뿐'이기 때문이다.

유머 문화 만들기 (6장). (거대기업이나 신생기업 같은 곳의) 조직문화는 한 사람이 만들어 내는 것이 아니다. 한 지도자의 유머 활용보다 더 강력한 힘은 유머가 어디서나 튀어나올 수 있는 환경에서 만들어진다. 우리는 유머라는 문화가 팀과 조직을 번영시키는 데 어떻게 도움이 되는지, 당신이 어떻게 자신만의 문화를 작지만 의미 있는 방법으로 변형할 수 있는지 보여 준다.

유머의 회색지대 탐구 (7장). 재미있고 상황에 적절한 유머를 찾는 것은 전혀 보편적이지 않으며 매번 성공을 거두는 사람도 없다.

우리는 유머가 실패하는 이유와 실패에 대한 대처법을 탐구한다. 실수로 선을 넘었을 때 그 사실을 인지하고 상황을 진단하고 바로잡을 수 있는 도구를 제공한다. 또한 우리는 당신이 얼간이가 되지 않도록 이를 상기시켜 줄 것이다.

인생의 비밀병기 (7.5장). 오해는 금물. 우리는 당신이 무시무시한 비즈니스 거물이 되는 것에 관심이 있다. 하지만 우리는 당신이 전인적인 인간이 되고 이 책에 나오는 개념들을 활용해 더 나아지고 성취감 있는 삶을 살 기회를 가지기를 바란다. 우리는 이 책에 나온 가르침이 사회생활 너머로까지 확장되는 이유를 탐구한다.

앙코르

세컨드 시티에서 이틀간의 회담을 끝내고 나오미와 나는 짐을 싸서 (보라색 상상 공 등) 동료이자 함께 코미디극을 공부한 친구들에게 작별을 고한 뒤 오헤어 공항에서 각자 갈 길로 갔다. 그런데 나오미가 게이트로 들어갈 때 예기치 못한 일이 벌어졌다.

나오미는 공항 매점에서 사과를 하나 사려고 했다.

계산대 뒤에 있는 여자에게 다가가 번쩍번쩍 광을 내며 멋들어진 피라미드 형태로 쌓여 있는 사과가 판매용인지 물었다. 여자는 나오미를 아래위로 훑어보더니 퉁명스럽게 대답했다. “원하면 줄을 서세요.” 그래서 나오미는 줄을 섰고 그 점원이 연이어 손님들에게 딱딱거리는 모습을 지켜봤다. 짜증. 무례할 정도로 짧은 대꾸. 자기 앞에 쌓인 갈라 사과보다 더 시큰한 표정.

차례가 돌아왔을 때 나오미는 그냥 이 한마디만 말하면 됐을 것이다. "사과 하나 주세요." 하지만 코미디 세상에 몸을 푹 담근 직후이다 보니 대화에 유머의 불꽃을 넣을 기회를 엿봤다.

"제일 마음에 드는 사과로 하나 주시겠어요?"

점원은 당황한 듯 멈칫했다. "내 마음에 드는 걸로요?"

"네. 제일 마음에 드는 걸로요."

그러자 점원이 피식 웃었다. 이내 모든 것이 바뀌었다. 점원은 산더미같이 쌓인 사과를 뒤지기 시작했다. 처음에는 혼자서, 이내 나오미와 함께 사과를 하나하나 꼼꼼히 살피며 웃었다. 나오미가 계산하려 하자 점원은 여전히 미소 지은 얼굴로 말했다. "됐어요. 내 마음에 드는 사과 값은 받지 않습니다."

무엇보다 이 책은 당신의 '사과 모멘트'를 찾게 해 준다. 당신은 아주 크고 중요한 순간뿐 아니라 그 사이사이 평범한 일상에도 유머를 끼워 넣는 방법을 배울 것이다. 당신이 팀에 아이디어를 내놓을 때든 공항 매점에서 사과를 사려 할 때든 유머 한 자락은 상호작용을 변화시키고 연결고리를 만들고 당신이 사람을 보고 있다는 신호를 보낸다. (우리의 뇌, 일, 삶에서) 유머의 과학, 기법, 적용을 알면 세상을 보는 법과 세상이 우리를 보는 법을 바꿀 수 있다.

해 보자.

목차

1장

유머 절벽

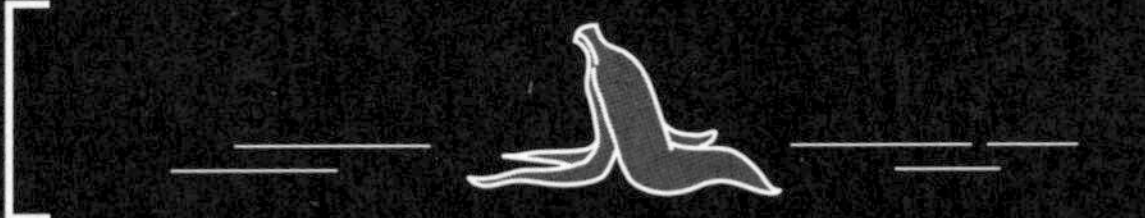

"유머는 인류의 가장 큰 축복이다."

- 마크 트웨인

스탠퍼드 경영대학원의 봄학기 첫날, 50명의 학생들이 줄지어 시끌벅적하게 강의실로 들어가고 있다. 몇몇 학생은 여전히 자신이 등록한 강의가 학교 측에서 빈틈없이 연출한 장난이 아닌지 궁금해하는 눈치다.

스탠퍼드 경영대학원의 '유머, 진지한 비즈니스'가 막을 열려는 참이다.

화이트보드가 벽에 늘어서 있고, 의자와 책상은 모두 쉽게 재배치할 수 있게 바퀴가 달려 있다. 워크숍을 한다면 이상적이겠지만, 낮잠을 자기에는 최악의 세팅이다. 스스로 DJ 자리를 꿰찬 제니퍼는 데이비드 보위의 'Rebel Rebel'을 떠들썩하게 틀어 놓았다. 나오미는 강의를 시작하기 위해 〈SNL〉의 한 장면을 준비했다.

하지만 아직 학생들은 당황한 기색이 역력하다.

각 학기가 시작되기 전 우리는 학생들에게 '자가 성찰훈련 / 생활에 유머를 활용하는 법'을 주제로 깜짝 놀랄 개인적 퀴즈를 실시한다. 이른바 '유머 감사'다.* 내용은 다음과 같다. "살면서 당신을 가

---

* 세상에서 제일 재미있는 감사다. 회계 감사와 달리, 탈세가 아니라 재미를 찾는 데 집중하니까! 당신이 탈세를 재미있어 하지 않는 한 말이다.

장 많이 웃게 하는 것은 무엇입니까?", "당신은 누구와 함께 있을 때 가장 재미있습니까?" 그리고 "이전 회계연도의 소득, 지출 및 자산에 대한 전체 문서를 제출해 주세요."*

학생들이 놀라는 것도 이해가 된다. 유머 감각은 근육과 같다. 정기적으로 사용하지 않으면 위축된다. 안타깝게도 우리와 함께하기 시작한 대부분의 학생과 연구진의 유머 감각은 심하게 위축되어 있었다. 다음 질문에 대한 반응들을 한번 살펴보자. "진짜로 웃었던 적은 언제가 마지막인가요?":

> "솔직히 생각나지 않아요. 그게 그렇게 심한 건가요?"
>
> "계속 생각해 봤는데 모르겠어요! 내가 웃을 줄 안다는 건 알겠어요. 적어도 내가 그런 줄 알았어요. 그런데 이제 의문이 드네요……"
>
> "화요일엔 한 번도 웃지 않았어요. 단 한 번도. 유머 수업이 이렇게 우울할 수 있을지 누가 알았겠어요?"

이런 결과에 대한 좋고도 나쁜 소식은 이런 반응이 우리 학생들에게만 해당되는 것이 아니라는 사실이다.

---

* 서프라이즈! 지금까지 국세청 감사였습니다!

유머 절벽

유머 감각의 집단 상실은 전 세계인과 조직에 폐해를 끼치는 심각한 문제다. 우리는 모두 유머 절벽을 넘어 저 아래 엄숙함이라는 심연으로 굴러 떨어지고 있다.

우리는 그 심연에서 갤럽조사에 응답한 166개국 140만 명 가운데, 하루 중 웃거나 미소 짓는 횟수가 23세를 전후로 곤두박질친다고 밝힌 사람들과 만났다.

■ 전세계 유머 절벽

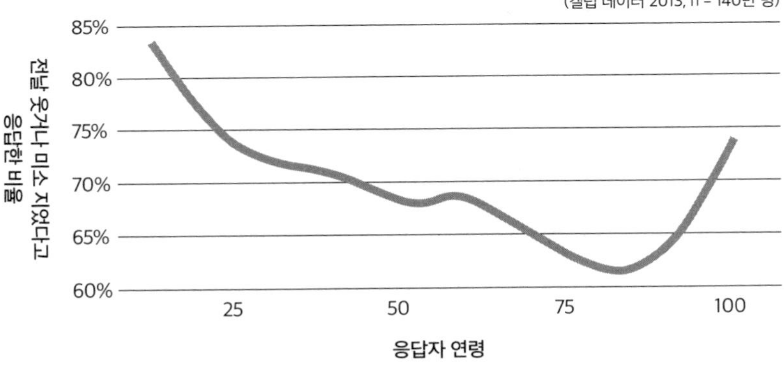

맞다. 당신은 그래프를 제대로 읽었다. 우리는 직장에 들어갈 무렵 웃음을 잃었다가 은퇴하고서야 웃기 시작한다.

이 패턴은 어느 정도 일리가 있다. 어릴 때 우리는 항상 웃는다. 평균 네 살배기는 하루에 300번 웃는다. (그에 반해 평균 40세는 두 달 반에 300번 웃는다.) 그러다 자라서 노동인구가 되면 갑자기 '심각하고 중요한 사람'으로 변해 넥타이, 정장과 웃음을 맞바꾼다.

곧 우리는 손익계산, 슬라이드 덱, 지루하기 짝이 없는 컨퍼런스 콜의 바다에서 가벼운 우스갯소리조차 모두 잃는다. 우리의 작업 환경은 찾기 힘들어 피하는 것이 능사다 싶은 사회적 지뢰로 가득해서 머리가 핑핑 돌 정도로 복잡하고 다이내믹하다. 우리의 놀이 감각은 바로 그런 환경에 억눌려 있다. 그 결과 대부분의 사람이 상호작용을 피하고 계산적이고 직업적으로만 유지하려 한다. 우리는 매일 유머 감각과 더불어 자아의 많은 부분을 문 앞에 내다 버리고 일터로 향한다.

이런 반응은 일을 하는 데 있어 중요한 문제를 푸는 방법, 스스로 처신하는 방법, 성공하는 방법에 근본적으로 착오가 있음을 암시한다.

직장에서 필요한 것은 더 높은 '전문성'이 아니다. 특히 대면 미팅이 영상 통화로 대체되고 많은 관계가 오직 이메일로만 유지되는 현실에서, 일터에 필요한 것은 더 온전한 자아와 더 활발한 인간관계다. 어떤 순간이나 관계에 변화를 주고 단순거래와 기계 중심에서 상호관계와 실제 사람 중심으로 바꾸는 데 필요한 모든 것이 그저 실없는 농담 한마디일 때가 많다.

그렇다면 무엇이 우리를 막고 있는가?

연구를 통해 네 가지 공통적인 오해를 밝혀 냈다. 우리는 이를 '네 가지 치명적인 유머 미신'이라 부르고 싶다.

네 가지 치명적인 유머 미신*

광범위한 산업과 사회계층에 걸쳐 700명이 넘는 사람들에게 직장에서의 유머 사용을 막는 요인을 묻는 설문 조사를 한 끝에 오해에서 기인한 네 가지 믿음이 드러났다. 이것은 비즈니스 판 '호기심 해결사'다.

진지한 비즈니스에 관한 오해

정말 많은 응답자들이 진지한 일에는 유머가 끼어들 자리가 없다고 믿는다.

이런 믿음은 주로 일을 시작한 초기에 경험이 부족하다는 불안감 때문에 생긴다. (알고 보면 제대로 아는 사람이 없다는 걸 충분히 경험하지 못해서 생기는 불안감이다.) 우리는 신용을 잃고, 진지하게 받아들여지지 않을까 봐 걱정한다.

하지만 로버트 하프 인터내셔널Robert Half International과 호지-크로닌 앤 어소시에이츠Hodge-Cronin & Associates에서 회사의 중역 수백 명을 대상으로 조사한 결과, 98퍼센트가 유머 감각이 있는 직원을 선호했고, 유머 감각이 있는 직원이 더 유능하다고 믿는 비율도 84퍼센트에 이르렀다. 그리고 유머는 리더뿐만 아니라 동료들의 인식에도

---

* 제목에 '치명적인'이라는 말을 넣으면 사람들이 (a) 본문을 읽고 (b) 그 내용을 더 진지하게 받아들인다는 글을 읽은 적이 있다. 또한 《The Magical Mystery Four: How is working Memory Capacity Limited, and Why?》의 저자인 넬슨 코완은 숫자 4를 '마법'과 '미스터리'라 부른다. 이게 바로 우리가 네 가지 오해를 그토록 밝히고 싶어 한 이유다. 메모: 코완이 제목에 '치명적인'이라는 단어를 넣었더라면 그 책은 훨씬 더 인기가 있었을 것이다.

영향을 미쳤다. 유머 감각을 보이면 동료들은 우리를 좀 더 우위에 놓고 리더십 역할을 맡길 가능성이 크다.

직장에서 승진하면서 이런 오해는 더 심화된다. 지위가 높아질수록 더 철저하고 정밀해져야 한다. 우리가 계속 더 큰 무대로 올라간다는 사실을 알게 되면 주주, 고객, 동료에게 더 큰 전문성과 '진지함'을 보여야 한다는 압력을 느낀다. 더욱이 리더에게는 그런 지위의 차이가 공적 자리에서 책임을 다하게 하지만, 진짜 자신의 모습은 드러내기 힘들게 한다.

하지만 리더가 된 지금이야말로 유머와 진지함을 모두 발휘해야 할 때다.

현재 리더들은 신뢰의 위기에 직면해 있다. 거의 절반에 해당하는 직원들이 일의 성과에 영향을 미치는 가장 큰 문제로 리더십에 대한 신뢰의 부족을 들었다.

더욱이 신뢰하는 리더의 특성을 묻는 질문에 '고난을 겪었던 이야기'와 '보통 사람들과 다르지 않은 대화' 같은 답변이 상위권에 기록된 점은 일관된 내용을 전하고 있다. 오늘날의 직원들은 좀 더 인간적인 리더를 동경한다. 동경의 대상이길 바라지만, 동시에 결점도 있는 인간이길 바라는 것이다. 유머는 산업 전반에 걸쳐 리더들이 직원들에게 인간적으로 보이기 위해, 장벽을 허물기 위해, 친근함과 권위의 균형을 맞추기 위해 사용하는 강력한 전략이다. (어찌나 강력한지 실제로 우리가 이 이야기를 하기 위해 한 챕터 전체를 다 썼을 정도다. 세상에!) 일례로 자기비하 유머를 사용하는 리더가 신뢰도와 리더십 능력에서 직원들에게 더 높이 평가받았다. 당사자들은 그런 이점을 자기비하적 유머로 과소평가할지 모르겠지만, 직원들의 평가는 사실이다.

그리고 직원들에게 보내는 신호를 넘어 진지한 일과 유머, 놀이의 균형은 실제로 팀의 실적을 향상시켰다. 50개가 넘는 팀이 참가한 연구에서 연구자들은 팀 성과를 매기는 관리자들의 평가뿐 아니라, 연구를 시작하면서 사전에 녹화된 팀 미팅을 분석했고, 2년 후에 다시 분석했다. 팀 내 의사소통에 유머가 가미될 경우 그 순간뿐 아니라 시간이 흘렀을 때도 기능적 의사소통과 팀 실적의 향상을 기대할 수 있었다. 유머러스한 문화는 심지어 (그리고 특히) 이해관계가 최고조에 달하고 가장 암울한 시기가 와도 팀원들이 상황을 잘 이겨낼 수 있게 했다.

물론 항상 웃기려고 해서는 안 된다. 그러면 진짜 진이 빠진다. (그리고 역효과가 난다). 하지만 지금까지 너무 다른 방향으로 움직인

유머는 균형을 만든다

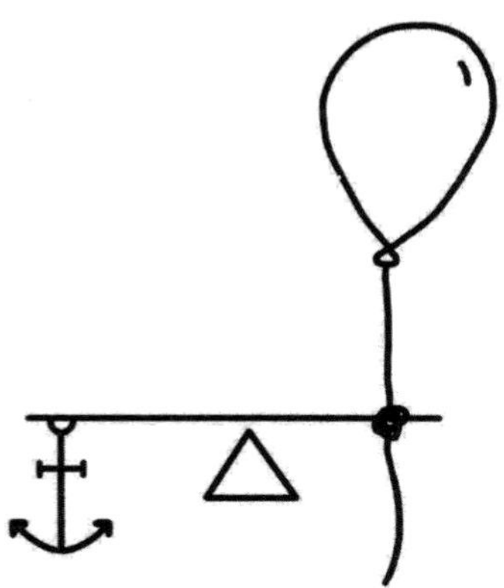

탓에 우리의 비즈니스는 재미를 갈망하고 있다. 이 책에 등장한 많은 훌륭한 경영진들이 진지함과 재미 사이에서 미묘한 균형을 맞추는 능력으로 성공했다. 뜨거운 퍼지(설탕, 버터 등으로 만드는 부드러운 사탕—옮긴이)와 아이스크림이 서로 상승효과를 내는 것과 같다. 그리고 각각 뭔가를 (당신의 비즈니스 전망과 혈당지수를) 가파르게 상승시킨다.

만약 저 사랑스러운 풍선이 닻과 의연히 균형을 이루는 것이 미심쩍다면 아이젠하워 대통령에게 마이크를 넘겨보자. 한때 그는 이렇게 말했다. "유머 감각은 리더십과 사교, 그리고 일을 성사시키는 기술의 한 부분이다."

프랭클린 피어스에 이어 두 번째로 유머 감각이 없는 대통령인 드와이트 데이비드 아이젠하워가 나치 격파에, 고속도로 건설에, 군산 복합체 반대에 유머가 필수라 생각했다면, 당신도 유머 사용법을 배워 두는 것이 좋을 것이다.

실패에 관한 미신

우리는 학생이나 고객이 자신의 유머가 실패할 거라는 깊고 무력한 두려움을 호소할 때마다 1달러를 받고 싶다.* 그들은 농담이 호응을 얻지 못해 어색한 침묵이 뒤따를까 봐, 더 나쁘게는 그 결과 의도치 않게 자신들이 누군가를 불쾌하게 만들었다는 사실이 밝혀

* 엄밀히 따지면, 우리는 학생 한 명당 1달러 이상을 받고 있고, 우리는 그들이 이런 호소를 한 번 이상 하도록 내버려 두지 않기 때문에 한 학생이 이런 두려움을 호소할 때마다 우리가 버는 돈이 최소 1달러이긴 하다.

질까 봐 겁을 낸다.

하지만 연구는 우리가 실패를 잘못 알고 있다는 사실을 보여 준다. 모든 유머의 '실패'가 다 똑같은 실패도 아니고, 유머로 사람들을 웃겼다고 해서 매번 그것을 '성공'이라 볼 수도 없다.

지난 몇 년에 걸쳐 세컨드 시티 수행에서 공모했던 동료 세 사람, 브래드 비터리, 모리스 슈바이처, 앨리슨 우드 브룩스는 와튼스쿨과 하버드에서 유머가 지위, 역량, 자신감에 미치는 영향력과 이에 못지않게 중요한, 실패한 유머가 각 요인에 미치는 영향을 탐구하는 일련의 실험을 해 왔다.

한 실험에서 '5년 후 당신은 어디에 있을 것 같나요?'라는 질문에 대한 구직자들의 응답이 적힌 기록지를 피실험자들에게 읽게 했다. 진지한 답변도 있었지만, 농담 식의 답변도 있었다. (이를테면 '이 질문의 5년 기념일을 축하하고 있을 거예요.') 그런 다음 피실험자들에게 그 구직자들의 역량, 자신감, 지위에 관해 등급을 매기게 했다.

결과는 당신이 기대했을 내용과 사뭇 달랐다. 구직자가 더 긍정적으로 보이는지 부정적으로 보이는지 결정하는 데 있어 가장 중요한 요인은 그들의 반응이 웃음을 유발했느냐가 아니라 적절한 답변으로 인지되었느냐였다. 다시 말해, 당신이 실제로 재미있는지는 그리 중요하지 않다. 당신이 어떤 농담이라도 할 줄 아는 능력이 있는지(이는 자신감을 시사한다) 그리고 그 농담이 상황에 적합한지가(이는 지위와 역량을 시사한다) 중요하다.

아래 표에 그 내용이 아주 잘 요약되어 있다.

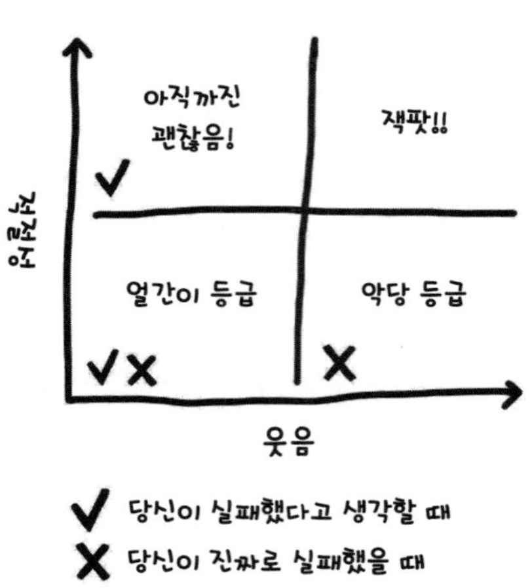

우상단 사분면은 자신감, 역량, 지위 세 가지 요소 모두에 대한 인식을 드높일 수 있는 최적의 지점이다. 잭팟!

표의 왼쪽은 우리의 신뢰할 만한 웃음 지표에 따르면 우리가 일반적으로 생각하는 실패가 맞다. 즉 아무도 웃지 않는 상황을 말한다. 하지만 당신이 사분면 중 좌상단에 속한다면 아직까진 괜찮다! 사람들이 당신의 유머에 박장대소하지 않더라도 적절성에서 벗어나지 않았다면 여전히 상황은 괜찮다. 다른 사람들에게 우리의 자신감을 인식시킬수 있고, 지위나 역량에 특별한 영향을 끼치지 않는다.*

---

* 농담의 적절성이 애매모호한데 웃기지 않을 경우에도 적절성이 떨어지는 농담으로 인식되기 때문에 결과적으로 지위에 손상을 입힌다. 심오한 아재개그를 구사하기 위해서는 웃음의 맥락을 잘 짚어야 하는 이유다.

표의 하단은 우리가 실패라 정의하는 부분이다.* 웃음을 유발하든 아니든 상관없이 사람들이 부적절하다고 생각하는 유머다. 이 사분면(얼간이와 악당) 등급에 속하게 되면 지위와 역량에 대한 인식이 감소하는 경향이 있다.

물론 일부러 얼간이와 악당이 되려는 사람은 드물다. 표의 하단면은 우리가 의도적으로 찾는 지점이 아니다. 하지만 의도치 않게 선을 넘는 것은 누구에게나 벌어질 수 있으며, 이는 특히 주목받는 위치나 공직에 있는 사람에게는 진짜 위험하다. 이 책에서 우리는 이런 위험을 경감시키고 일반적인 함정을 피하고 그런 일로 생긴 실패를 극복하는 (교훈을 얻는) 도구를 제공할 것이다.

하지만 우선은 유머에 있어 '실패'를 재정립하는 데 집중하도록 하자. 그리고 이 책이 끝날 때쯤이면 당신은 성공을 거두는 *진짜* 유머를 만들어 내고 실제로 문제가 되는 실패를 피하는 데 능숙해질 것이다.

재미있는 사람 되기 미신

이제 가장 까다로운 미신 중 하나를 살펴보자. 일터에서 유머와 가벼운 농담을 사용하기 위해서 당신은 '재미있어'져야 한다. 그럴듯하다, 그렇지 않은가? 하지만 믿거나 말거나 '재미있어지는 것'보다 훨씬 중요한 것은 당신이 유머 감각을 갖고 있다는 단순한

---

* 사실 웹스터 사전은 유머를 아주 잘 정의하고 있다. 특히 줄을 치고 부가설명을 덧붙여 의도의 중요성까지 고려했다. '재미있거나 재미있게 만드는—혹은 웃기거나 재미있으려는 의도를 지닌—특징.' 웹스터 사전 전체에서 '의도를 지닌'이 가장 멋진 문구였다.

신호다.

당신이 직접 웃기는 데 익숙하지 않더라도 일터에서 유머의 가치를 이해한다면 거기서 이익을 얻을 수 있다. 당신의 유머 감각이 살아 있다는 단순한 신호만으로도 큰 차이를 만들기에 충분하다. 특히 당신이 리더의 지위에 있다면 더욱 그러하다.

웨인 데커가 설계한 연구에서 유머 감각이 있는 관리자는 (그들이 재미있든 말든 상관없이) 부하직원에게 23퍼센트 더 존경받고, 25퍼센트 더 함께 일하는 것이 즐겁고, 17퍼센트 더 친근하다는 평가를 받았다.

그렇다면 유머 감각을 지니고 있다는 신호는 정확히 어떻게 보내야 하는가? 때로는 다른 사람의 농담에 웃어 주거나 분위기를 띄우는 시도 정도면 된다. 심지어 다정한 웃음이 기적을 낳기도 한다. 모든 것이 우리가 앞서 이야기한 마인드셋의 전환과 연관되어 있다. 우리가 미소의 심연에서 끊임없이 세상을 마주하기로 했다면, 세상은 친절로 답해 줄 것이다. 전 트위터 최고경영자 딕 코스톨로는 이렇게 말했다. "당신이 방 안에서 가장 빨리 재치 있는 유머를 던질 필요는 없다. 직장에서 유머를 더 많이 활용하는 가장 쉬운 방법은 재미있으려 애쓰는 대신 웃을 순간을 찾는 것이다."

좋은 소식은 만약 당신이 이들 174,000명의 갤럽 응답자들과 같다면, 당신은 이미 일터가 아닌 곳에서 이런 활동을 훨씬 더 많이 했을 가능성이 높다는 것이다. 데이터를 살펴보면 대체로 우리는 주중보다 주말에 훨씬 더 많이 미소 짓고 웃는 경향이 있다.

그러니까 당신은 이미 연습을 해 오고 있었다:

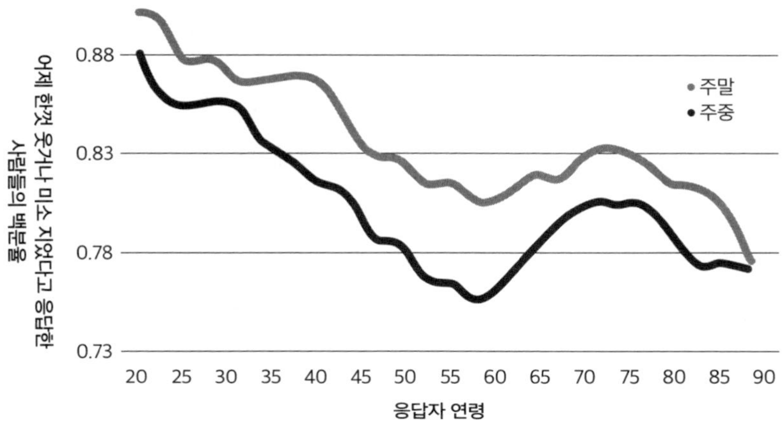

대부분의 비즈니스 문화는 그 범위가 고통스러울 만큼 지루한 것에서 비관적일 만큼 진지한 것까지 포괄한다. 그리고 극도의 재미보다 조금 재미있는 것이 큰 차이를 만드는 경우가 더 많다. 기쁨의 순간은 '하하하'보다는 미소를 끌어내거나 '아하' 정도일 때가 더 많다는 뜻이다. (하지만 당신이 진짜 슈퍼 악당을 위해 일한다면 '음하하하' 정도는 되어야 할 것이다.)

타고났다는 미신

코미디언이 성공하기 위해서는 재능과 훈련이 모두 필요하다. 하지만 너무 많은 사람들이 유머를 타고난 재능이지 학습할 수 있는 기술이 아니라 믿고 있다.

달리 말해, 우리는 우리가 재미있거나 재미없거나 둘 중 하나라고 믿는 경향이 있다는 것이다. 캐럴 드웩의 연구에 따르면 우리는

'고정 마인드셋'을 가지고 있다. 하지만 드웩과 그 동료들의 연구 덕분에 이제 우리는 한때 지능과 창의성처럼 유전자와 연관되었다고 믿었던 많은 영역이 고정된 것이 아니라는 사실을 알게 되었다. 우리는 캐럴이 부른 '성장 마인드셋'을 채택해 그런 고정관념을 바꿀 수 있다. 즉 유머는 우리의 유전자에 이항적으로 새겨져 있는 것이 아니라 피트니스 센터에서 운동을 하고, 계단을 오르고, 비디오 컨퍼런스를 하는 중 '카메라가 돌아가지 않을' 때 냉장고에 들락날락하면서 다리 근육을 강화하는 것처럼 훈련과 사용을 통해 강화할 수 있는 기술이라는 말이다.

유머 감각을 타고난 사람은 없다*

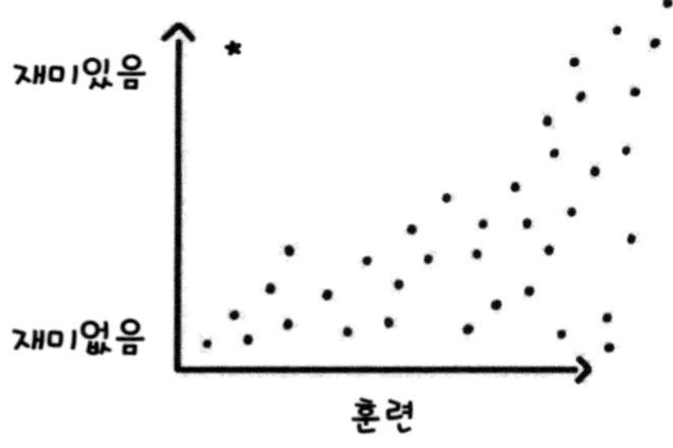

* 강아지들이 자기 모습을 처음 봤을 때

당신이 증거를 원한다면 우리와 함께 지난 5년간의 여정을 돌아보자. 제니퍼는 가족들과 '라운드 테이블 피자Round Table pizza'(그녀의 말을 빌리자면, '요리')로 근사한 저녁 식사를 즐기고 있었다. 유머 과학에 대한 연구를 시작한 데다 항상 새로운 '데이터'를 찾고 있던 그녀는 가족 여론 조사를 실시하기로 했다. 남편(앤디), 두 아들(쿠퍼와 데본), 딸(테아 슬론)이 여론조사에 참여했다.

식탁 테이블에서 제기된 질문은 '우리 가족 중에서 누가 제일 재미있는가?'였다.

그녀의 입에서 질문이 떨어지기가 무섭게 세 아이들은 시선을 떨어뜨려 앞에 놓인 채소를 뚫어져라 응시했다. 앤디는 보이지도 않는 파리를 탁 쳤다. 제니퍼는 기대에 차서 몸을 기울였다.

가족 중에 가장 어리고 가장 용감한* 테아 슬론이 마침내 침묵을 깼다.

"아빠가 우리 가족 중에 제일 재밌어요! 그다음엔 우리고요. 그리고."

테아가 잠시 말을 멈추고 잊은 이가 있는지 살피려 식탁 주위를 두리번거렸다.

"멍멍이 매키. 그다음이 엄마예요."

나머지 가족들은 가족 내 유머 서열에서 제니퍼가 따로 증명할 필요도 없는 부동의 위치에 있다는 표시로 조용히 하지만 단호히 고개를 끄덕였다.

그리고 5년이 지난 지금 제니퍼는—온 세상에 영향을 끼치고 가족 내 서열에서 탈출하고 싶다는 강렬한 바람에 힘입어—유머에 관한 책을 쓴 성공적인 저자가 되었다. 당신에게도 희망이 있다는

---

* 쿠퍼와 데본에게, 이건 사실이 아니야. 너희들은 모두 용감하고 훌륭하고 모두 똑같이 사랑받고 있어. 하지만 이 순간만큼은 테아가 가장 솔직했고 때때로 이런 솔직함이 용기로 받아들여질 때가 있단다.

증거다.

나의 유머 스타일은?

모두가 똑같은 방식으로 웃기지는 않는다. 지난 6년 동안 우리는 사람들이 어떤 농담을 하는지, 어떤 식으로 가장 자연스럽게 유머를 전달하는지에 관한 개인적 차이를 밝히기 위해 일련의 연구를 실시했다. 이 연구는 네 가지 주된 유머 스타일을 산출해 냈다. 스탠드업, 스윗하트, 마그넷, 스나이퍼.

당신의 특별한 유머 스타일을 알면 유머를 정확하고 존재감 있게 휘두를 수 있다. 당신이 주로 사용하는 스타일을 찾으려면 우리 웹사이트humorseriously.com에 가서 유머 스타일 설문지Humor Styles Questionnaire를 보면 된다.

유머 스타일

먼저 훌륭한 벌목꾼처럼 우리의 도끼부터 이해하자. 수평축은 협력적인 것(건전하고 희망적인 유머)에서 공격적인 것(제약이 없고 다소 어두운 면이 있는 유머)까지 그 내용과 관련이 있다. 수직축은 표현력 있는 것(활기차고 자연스럽고 이목을 집중시키는 유머)에서 미묘한 것(절제되고 계획적이고 뉘앙스가 풍부한 유머)까지 측정한다.

스탠드업 **(공격적이고 표현력 있는 유머)**

스탠드업은 타고난 연예인이다. 이런 사람들은 대중 앞에서 활기를 띤다. 사람들이 모인 자리에서 농담을 하고 노래방 회식에서 자처해 분위기를 돋운다. 스탠드업은 욕설, 다크 유머, 장난, 심기를 불편하게 만드는 농담도 두려워하지 않는다. 그런 식의 농담을 내뱉는 만큼 받아들이는 것도 잘한다. 사실 그들은 우스개의 대상이 되는 것을 관심의 표시로 본다.

세상이 당신의 무대*이고 웃음을 얻기 위해 품위가 (혹은 다른 사람의 감정이) 조금 희생돼도 꺼리지 않는다면 당신은 아마 이 카테고리에 속할 것이다.

마그넷 **(협력적이고 표현력 있는 유머)**

마그넷은 한결같이 밝은 기운으로 사람들의 기분을 북돋우는 능력을 지녔다. 이런 사람들은 매사를 긍정적이고 따뜻하고 희망적

---

* 우리는 셰익스피어가 이렇게 말했다고 믿고 있다. “온 세상은 무대고 나는 극을 위해 태어났소. 내 사랑!”

으로 받아들인다. 카리스마를 보이지만 논란을 일으키거나 감정을 상하게 하는 유머는 피한다. 이들의 유머는 생기가 있다. 어떤 때는 슬랩스틱까지 한다. 기꺼이 분장을 하고 괴짜가 될 준비가 되어 있다. 실없는 농담을 하다가 그게 너무 웃겨서 쓰러지는 사람들이다. 즉흥 코미디를 하는 (아니면 즉흥 코미디를 하라는 말을 들었던) 사람들이고 결혼식에서 (진심 어릴 뿐 아니라 진짜 재미있는) 건배를 하기로 유명한 사람들이다.

캘리포니아 출신이냐는 질문을 자주 받았다면 그리고 파티에 갔다가 내내 웃어서 뺨이 얼얼한 채 집으로 돌아온다면 당신은 이 카테고리에 속할 것이다.

스나이퍼 (공격적이고 미묘한 유머)

스탠드업처럼 스나이퍼도 웃음을 추구하기 위해 선을 넘고 남을 화나게 만들기를 두려워하지 않는다. 하지만 외향적인 스탠드업과 달리 스나이퍼는 속삭이거나 글로 표현하는 경향이 있다. 이들은 비꼬거나 신랄하거나 때로는 꽤 어두운데 그런 자신들의 유머를 '후천적 취미'라 일컫는다. (모두가 유머를 후천적으로 습득할 수 있는 것은 아니다.) 표현력 있는 스탠드업과 달리 스나이퍼는 유머를 던지기 전에 조용히 다음 유머를 생각할 시간을 가지려고 옆에서 지켜보는 쪽을 선호한다. 이들이 쉽게 웃음을 터뜨릴 거라는 기대는 하지 마라. 당신이 스나이퍼의 웃음을 얻었다면 더욱 달콤하게 느껴질 것이다.

만약 완벽하도록 무표정한 얼굴로 치명적인 유머를 던질 수 있다면 당신은 이 카테고리에 속할지도 모른다.

스윗하트(협력적이고 미묘한 유머)

스윗하트는 진실성 있고 정직하며, 사람들의 눈에 띄지 않는다. 주목받는 일에 관심이 없으며 계획 하에 유머를 시도하고자 한다. 즉흥적인 농담과 반대로 연설이나 프레젠테이션에 웃음을 신중하게 짜넣는다. 감정을 상하게 하는 유머를 꺼리고, 남들이 구사하는 우스개의 대상이 되기 싫어하며, 청소년 관람가 수준의 코미디를 유지하는 경향이 있다. 이들은 주변 사람들의 기분을 북돋우는 도구로써 유머를 사용한다.

관심의 중심에 서기를 싫어하고 대면해서 농담을 구사하기보다 재미있는 이메일을 쓰고 싶어하며 유머에 긍정적인 면이 담겨 있다면 당신은 이 카테고리에 속할 것이다.

혹시 당신이 어느 카테고리에도 속하지 않으면서, 미국판 〈더 오피스The Office〉의 팬이라면:

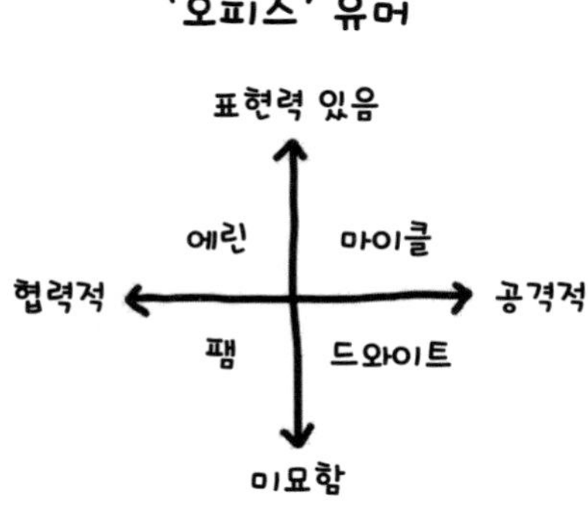

유연성 있고 적응력 있는 유머 스타일

우리 대부분은 자신이 어떤 유머 스타일인지 느끼지만, 이런 구분이 절대적이지는 않다. 우리의 유머 스타일은 기분, 상황, 관객에 따라 아주 다양하게 변화한다. 어떤 사람은 가까운 친구들과 있을 땐 주목받기를 좋아하고 큰 목소리로 공격적인 농담을 던지지만, 사람들이 많은 곳에선 나직한 목소리로 반어적인 논평 정도나 할 가능성이 크다. 집에서는 배우자에게 (사랑스러운 방법으로) 빈정대고 자극적인 농담을 하지만, 일터에서 팀과 함께일 때는 가볍고 긍정적인 유머를 구사할지도 모른다.

실제로 당신은 스타일을 바꿀 수 있을 뿐만 아니라 바꿔야만 한다. 코미디언이라면 누구나 알 듯이 유머를 효과적으로 사용하려면 그 공간의 분위기에 따라 유머의 종류와 전달 방법을 조절할 수 있어야 한다. 이를테면 스탠드업과 스나이퍼는 애정을 표현하려고 농담을 하지만, 너무 지나쳐 마그넷과 스윗하트에게 소외감을 안겨준 줄도 모를 때가 있다. 사람들을 자기 옆에 두려면 스탠드업과 스나이퍼는 멈춰야 할 때를 아는 것이 중요하다. 반면에 마그넷과 스윗하트는 남들을 띄워 주기 위해 자신을 내려놓지만, 지나친 자기비하로 스탠드업과 스나이퍼에게 하찮아 보일 수 있다.

여기서 중요한 점은 우리 모두가 이런 범주에 깔끔하게 들어맞지는 않으며 우리가 자리한 범주에서 맥락이나 의식에 따라 움직일 수 있다는 것이다. 그러니까 이 네 가지 스타일을 엄격한 카테고리보다 하나의 연속체(물체를 무한히 나눠도 각 요소는 여전히 전체 물질의 성질을 유지하는 물질—옮긴이) 사이에서 이동 가능한 패턴의 집합으로 보는 것이 최선이다. 이 책의 마지막까지 각 스타일의 일부 요소를—당신에게 딱 들어맞는 방식으로—전략적으로 배치하는 일에 더 편안해지기를 바란다.

비즈니스 세계에서는 유머의 기준이 아주 낮다는 사실을 기억하라. 목표는 포복절도를 끌어내는 것이 아니라 그저 연결고리가 되는 순간을 만드는 것이다. 실제로 관계나 순간을 변화시키기 위한 유머러스한 마음가짐만으로도 충분할 때가 많다.

당신은 이렇게 말할 것이다. "쉬워 보이는데." "우리도 합류한다! 잠깐…… 근데 대체 '유머러스한 마음가짐'이 뭐야?"

재미, 유머 그리고 코미디

건강 심리학자이자 저자인 켈리 맥고니걸은 움직임과 운동의 개념 사이를 확실히 구분했다. 그녀의 말에 따르면 생활과 관련하여 몸을 움직일 때 언제든지 일어나는 것이 움직임이다. 운동은 목적을 위해 몸을 움직이기로 선택하는 것을 말한다.

우리는 학생들과 고객들에게 우리가 가르칠 내용, 즉 재미와 유머의 차이점, 한 발 더 나아가 코미디의 기본 개념을 설명하는 데 이런 단순하지만 중요한 구분법을 사용한다.

재미는 마인드셋이다. 기쁨을 수용하는 (그리고 적극적으로 찾아 나서는) 마음 상태를 말한다. 재미와 움직임은 둘 다 우리가 세상을 향해하는 방법과 관련이 있다. 자연스럽게 그리고 자주 별생각 없이,

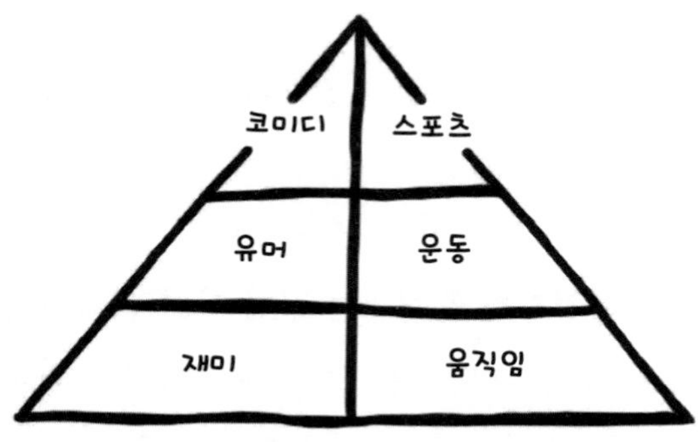

둘 다 우리가 하는 모든 일에 스며들어 있고 심지어 어깨를 구부리는 대신 활짝 펴고 걷는다든지 공항 매점에서 찌푸리는 대신 미소를 띠며 사과를 사는 일까지 아주 소소한 적응 문제까지도 우리의 기분과 우리를 대하는 사람들의 반응에 중대한 영향을 미친다.

재미가 내재된 기본 역량이라면 유머는 좀 더 의도적이다. 유머는 특별한 목적을 향해 재미를 방출한다. 마치 운동이 목적을 향해 몸을 움직이듯이 말이다. 우리는 모두 각 영역에서 자연스럽게 선호도를 지닌다. 요가나 축구, 사이클링을 선호하듯이 유머 감각도 농담, 흉내 내기나 신체적인 개그 같은 특정 스타일에 끌린다. 유머도 운동처럼 연마할 수 있고, 기술과 노력이 요구된다. 유머는 기분을 좋게 한다.* 우리는 유머가 얼마나 유익한지도 알고 있다. 하지

* 기분이 좋은 이유: 웃음은 운동과 같은 신경화학 물질을 다량 방출해서 '러너스 하이Runner's high'(달릴수록 기분이 상쾌해지는 운동 애호가들의 도취감을 말한다—옮긴이)와 유사한 감정을 이끈다. 웃음과 운동 둘 다 즐거움을 줄 뿐 아니라 인간관계에 크게 도움이 되며 스트레스 극복에 중요한 역할을 한다. 이런 면에서 스포츠 트레이너 질리안 마이클스와 코미디언 에이미 슈머는 같은 직업을 갖고 있다고 볼 수 있다.

만 때로는 유머에도 노력이 필요하다.

코미디는 체계적인 훈련을 통해 유머를 실행하는 것이다. 스포츠처럼 코미디를 하는 데도 능수능란한 테크닉과 많은 훈련이 필요하다. 농구, 축구, 하키가 다른 종류의 운동 능력을 요구하듯이 스탠드업, 즉흥극, 스케치도 각각 특화된 기술이 필요하다. 오직 선택된 소수만이 전문적인 수준에서 경쟁한다. 모두가 이 수준에 있고 싶어 하지도 않고 모두가 그럴 수 있는 것도 아니다. 이 책에서 우리의 목표는 당신을 전문가 수준으로 바꿔 놓는 것이 아니다. 당신에게 에이미 포엘러처럼 즉흥극을 하거나 스티븐 콜베어처럼 농담하는 법을 가르치려는 것이 아니다. 아마추어 운동선수가 프로를 보고 배우듯 그들의 테크닉 몇 가지를 공부하긴 하겠지만 말이다. 대신 우리는 세상을 좀 더 유쾌하게 항해하는 법을 가르칠 것이다. 자신이 지닌 고유의 유머 취향을 연마하고 시도해 볼 수 있기를 바란다.

맥고니걸은 말했다. “사람들은 ‘운동’이라는 말을 들으면 공포를 느낄 때가 많다.” 이와 유사하게 우리 학생들도 우리가 그들에게 포복절도할 유머를 기대한다는 두려움과 걱정을 안고 수업에 들어온다. 사실 우리는 유쾌해지고 싶은 자연스러운 인간의 성향을 수용하고 즐길 수 있도록 학생들을 북돋고 싶은 것뿐이다. 맥고니걸이 사람들에게 내재된 움직임의 즐거움을 경험할 수 있게 해 주고 싶었던 것과 같은 방식으로 말이다.

우리가 이 책으로 이루고 싶은 한 가지는 당신의 일상에 좀 더 나은 즐거움을 불러일으키는 것이다. 우리는 당신이 다음 올스타전에서 팀의 주장이 되는 것도 좋다. 하지만 흥겨운 음악이 흘러나올 때 소파에서 몸을 일으켜 춤을 추게 하는 데 더 관심이 있다.

다시 스탠퍼드로

이 정도면 당신은 스탠퍼드 경영대학원에서 우리 수업을 듣는 학생들을 거의 따라잡았다. 학생들은 유머 감사를 마무리했고(이제 곧 읽게 될 것이다!) 이제 일상에서 유머의 뉘앙스에 주의를 기울일 채비가 되었다. 세상에서 그 뉘앙스를 보고, 재미를 발견하고, 그것을 끄집어내서 가장 자연스러운 방식으로 표현할 준비가 된 것이다.

학기를 거치면서 우리 학생들은 심오한 변화를 경험한다. 심각하고, 대부분 (아주) 재미없는 첫 수업으로 시작해 (기억하라: "화요일엔 한 번도 웃지 않았어요. 단 한 번도. 유머 수업이 이렇게 우울할 수 있을지 누가 알았겠어요?") 일상에서 훨씬 큰 즐거움을 찾았다는 보고로 마무리된다.

이런 변화는 그들이 더 재미있는 사람이 되는 것보다 더 큰 변화다. 학생들은 웃음을 터뜨리는 일에 더욱 관대해진다. 다른 때 같았으면 지나쳤을 유머의 기회를 포착한다. 기쁨을 느낄 이유를 찾는 마음가짐이 습관이 되었다.

학생들은 진짜 현실적인 방법으로 좀 더 유동적으로 움직이는 법과 더 나은 방식으로 운동하는 법, 가장 좋아하는 (아마추어) 스포츠를 하며 더 나은 결과를 얻는 법을 배웠다. 당신도 이렇게 될 것이다. 하지만 당신이 미소의 벼랑 끝에서 서성일 때 얼마나 많은 것들이 당신을 가장자리 너머로 밀어내는지를 보고 놀랄 것이다. 그러니까 우리를 따라 해 보자.

"나는 더 많이 웃을 것을 약속합니다. 심지어 화요일에도."

유머 감사*

내 인생에서 유머는 어떤 모습일까?

이 연습은 개인별 독특한 유머 감각의 다양한 측면을 자각하게 해 주므로 유머가 필요한 순간에 즉각적으로 쉽게 활용할 수 있게 해 준다. 기억하라. 이것은 유쾌한 사고방식을 활성화하는 것이지 어마어마한 유머 구사력을 습득하는 것이 아니다. 따라서 유머를 떠올릴 때 기쁨, 즐거움, 재미가 있었던 순간뿐 아니라 그저 미소를 지었던 순간도 생각해야 한다.

1. 당신이 마지막으로 진짜 웃었던 때는 언제인가?
2. 전반적으로 당신의 인생에서 누가, 무엇이 당신을 가장 크게 웃게 했는가?
3. 마지막으로 다른 사람을 웃겨 본 적이 언제인가?

* 회계사와 마음껏 상의하라. 이것이 진짜 감사라서가 아니라 회계사도 웃을 필요가 있으니까.

4. 주변에서 가장 재미있는 사람은 누구라고 생각하는가? 당신의 유머를 제대로 알아보는 사람은 누구인가?

전문가의 조언: 이 미션을 수행하기가 힘들다면 다른 사람의 의견을 들어 보라. 친구, 가족, 동료와 함께 질문에 대한 (그리고 당신에 관한) 답을 구해 보자.

반추해 보기: 놀란 부분이 있었는가? 더 쉽거나 더 어려웠던 질문이 있었는가? 어떤 질문과 깨달음이 이런 생각이 들게 했는가?

2장

유머와 뇌

"유머는 단연코 인간의 뇌에서 가장 중요한 활동이다."

- 에드워드 드 보노

칵테일 이야기를 해 보자. 하지만 데킬라를 기본으로 한 맛있는 종류의 칵테일은 아니다.

우리가 웃을 때 뇌는 우리를 더 행복하게 하고(도파민), 더 신뢰하게 하고(옥시토신), 스트레스를 저하시키고(코르티솔 저하), 그리고 살짝 희열까지 느끼게 하는(엔도르핀) 호르몬 칵테일을 방출한다. 전문적인 상호작용에 유머를 불어넣으면 동료들에게 이런 강력한 호르몬 칵테일을 제공할 수 있다. 그렇게 함으로써 우리는 말 그대로 그들의 그리고 우리의 뇌 화학작용을 즉석에서 바꿀 수 있다.

웃음, 뇌 칵테일

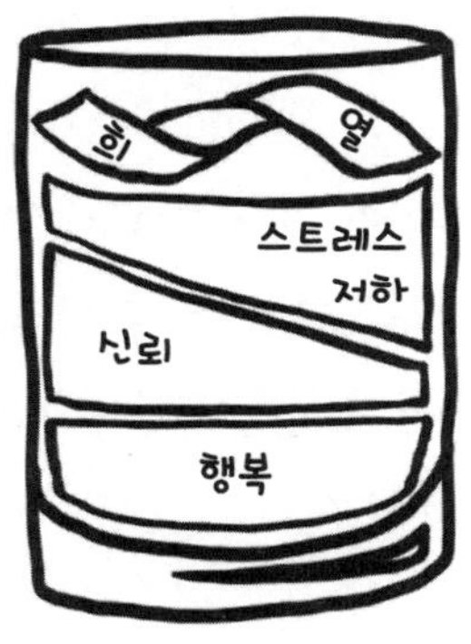

하지만 신경과학은 이 주제의 일부일 뿐이다. 비즈니스계에서 증대되고 있는 유머 사용 관련 행동학 연구 또한 풍부히 이뤄지고 있다:

- 힘, 우리의 지위와 지성에 관한 사람들의 인식을 향상시켜 그들의 행동과 의사결정에 영향을 미치고 우리의 아이디어를 더욱 각인시킨다.
- 유대, 새로운 관계에서 신뢰 형성과 자기개방(상대방에게 자기 자신을 그대로 나타내고 감정이나 생각을 전달하는 의사소통 행위—옮긴이)을 촉진해 시간이 흐를수록 관계에 더욱 만족하게 한다.
- 창의성, 우리가 이전에 놓쳤던 연결고리를 보는 데 도움을 줘 위험성이 있거나 독특한 아이디어를 공유할 만한 심리적 안정감을 느끼게 한다.
- 회복력, 순간의 스트레스를 줄여 좌절을 좀 더 빨리 극복할 수 있게 한다.

마크 트웨인은 자신이 관찰한 바를 이렇게 표현했다. "인류가 지닌 진짜 효과적인 무기는 단 한 가지뿐이다. 그것은 웃음이다." 이 비밀 무기가 우리의 뇌 화학, 심리, 행동을 어떻게 변화시키는지 정확히 이해하면 전략적으로 좀 더 능숙하게 무기를 휘두를 수 있다.

이제 웃음이 일터에 안겨 줄 수 있는 네 가지 혜택, 즉 힘, 유대, 창의성, 회복력을 파헤쳐 보자.

힘

재미의 사다리 오르기

처음에 나오미는 아주 전문적인 방식으로 유머를 구사했는데 그게 문제였다. (훌륭한 스토리가 다 그렇듯이) 그 시작은 회의실이었다.

그녀는 딜로이트 그린하우스의 전략 컨설턴트 특수팀에서 회사의 최우선 고객을 위한 워크숍을 설계하고 촉진하는 일로 경력을 쌓았다. 임원진을 위한 팀 활력 증진 워크숍을 의뢰받았는데 임원 대부분이 그녀보다 15세에서 20세가량 연장자였다. 젊은 나오미는 하운드투스 재킷 바다 위에 떠 있는 뗏목에 홀로 있는 기분이었다.

하운드투스 재킷을 입은 사람 중 한 명인 크레이그라는 남자는 세션 내내 대놓고 무관심하고 회의적인 태도를 보였다. 깍지 낀 손으로 뒤통수를 받치고 어깨를 축 늘어뜨린 채 의자 깊숙이 쑥 들어앉아 있었다. 나오미에 대한 신뢰도와 의자 스프링이 모두 함께 무너지고 있었다. 이 남자는 거기서 가장 거만하고 공격적인 사람이었고, 그날 그 컨퍼런스에서 가장 높은 지위를 지닌 누군가에게 신호를 보내고 있는 것이 분명했다.

나오미가 한창 각 특성에 맞는 의사소통 조종 방법을 설명하고 있을 때 크레이그가 끼어들었다.

"내가 원하는 대로 팀을 꾸리는 법만 가르쳐 줄 순 없습니까?"

거기 있던 모두가 숨을 죽였다.

어디선가 녹음기가 끼긱거리고 아기 울음소리가 들리는 듯했다.

모두의 시선이 천천히 크레이그에서 나오미로 향했다.

그녀는 이내 유쾌하게 대답했다.

"아주 좋은 질문이에요, 크레이그 씨. 제가 진행하는 세뇌에 관한 워크숍을 말씀하시는 거군요. 그건 다음 주에 있어요. 한번 들어보세요."

나오미는 이제 자신의 경력이 활활 타 버려 재가 되어버린 게 아닌지 불안했고 한 시간 같은 일 초가 지났다. 그때 컨퍼런스 실에 웃음소리가 터져 나왔고 모두의 시선이 크레이그를 향했다.

그의 발언은 날카롭고 도전적이고 무례함의 경계선에 있었다. 그 공간의 역학관계를 볼 때 크레이그는 도전받는 데 익숙하지 않은 위치가 분명했다. 특히 아랫사람에게는 여태 그래 왔던 게 분명했다. 그런데 그날 처음으로 그가 미소를 지었다.

그가 자세를 고쳐 앉으며 말했다.

"좋습니다. 계속하세요."

나오미가 대답했다.

"고맙습니다. 안 그래도 그러려던 참이었어요."

거의 즉각적으로 에너지가 이동했다. 남은 워크숍 동안 크레이그는 경청하고 존중하는 태도를 보였으며 임원진도 그를 따랐다. 경직된 분위기가 풀리고 사람들이 구체적으로 더 나은 아이디어를 좀 더 자유롭고 격의 없이 내놓았다. 나오미도 긴장이 풀렸고 그 덕에 워크숍 내용을 더 편히 전달할 수 있었다. 두려움의 공간을 실재, 참여, 흐름의 공간으로 변화시키고 나자 더욱 자기다워졌다.

세션이 끝나고 나오미는 자신의 경력에 대해 크레이그와 몇 마디 대화를 나눴다. 그의 기분은 상당히 좋아 보였다. 나중에 크레이

그는 그녀의 상사에게 워크숍을 칭찬했고 나오미의 공간 통찰력과 통솔력을 칭송하는 메시지를 보냈다. 그녀의 경력에 새로운 문을 열어 줄 시동이었다.

마인드컨트롤에 관한 실없는 농담에 깊은 감사를 표한다.

아니면 그 농담 자체가 세뇌였나?

지위 획득하기

유머와 관련된 가장 중요한 개념은 지위와의 연계성이다.

세컨드 시티 정상회담에서 함께 했던 동료 중 브래드 비터리, 모리스 슈바이처, 앨리슨 우드 브룩스는 가상의 여행사인 '비짓스위칠랜드VisitSwitzerland'에 관한 추천기를 썼고 이를 발표할 참가자들을 모집했다. 참가자들은 추천기를 읽었던 첫 두 '참가자'가 연구조교이거나 '공모자'*들이란 사실을 모르고 있었다. 미리 작성된 그들의 추천기는 절반이 진지했고, 나머지 절반은 재미있는 것이었다. (예, 진지한 추천기: "산맥은 스키를 타고 하이킹을 하기에 아주 좋았다. 굉장히 멋졌다!" vs. 재미있는 추천기: "산맥은 스키를 타고 하이킹을 하기에 아주 좋았다. 여기에다 스위스 국기는 진짜 덤!)**

참가자들에게 발표자에 대한 가벼운 자질 평가를 부탁하자 유머러스한 내용을 발표한 참가자가 5퍼센트 더 경쟁력 있고, 11퍼센트 더 자신감 있고, 37퍼센트 더 높은 지위를 지닌 사람으로 인식되

* 재미로 하는 행동학 용어이지 정치적으로 격론을 불러일으킬 남북전쟁을 언급한 것이 아니다.

** 이 표현이 재미있다고 느껴지지 않겠지만, 당신은 연구실이 건조한 기술용어의 광대한 사막이어서 단 한 방울의 농담조차 환영받는 오아시스라는 사실을 알아야 한다. 그러니까 미국의 재계와 별반 다르지 않다.

스위스 국기는 진짜 덤!

었다.

그러니까 추천기 끝에 툭 던진 말장난 몇 어절이 사람들의 의견을 효과적으로 움직였다는 말이다.

유머는 다른 사람들에 대한 우리의 인식에 영향을 미칠 뿐 아니라 그들을 대하는 방식에도 영향을 준다. 같은 연구에서 참가자들에게 다음 과제를 주도할 그룹의 리더를 뽑아 달라고 했다. 그러자 재미있는 추천기를 발표했던 공모자의 선출 가능성이 그 (특별히 재미있지도 않은) 농담 때문인지 확실히 커졌다.

이와 유사하게 그날 크레이그가 참석했던 컨퍼런스에서 나오미는 약간의 유머 감각을 발휘해 용기, 자신감, 정신적 기민함을 드러냄으로써 자신의 힘과 지위를 드높였다.

똑똑해 보이기

유머 감각, 그러니까 유머를 만들고 인식하는 능력이 지성의 척도와 관련 있다는 것은 거듭 밝혀진 사실이다.

한번 살펴보자. 연구원 대니얼 호리건과 케빈 맥도날드는 이와 관련한 연구에서 '만약 당신이 하루 동안 다른 종류의 동물이 될 수 있다면 되고 싶지 않은 동물은 무엇이며 그 이유는 무엇입니까?'라는 우스꽝스러운 질문에 대한 유머러스한 대답을 만들었다. 그리고 '할 수 있는 한 가장 재미있고 가장 웃긴 모습으로 각 동물을' 그려 볼 참가자를 구했다.

그런 다음 익명의 판정단이 참가자들의 그림과 대답을 유머 면에서 평가하도록 했다. 가장 웃긴 그림과 답을 내놓은 것으로 평가받은 참가자들은 사전 지능검사에서 가장 높은 점수를 획득한 사람들이었다.*

두툼한 안경을 쓰고, 커다란 사전 뒤에 숨긴 만화책을 읽거나, 집에 텔레비전이 없는 척하는 것과 달리, 유머는 속일 수 없는 지성의 표시다. 티나 페이는 이렇게 말한 적이 있다. "어떤 일에 웃는지를 보면 그 사람이 얼마나 똑똑한지 항상 알 수 있다."

원하는 것 (더 많이) 얻기

지위를 얻고 똑똑해 보이는 것을 (그리고 똑똑해지는 것을) 넘어 유머는 우리가 그것을 사용해야겠다고 생각할 마지막 장소 중 하나인 협상 테이블에서 강력한 영향력을 발휘하는 도구다.

한 실험에서 연구원 카렌 오퀸과 조엘 아로노프는 참가자들에

* 우리의 데이터 중독자들을 위한 좀 더 세분화된 내용: 연구원들은 측정된 일반지능과 유머등급 사이에서 큰 긍정적 연관성을 발견했다. 평균적으로 유머등급에서 표준편차가 0.29만큼 증가하면 지능 표준편차가 1만큼 증가했다.

게 한 '미술품 판매상'(연구팀에서 일하는 공모자)과 미술품 구입가를 협상하게 했다. 공모자(판매자) 중 절반은 참가자들의 최종 입찰가를 훨씬 상회하는 가격을 최종으로 제안하며 "최종 입찰가는 X입니다."라고 말했다. 나머지 절반은 같은 가격을 제시하되 미소를 띠고 "최종 입찰가는 X입니다……. 그리고 내 반려 개구리도 내놓겠소." 라고 말했다.

여기서 뜻밖의 결말이 나왔다. 반려 개구리를 언급하며 최종 제안을 한 경우, 구매자(참가자)는 평균 18퍼센트 더 높은 가격을 기꺼이 내놓았다. 더욱이 그들은 나중에 판매자(공모자)보다 그 과제를 더 즐겼고 긴장감도 덜했다고 보고했다.

생각해 보라. 참가자들이 돈을 더 쓰고도 돈을 덜 쓴 이들보다 판매자와의 협상과 관계에 대해 더 좋은 감정을 가지고 자리를 뜰 수 있었다는 사실을. 이 모든 것이 미소와 가벼운 코멘트 덕분에 벌어졌다.*

연구원 테리 쿠르츠베르크, 찰스 나킨, 리우바 벨킨이 진행한 협상 연구에서는 참가자들이 짝을 지어 채용자나 구직자 역할을 맡았다. 시뮬레이션에서 그들은 이메일을 통해 고용 보상 패키지를 협상했다. 연봉, 보너스, 보험, 휴가 일수 같은 항목마다 관련 포인트가 정해져 있었다. 물론 목표는 더 많은 포인트를 얻고 자리를 뜨는 것이었다. 유머 조건은 짝지은 팀원 중 한 명이 (채용자든 구직자든 상관

---

* 참가자 가운데 불균형할 정도로 많은 개구리 애호가들이 있어 이런 결과가 나왔다고 생각할까 봐 비슷한 연구를 살펴보았다. 협상 상대에게 재미있는 만화를 보냈더니 15퍼센트 더 수익이 오른 경우도 있었다.

없이) 시뮬레이션이 시작되기 전, 협상에 관한 신문 연재만화 〈딜버트Dilbert〉에 대한 이야기를 나누는 것이었다.

연재만화에 대한 이야기를 나눈 쪽이 그러지 않은 협상 상대보다 33퍼센트 더 높은 포인트를 얻었을 뿐 아니라, 유머 조건에서 함께한 짝들은 서로에 대해 31퍼센트 더 높은 신뢰감을 보였다. 전체적인 협상 진행에 대해서는 16퍼센트 더 높은 만족감을 드러냈다.

유머는 사람을 매료하고 마음을 누그러뜨리게 한다. 심지어 협상 자리에서는 장난기 있는 작은 몸짓조차 사람 사이를 연결하는 힘을 발휘한다. 인간 대 인간으로 서로 연결될 때 양측 모두 원하는 것을 더 많이 얻을 가능성이 커진다.

집중력과 장기 기억력

유머는 기억에도 도움이 된다. 우리의 보상센터에 신경전달물질인 도파민을 채움으로써 유머는 더 깊은 수준의 집중력과 장기 기억력을 만든다. 그러니까, 유머의 사용은 당신이 전하려는 내용을 그 순간에 더 주목받게 하고 이후에도 오래도록 기억하게 만든다.

〈데일리 쇼The Daily Show〉와 〈콜버트 리포트The Colbert Report〉 같은 유머러스한 뉴스쇼의 시청자들이 신문, 케이블 뉴스, 네트워크 뉴스에서 정보를 얻는 시청자보다 현 사안에 대해 더 잘 기억한다는 사실을 밝힌 퓨 리서치 여론조사Pew Research poll에서 근본적인 매커니즘이 확실히 드러났다. 그리고 한 연구에서는 간단한 단기 기억력 테스트를 실시하기 전에 유머러스한 영화를 본 사람이 같은 시간 동안 아무것도 하지 않고 그냥 앉아 있다가 같은 테스트를 치른 사람보다 두 배 이상의 정보를 기억했다는 사실이 밝혀졌다.

이 효과는 교실에서도 마찬가지였다. 애브너 지프는 또 다른 연구에서 유머가 담긴 교재로 학습한 학생이 수업 내용을 더 많이 기억했고 기말시험에서 11퍼센트 더 높은 점수를 기록했다는 사실을 밝혀냈다.

정치인이 흔히 연설문 보좌진에 전문 코미디언을 포함하는 이유이기도 하다. 오바마 대통령은 2011년 국정연설에서 다음과 같은 예를 들며 정부 효율성을 드높여야 한다고 말했다. "내무부는 연어들이 민물에 있을 때를 담당합니다. 하지만 연어들이 바닷물에 있을 때는 상무부가 담당하지요." 그는 잠시 말을 멈췄다. "듣자 하니 일단 연어들이 담배를 피우면 심지어 더 복잡해진다더군요." 웃음이 터져 나왔다.*

NPR뉴스 시청자 설문 조사에서 국정연설 중 가장 인상적이었

* 정치 성향과 무관하게 오바마가 '아재 개그력'을 지녔다는 사실은 인정해야 한다.

던 세 가지 말을 물었을 때 제일 많이 언급된 것이 무엇이었는지 추측할 수 있겠는가?

코미디언 존 서먼이 말했듯 사람들이 웃고 있다면 그들이 관심을 기울이고 있다는 뜻이다.

유대

다리 짓기

오바마 재임 시절의 백악관만 일터에서 어느 정도 재미를 느낄 수 있는 유일한 행정부는 아니었다. 조지 W. 부시 대통령의 대표적인 경제 고문이었던 키스 헤네시는 부시 대통령의 참모들이 개그와 장난 그리고 끝도 없는 가벼운 농담을 통해 꾸준히 더 가까워졌다고 했다.

2005년, 나중에 연준 의장이 된 벤 버냉키가 부시 대통령의 경제자문회 의장으로서 직무를 시작한 첫날의 일이다. 버냉키는 첫 브리핑을 위해 대통령, 헤네시, 부통령 딕 체니, 정치고문 칼 로브, 입법 국장 캔디 울프, 국가 경제위원회 의장 알 허바드를 포함해 열 명이 넘는 백악관 고위 관리가 참석하는 대통령 집무실에 갔다. 말할 것도 없이 중요한 자리였다.

대통령과 그의 자문들은 타원형 테이블에 커다란 원을 그리며 앉아 있었다. 버냉키가 말을 시작하자 대통령이 버냉키의 짙은 회색 양복에 황갈색 양말(패션 경찰이 사이렌을 울릴 일이다)을 두고 가벼운 농담을 던지며 발언을 방해했다.

집무실에 있던 모두가 키득거렸다. 그 모임에 처음 합류한 신입이자 그들보다 내성적인 버냉키는 순간적으로 당황했지만 재빨리 평정을 찾고 남은 브리핑을 마무리했다. 하지만 모임이 끝나고 헤네시와 허바드는 부시의 가벼운 농담이 새 동료와 유대할 기회를 제공했다는 데 뜻을 함께했다.

그래서 그들은 계획을 세웠다.

버냉키의 두 번째 브리핑을 앞두고 수석 자문들이 대통령 집무실로 우르르 들어갔다. 그리고 각자 자리에 앉아서 맞춰 신은 황갈색 양말이 제대로 보이도록 자세를 취했다.

집무실 안에 웃음이 터지고 부시 대통령의 얼굴에 활짝 미소가 퍼졌다. 제대로 역습당한 것이다. 그가 부통령에게 몸을 돌렸다. "딕, 이게 말이 됩니까……?" 그러다 딕도 한통속임을 알아차렸다. 또 한바탕 웃음이 터지고 대통령은 두 손을 들었다. 버냉키와 동료들은 전보다 유쾌하게 미팅을 시작했다.

해네시는 이렇게 회고했다. "소소한 일이었지만, 정말 멋지게 유대한 순간이었습니다. 대통령, 부통령 그리고 자문들 모두 그 소소한 즐거움의 순간을 공유했지요."

그 외에도 해네시는 주차장에 있던 칼 로브의 차를 랩으로 쌌던 일, 양말 인형으로 주요 경제정책 결정안을 설명했던 일 등 개그와 장난 리스트를 한참 열거했다. 헤네시는 가장 중요한 문제들과 씨름하는 최고위급 공직자들 사이에서도 유쾌한 농담이 신뢰와 유대를 형성시켜 "팀으로서 제대로 기능하고 대통령과 국민을 위해 협력하는 일을 한결 수월하게 만든다."라고 설명했다.

신뢰에 이르는 길 가속화하기

마야 앤젤로우는 말했다. "나는 웃지 않는 사람을 누구도 믿지 않는다."

예리한 관찰력이다. 그리고 과학적으로 뒷받침된 내용이다.

유머 호르몬 칵테일로 돌아가 보자. 웃음은 옥시토신의 분비를 촉진하는데, 옥시토신은 우리의 뇌가 감정적 유대감을 만들도록 유도한다. 그래서 흔히 '신뢰 호르몬'이라 불린다. 옥시토신이 섹스와 출산 시에 방출되는 것은 두말할 필요도 없다. 진화론적 관점에서 말하자면 그 두 가지 순간에는, 심지어 그 관계가 완전히 새롭다 해도 우리는 상대에게서 친밀감과 신뢰감이라는 혜택을 얻는다.

앨런 그레이, 브라이언 파킨슨, 로빈 던바는 연구에서 낯선 사람들을 짝지어 5분 동안 함께 앉아 영상을 보게 했다. 일부는 인기 있는 텔레비전 코미디의 웃긴 NG 장면을 보여 주었고(큰 웃음을 유발하는지 미리 검증한 장면이었다) 나머지는 감정적으로 중립을 유지하게 하는 영상(자연 다큐멘터리 채널을 생각해보라), 아니면 별로 유명하지 않은 〈그레이 스케일의 50가지 그림자〉* 같은 영상을 보게 했다.

연구원들이 참가자들에게 방금 만났던 사람에게 메시지를 써 달라고 하자 NG 영상을 시청한 커플이 훨씬 더 개인적인 정보를 드러냈다. 그리고 관찰자 패널들은 이들의 대화를 지켜본 뒤 NG 영상

---

* 그냥 그레이 색 벽지 슬라이드쇼다. 비슷한 이름의 다른 영화만큼 인기가 있진 않지만, 당신이 집안을 다시 꾸미려 한다면 꽤 유용할 것이다.

을 본 커플 사이의 상호작용이 중립적인 영상을 본 커플보다 30퍼센트 더 친밀하다고 평가했다.

간추려 말해, 웃음의 공유는 솔직함과 취약성을 드러내는 지름길이다. 또 다른 말로 표현하면, 웃음은 일터에서 옥시토신을 분비시키는 몇 안 되는 방법 중 하나이며 인사과에서 허용한 행위이기도 하다.

일터에서 '신뢰 호르몬' 옥시토신 분비를 증가시키는 방법

해결책	노트
섹스	엄밀히 말해 허용되지 않음
출산	의학적으로 권장되지 않음
웃음	인사상 위반사항으로 알려진 바 없음

관계 지속시키기

웃음의 공유는 그 순간에만 친밀감을 형성하는 것이 아니다. 시간을 거치는 동안 관계를 강화하는 데도 똑같이 효과가 있다. 헤네시의 말에 따르면 황갈색 양말 개그는 일 분도 채 되지 않았지만, 동지애와 유대감은 "회의가 끝나고도 계속됐다."

이런 경향은 연구실에서 입증되었다. 어느 연구에서 심리학자 도리스 바치니와 동료들이 52커플을 모아 각 개인에게 관계 만족도

설문 조사를 실시했다. 그런 다음 커플들을 네 그룹 중 한 그룹에 배정했다.

첫 그룹에서는 커플들에게 지난 석 달 안에 '웃음을 공유한' 순간에 대한 이야기, 그러니까 그 순간에 어떤 일이 있었는지, 어쩌다 그런 순간을 공유하게 되었는지, 그 뒤에 어떤 일이 벌어졌는지를 이야기하게 했다. 다른 세 그룹에서는 '독립적인 웃음'(각각 다른 사람과 웃음을 나눈 순간), '공유된 긍정'(서로의 관계에 대해 기분이 좋았던 순간), '독립적인 긍정'(다른 사람과의 관계에서 기분이 좋았던 순간)에 대해 이야기하게 했다.

모두가 이야기를 마쳤을 때, 함께 웃음을 공유한 순간을 추억한 커플이 다른 세 그룹보다 관계에 23퍼센트 더 만족한 것으로 보고됐다.

당신이 직장 동료와 로맨틱한 관계에 있지는 않겠지만(만약 그런 관계에 있다 해도 여기서 왈가왈부하지 않겠다), 로맨틱한 관계와 일적인 관계 사이에는 주목할 만한 유사점이 있다. 당신이 지난주에 파트너와 보낸 시간이 얼마였는지 그리고 제일 가까운 동료(당신의 '직장 내 아내/남편')와 보낸 시간이 얼마였는지를 잠깐 생각해 보라.

공유할 필요는 없다.*

---

* 2019년 노동통계국에서 조사한 미국인의 시간 사용 실태 조사에 따르면 평균 13년 2개월을 직장에서 보낸다고 한다. 이와 대조적으로 평생 동안 친구와 함께하는 시간은 평균 328일밖에 안 된다. 그렇기 때문에 이런 말도 있다. '친구를 가까이하라. 그리고 중간관리자는 더 가까이하라.'

창의성

아이디어에 불붙이고 혁신에 기름 붓기

직원들이 가장 예술적인 작품을 생산하는 환경을 조성하는 것 자체가 예술이다. 히로키 아사이는 애플의 크리에이티브 디자인 대표로 재임하던 시절 유머를 창의적인 사고를 위한 가장 중요한 촉매제로 사용했다.

아사이는 말했다. "두려움은 창의성을 죽이는 최대의 암살자입니다. 그리고 두려움에서 우리 직원들을 보호하기 위해 발견한 가장 효과적인 도구가 바로 유머고요."

아사이에게 2,000명이 넘는 크리에이티브들이 한자리에 모이는 올 핸즈All Hands 미팅은 유머를 사용하기에 최적의 장소였다. 이 미팅은 진짜 진지하고 진짜 재밌었다. 각 미팅이 있기 몇 달 전, 그는 강당을 전직원의 웃음으로 가득 채워줄 계획안을 신중하게 기획할 팀을 조직했다. 한번은 블루맨 그룹Blue Man Group으로 분장한 직원들의 영상을 촬영하기도 했고, 도주 중인 남성(히로키)을 맹추격하는 것 같은 개그 영상 시리즈를 보여준 적도 있었다. 또 플래시몹 복음 성가대가 관중석에서 나오기도 했다. 그 모든 것의 공통분모는 의외성과 모두를 웃게 만드는 힘이었다.

조직 전체를 소집할 때는 매 순간이 중요하기 마련이고, 이게 바로 히로시가 특별한 방법으로 모두를 한 데 모으는 일에 그토록 많은 정성을 기울인 이유였다. 그는 조직 전체에서 두려움이 어떻게 포괄적인 창조 과정을 좀먹는지, 유쾌한 장난과 유머가 어떻게 그 문제를 해결하는지 직접 보았다. 그는 유머가 '조직에서 두려움을 쫓아내고' 사람들이 좀 더 자유롭게 생각하고 좀 더 솔직하게 말하고 새로운 시나리오와 접근법을 즐길 수 있게 해준다고 말했다.

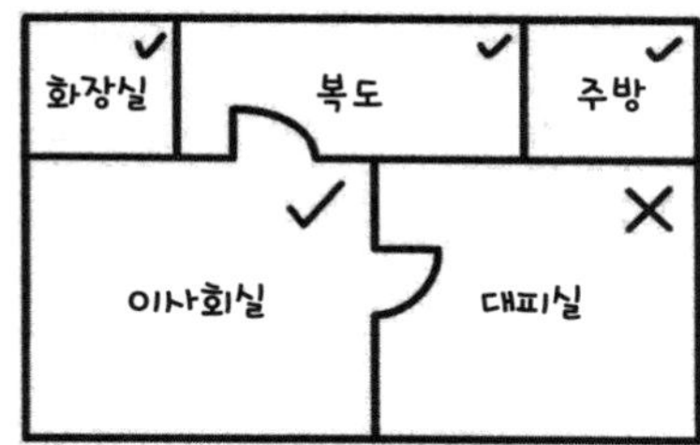

정신적 기민함 향상시키기

웃음과 창의성의 관계를 이해하기 위해서 심리학자 앨리스 아이젠과 그녀의 동료들이 만든 인지 테스트 '던커의 촛불 문제'를 살펴보자.

누워 있는 초.

이것은 참가자들에게 초 하나와 압정 한 상자 그리고 성냥을 주고 풀어보는 현실 도전 문제다.

맞다. 저건 분명히 초다.

연구에서 참가자들이 해야 할 미션은 테이블 위에 놓인 아이템들만 이용해 초를 벽에 붙이되 초를 밝혔을 때 촛농이 아래 테이블에 떨어지지 않게 하는 것이었다.

올바른 해결법은 압정 상자를 비우고 초를 고정할 선반을 만들기 위해 압정을 이용해 그 상자를 벽에 붙이는 것이다. 간단해 보일 수 있지만, 이 해결법에 도달하기까지 당신의 뇌는 기능적 고정관념이라 불리는 것을 극복할 필요가 있다. 기능적 고정관념은 사람들이 어떤 물체를 기존에 사용하던 용도가 아닌 다른 방식으로 사용하기 힘들게 하는 인지적 선입견이다. (이 경우에는 상자를 압정을 담는 용도가 아닌 다른 것으로 봐야 한다.)

다섯 살 아이들은 어른의 세계를 지배하는 전통적 규칙 이를테면 '벽은 벽이지 크레파스로 그림을 그리기 위한 캔버스가 아니다. 개는 타고 다니는 작은 말이 아니라 반려동물이다. 콩은 먹는 용이지 코에 넣는 것이 아니다.'같은 규칙을 아직 배우지 않았기 때문에 기능적 고정관념의 징후가 보이지 않는다. 하지만 성인기에 접어들면 사물의 명시적 목적을 넘어서는 가능성을 보기가 힘들어진다.

이 압정 상자를 저기, 그러니까 저 초를 세울 선반으로 볼 가능성 말이다.

기능적 고정관념을 극복한 초

유머가 이 문제를 푸는 참가자의 능력에 어떤 작용을 하는지 보기 위해, 아이젠과 그녀의 동료들은 도전에 들어가기 전 그중 절반에게 감정적 중립을 유도하는 영상을 보게 하고, 나머지는 유머러스한 영상을 보게 했다.*

결과는 확실했다. 재미있는 영상을 본 집단이 두 배나 많이 풀었다. 웃음이 두 번째 그룹을 똑똑하게 만든 것이 아니다. 기능적 고정관념을 극복하고 새로운 연결과 연관성을 보는 데 도움이 된 것이다. (바로 이것이 여러 면에서 모든 창조 과정의 핵심이다.)

표면적으로는 촛불 문제가 시시해 보일 수 있다. 하지만 저자인 댄 핑크는 이런 정신적 유연성이 대단히 중요하다고 말했다. 특히 급속하게 변하는 세계 경제에서는 그 중요성이 더욱 커진다. 일상적인 규칙 기반 작업을 저비용 업체들이 더 저렴하게, AI가 더 빨리

* '미국의 감정적으로 가장 중립적인 홈비디오America's Emotionally Neutralest Home Video'가 첫 시즌을 넘기지 못한 데는 이유가 있다.

(그리고 더 훌륭하게, 더 싸게, 시고니 위버가 주연한 SF 영화에 등장한 AI의 설정까지 더해 가며) 처리할 수 있다는 사실을 고려해 그 어느 때보다 외부 위탁이나 자동화가 쉬워졌기 때문이다.

요즘 일터에서는 우뇌 창의성과 수평적 사고가 절실하다. 우리는 계속해서 우리 버전의 촛불 문제와 씨름하고 있으며, 벽에 크레파스로 작품을 그리는 사람들이 승자가 될 것이다.

고정관념 벗어나기

유머를 시도하는 것은 단순한 브레인스토밍과는 비교할 수 없을 만큼 강하게 우리 뇌의 창의력 중추를 자극한다. 오리 아미르와 어빙 비더만은 USC의 이미지 실험실에서 실시한 실험을 통해 로스앤젤레스의 그라운들링스 극단에서 활동하는 전문 코미디언들, 아마추어 코미디언들, 일반 시민들에게 주간지 〈뉴요커〉에 게재되는 카툰을 위한 재치 있는 대사를 생각해 달라고 요청했다.

참가자의 절반은 유머러스한 대사를, 나머지 절반은 웃음기를 뺀 대사를 브레인스토밍했다. 진행하는 동안 뇌가 그 과제에 어떻게 반응하는지 알아보기 위해 두 그룹에 MRI 촬영을 실시했다.

스포일러 주의: 코미디언들의 대사가 더 나았다. 하지만 전반적으로 유머러스한 대사를 브레인스토밍한 참가자들이 창의성과 연계된 뇌 영역에서 높은 활동성을 기록했을 뿐 아니라 학습과 인식 같은 보다 고차원적 기능과 연계된 다른 영역(측두연합영역, 내측 전두엽)에서도 같은 결과를 보였다.

더욱이 이런 창의성 향상이 첫 과업이 끝나고도 오랫동안 지속되었다는 사실이 입증되었다. MIT의 베리 쿠드로비츠가 주도한 일련의 연구에서는 코미디언, 전문 제품 디자이너, 학생들에게 브레인스토밍 테스트에 이어 카툰 대사 제작을 요청했다. 브레인스토밍 테스트를 실시하는 동안 코미디언들이 다른 그룹보다 20퍼센트 더 많은 아이디어를 만들어 냈을 뿐 아니라, 그들이 만든 아이디어는 다른 그룹에 의해 25퍼센트 더 창의적이라는 평가를 받았다.

알베르트 아인슈타인은 말했다. "창의성은 재미를 느끼는 지능이다." 당신의 지능을 조금이라도 살려 둬라.

심리적 안정성 발전시키기

안정성과 업무 수행의 관계는 탄탄하다. 연구원 에이미 에드몬슨과 그녀의 동료들은 심리적 안정성, 즉 우리가 실수를 해도 벌을 받거나 비웃음을 사지 않을 거라는 믿음이 포용력, 탄력성, 의욕, 지속성을 더욱 키운다는 사실을 발견했다. 실수를 대수롭지 않게 여길 만큼 충분한 안정성을 느낄 때 우리는 더 크고, 더 굵직한 도전에 대범하게 뛰어들 수 있다.

히로시는 말했다. "궁극적으로 유머 문화는 직원들에게 안전한 장소를 제공합니다. 당신이 안전하다고 느낄 때, 유머 대 두려움의 경쟁에서 두려움을 이기고 있다는 느낌을 받을 때, 기회를 잡기가 훨씬 수월해지지요. 놀림 받거나 무시당할 걱정 없이 일을 시도할 가능성이 커집니다. 새로운 아이디어를 끌어내고 낡은 아이디어에 맞서기 위해 기꺼이 혁신할 수 있게 됩니다."

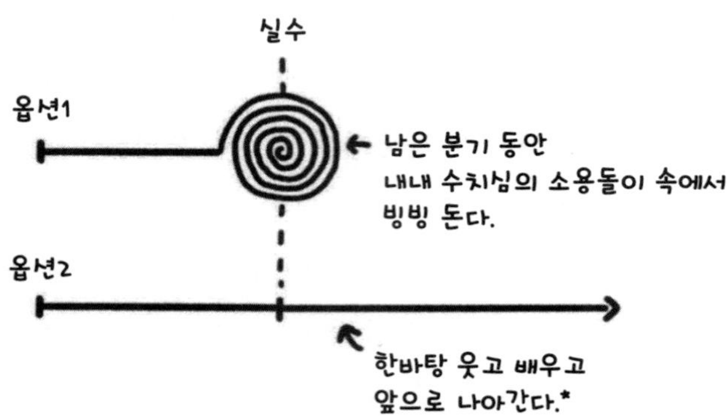
유머는 우리를 앞으로 나아가게 한다
실수
옵션1
← 남은 분기 동안
내내 수치심의 소용돌이 속에서
빙빙 돈다.
옵션2
한바탕 웃고 배우고
앞으로 나아간다.*
* 법칙을 깬 사람이 아무도 없다고 가정하자.

유머와 심리적 안정감의 연결고리는 웃음이다. 심지어 웃음에 대한 기대만으로도 (일명 '스트레스 호르몬'인) 코르티솔과 ('투쟁 도피 반응' 호르몬인) 에피네프린 분비가 각 39퍼센트와 70퍼센트 감소되어, 우리는 안전하다는 느낌을 받고 보다 침착해지며 스트레스를 덜 받게 된다.

스트레스를 덜 받으면 일도 더 잘 할 수 있다. 2007년 볼티모어 기억연구소의 연구원들은 참가자들의 침샘 코르티솔 수치를 측정하고 언어, 처리속도, 눈과 손의 협응력, 집행기능, 언어기억과 학습, 시각적 기억, 시각적 구성이라는 일곱 가지 주요 지표에 대한 인지적 기능을 테스트했다. 놀랍게도 연구원들은 일곱 개 중 여섯 개 항목에서 더 낮은 코르티솔(스트레스) 레벨과 더 나은 성과 사이의 상관관계를 발견했다. (시각적 구성 항목에서는 변화가 없었으며, 침착성과 스트레스 수치도 성과에 전혀 영향을 끼치지 않았다)

간추려 말하면, 웃음은 코르티솔을 감소시키고, 낮은 코르티솔 수치는 더 나은 성과를 끌어낸다. 단 시각적 구성 기능을 쓰는 직업은 예외다.

회복력

이겨 내고 번창하기

2001년 9월 마이크 네메스는 웨스트포인트에 있는 미 육군사관학교 2학년에 재학 중이었다. 납치된 항공기 두 대가 맨해튼 남쪽 50마일 지점에 있던 세계무역센터에 충돌했을 때, 그와 동기생들은 그 어마어마하게 충격적인 여파를 지켜보면서 수많은 생명들처럼 자신들의 삶도 결코 이전과 같지 않을 거라는 사실을 직감했다. 전쟁이 임박했다는 생각이 들었다. 전쟁에 소집될 것이 거의 확실했다. 그 순간의 중압감 한가운데서 네메스는 동료 생도들의 공동체 정신을 끌어올리기 위해 할 수 있는 모든 일을 다 해야겠다고 결심했다.

그는 병영 안에 지하 유머 공장을 만들고 '군대뉴스: 축구 패배를 초래한 빈 라덴과 알카에다, 세상을 놀라게 한 사관후보생의 평상복'이라는 헤드라인을 단 풍자신문을 발행해 학교에서 함께 겪는 (때로는 고통스럽기도 한) 경험들과 다가오는 국제분쟁에 재미를 끼워 넣었다.

장교들에게 발각되면 정통에 어긋나는 자신의 신문 발행을 막을 거라는 걸 알았기에 몰래 야영지 화장실 문 안쪽에 비닐 시트지를 테이프로 붙인 다음 거기에 신문을 넣어 배포했다. 그런 방법으로 구독자를 찾고 '센터 스톨Center Stall'이라는 신문사 이름도 얻었다.

신문에 관한 소식은 화장실 칸막이 안의 숨죽인 웃음소리와 함께 생도들 사이로 순식간에 퍼져 나갔다. 네메스의 동기들은 슬쩍슬쩍 기삿거리에 관한 아이디어를 그에게 전했고 새로 발행된 신문이 있는지 확인하러 화장실로 향하는 일이 일상사가 되었다.

상부에 발각되기까지는 오래 걸리지 않았다. 엄밀히 말해 네메스는 규칙을 어겼다. 하지만 그들도 네메스의 발행물이 생도들에게 주는 영향, 즉 분위기를 작지만 의미 있는 방식으로 변화시킨 것을 보았다. 장교들은 그 일을 눈감아 주었다. 시간이 지나면서 장교들과 생도들은 '센터 스톨'을 빈틈없이 짜인 웨스트포인트 문화에 반드시 있어야 할 부분으로 받아들였다.

극도로 불확실하고 슬프고 스트레스에 시달리는 시기에 비친 한 줄기 유머의 빛은 생도들이 참혹한 새 현실을 감내하는 데 도움이 되었다. 노예 폐지론자이자 성직자인 헨리 워드 비처는 이렇게 말했다. "유머 감각이 없는 사람은 용수철 없는 마차다. 그들은 도로에 놓인 돌멩이 하나하나에 덜컹거리는 마차와 같다." 우리는 모두 인생의 크고 작은 흔들림에 대처할 완충제가 필요하다. 그리고 유머는 우리가 가진 최고의 완충제다.

스트레스에 대처하기

일터에서 건강하게 지내기가 그 어느 때보다 힘들어졌다. 제프

페퍼와 스테파노스 케니오스 그리고 조엘 고는 최근 연구를 통해 초과근무, 고용불안, 일과 생활의 불균형에서 기인한 직장 스트레스로 인해 매년 적어도 12만 명이 죽음에 이르고 낭비되는 의료비가 최대 1,900억 달러에 달한다고 밝혔다.

그러니까 일이 우리를 죽이고 있다는 말이다.

다행히 유머는 강력한 절연체다. 이제 우리는 웃음이 우리 몸의 경보 시스템이자 불안감과도 관련 있으며 우울증의 위험성을 드높이는 코르티솔을 억제한다는 사실을 알고 있다. 유머는 코르티솔 수치를 일정하게 유지시켜 힘든 시기에 우리의 감정적 회복력을 강화해 준다.

그렇다고 유머가 그저 스트레스를 줄이는 데만 도움이 되는 것은 아니다. 극심한 고통을 겪을 때도 도움이 된다.

연구원 대처 켈트너와 조지 보나노는 한 연구를 통해 사별 과정에서 작용하는 유머의 효과를 살펴보았다. 그들은 지난 6개월 안에 사랑하는 이를 잃은 40명의 사람들을 모집해 고인과의 관계를 묘사해 달라고 했다.

녹화된 인터뷰를 검토한 연구진은 사별한 대상에 관해 이야기하면서 진짜 웃음('뒤센Duchenne 웃음'이라 알려진 웃음)을 보인 참가자들이 가짜 웃음이나 전혀 웃지 않은 참가자들보다 뒤이은 설문 조사에서 80퍼센트 더 적은 분노와 35퍼센트 더 적은 고통을 호소한 사실을 발견했다. 또한 진짜 웃음을 보인 집단은 훨씬 더 긍정적인 감정을 느끼고 있었고 현재 자신들의 사회적 관계에 대한 만족도도 증대된 것으로 나타났다.

이런 발견도 물론 상관관계가 있지만, 최근 연구는 인과관계를 더 잘 이해하는 것을 목표로 하고 있다. 한 연구에서 셸리 크로포드와 네리나 칼타비아노는 8주 과정으로 일상에서 유머를 사용하고 향유하는 것과 관련된 구체적인 기술을 가르치는 프로그램을 개발했다. 강사가 소규모그룹에 한 시간짜리 학습 과정으로 매주 각기 다른 기술을 가르쳤다. 8주 후 유머기술을 학습한 사람들에게서 우울증 사례가 줄고, 스트레스가 감소되며, 부정적인 감정에 비해 긍정적인 감정의 비율이 높아지고, 심지어 통제력에 대한 인식도 현저히 증대된 것으로 보고되었다.

(하하하) 살아남기

웃음은 최고의 명약이다. (사실 최고의 약은 의약품이다. 하지만 약을 덜 사용할 수 있게 도와 줄 것이다.)

생리학적으로 웃음은 혈류와 근육의 이완을 증가시키고 심혈관 질환과 관련된 동맥벽의 경직성을 감소시키는 의미 있는 혜택을 제

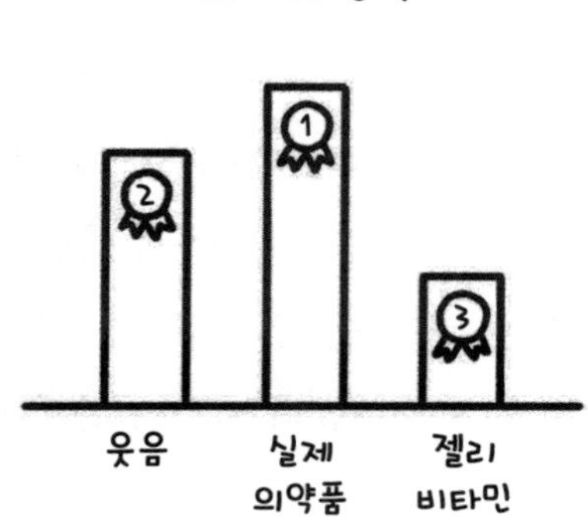

공한다. 마틴 브루체와 그의 팀이 패치 아담스Patch Adams에서 영감을 받아 진행한 연구에서는 만성 폐쇄성 폐질환 환자들이 광대 쇼를 즐긴 후 폐기능 개선을 경험했다. 셰바흐 프리들러 박사와 그의 팀이 진행한 다른 연구에서는 난임 치료 중인 여성들이 요리사로 분장한 광대에게 접대를 받자 임신 확률이 16퍼센트 증가했다. (비록 스테이크 타르타르를 주문할 가능성은 적었지만.)

이것은 진짜 사실이지만, 정말 이상하다. 그래서 우리는 이 건에 관해서는 건드리지 않으려 한다. 우리는 그래도 당신이 오늘 밤 잘 잠들 수 있기를 바란다.*

아직도 확신이 서지 않는다고?

그렇다면 당신은 영원히 어떻게 살고 싶은가?

좋다. 영원히는 빼자. 하지만 연구는 유머 감각과 장수의 개념 사이에서 연관성을 밝혀냈다. 노르웨이 과학기술대학의 노르웨이 연구원들이 오만 명이 넘는 사람들을 대상으로 15년 동안 종적 연구를 실시한 결과 강력한 유머 감각을 지닌 여성과 남성들이 심지어 질병과 감염에도 불구하고 더 장수한다는 사실이 밝혀졌다.**

특히 유머 사용에서 상위 점수를 받은 여성들은 전체 원인으로 사망할 위험도가 48퍼센트 낮았고 심장병으로 사망할 위험도가 73

* 아니면 오늘 밤 임신을 하거나, 무슨 목표든 이루길 바란다.

** 게다가 이것은 기온이 영하인 노르웨이에서 거둔 결과다. 팜스프링스에서는 어떨지 한번 상상해 보라!

퍼센트 낮았으며 감염으로 사망할 위험도가 83퍼센트 낮았다. 반면에 유머에서 높은 점수를 기록한 남자들은 감염으로 인한 사망 위험도가 74퍼센트 낮았다.

자, 이제 이해했을 것이다. 유머는 우리의 힘을 강화하고 다른 사람들을 열광하게 만들 수 있다. 의미 있는 연계를 조성하고 창의성을 발휘하게 해 주며 인생의 길흉화복을 거치는 동안 우리를 살아남게 하고 번영하게 해 준다.

3장

재미의 해부학

"코미디는 단지 재미있는 방법으로 진지해지는 것이다."

\- 피터 유스티노프

여느 때와 다름없는 6월의 화요일 아침, 세스 마이어스는 록펠러 플라자 30번지에 있는 자기 사무실로 걸어갔다. 그의 심야 토크 쇼인 〈세스 마이어스의 레잇 나잇쇼〉가 스튜디오 8G가 있는 바로 그 홀에서 촬영되었다. 그는 전에 그곳에서 새터데이 나이트 라이브의 수석작가로 일했으며 코미디계에서 가장 예리한 (그리고 진짜 가장 좋은) 사람들 중 한 명으로 명성을 얻었다.

아침에 해야 할 일 가운데 하나로 세스는 그 쇼의 오프닝 코멘트를 위한 긴긴 우스개 목록을 검토한다. (줄기차게 전달되는) 그날 뉴스 중 결국 12가지 정도만 코멘트에 포함될 것이다. 전날 밤 쇼를 마친 뒤 몇 시간 동안 카페인 중독에 빠진 16명의 천재들로 구성된 그의 영웅적인 작가팀은 헤드라인을 샅샅이 뒤지고 수십 개의 스토리를 집어내고 능숙하게 그 이야기들을 100여 개가 넘는 농담으로 빚어낸다. 거기서 결국 공중파에 방송될 12개가 선택될 것이다.*

그의 한 시간짜리 쇼에서 7분 동안 쓰일 재료생산에 꼬박 (낮잠 시간을 포함한) 8시간을 들여 탄생한 100개의 농담이다. 오후까지 수

* 즉 88개의 농담이 편집실 바닥에 버려져 있다는 말이다. 이 얼마나 아까운 일인가! 그런 버려진 농담을 재활용해 아저씨들이나 회계사들에게 기부할 방법이 분명 있을 것이다.

석작가 알렉스 베이즈가 그 목록을 80개로 줄여 낼 것이다. 그중 25개가 최종 리허설에 오른다. 그리고 마침내 행운의 12개가 남는다.

믿기지 않겠지만 진짜다! 뉴욕과 LA 전체 작가실에서 이 같은 마술이 펼쳐지고 있다. 〈존 올리버의 라스트 윅 투나잇Last Week Tonight〉에서 〈지미 팰런의 더 투나잇 쇼The Tonight Show〉, 〈스티븐 콜버트의 더 레잇 쇼The Late Show〉까지 소규모 작가팀이 황금시간대 TV에서 방영하기에 충분할 만한 농담 몇 천 개를 앞다투어 쏟아 내고 있다.

만약 당신이 우리와 같다면 이런 쇼를 (아니면 SNL 같은 다른 포맷의 쇼들을) 수년간 시청했을 테고, 그들이 어떻게 순간순간 가장 민감하고 사회적으로 중요한 문제들을 다룬 재미있고 시의적절하고 예술적인 콘텐츠를 끊임없이 생산해 내는지에 대해 경탄했을 것이다. 당신은 이렇게 생각했을 것이다. '도대체 어떻게 저렇게 할 수 있지?'

이 놀라운 작가들의 숙련된 기술은 날것 그대로의 코미디에 대한 열정 그리고 어둠침침한 즉흥극극장에서 공연하고 오픈 마이크open mic night(클럽이나 바에서 즉흥적으로 개그를 펼치는 것—옮긴이) 현장의 자비 없는 관객들 앞에서 개그를 하며 세상에 빛도 못 볼 촌극을 쓰면서 수년간 땀 흘린 노력의 결합이다.

우리가 세스의 팀, 수십 명의 다른 코미디언 그리고 지난 5년간 함께 연구하고 일한 작가들에게 배웠듯 코미디는 예술이지만, 코미디언들 사이에서 볼 수 있는 공통된 테크닉과 포맷으로 잘 연마한 공예품이기도 하다.

이 장에서 우리는 일부 테크닉을 살펴보려 한다. 직장을 그만두고 제2의 데이브 샤펠Dave Chappelle(미국의 스탠드업 코미디언이자 배우—옮긴이)이 되라는 것이 아니다. 유머가 작동되는 기본 원리를 이해해 유머의 진가를 알고, 유머를 만들고, 일상에 더 많이 사용할 수 있게 해 주려는 것이다.

기본: 진실과 방향전환

고객들과 학생들 (그리고 요청하지도 않은 우리의 유머 팁을 강요받아 감정적으로 지친 친구들) 사이에 보이는 공통적인 오해는 유머를 무에서 유를 창조하는 일로 본다는 것이다. 실제로 유머는 그저 우리 주변에서 특이하고 부조리한 것을 자각하고 예기치 못한 방식으로 그 사실을 밝히는 데서 올 때가 더 많다.

유머의 기본 양식과 기법을 더 잘 이해하기 위해 간단한 농담을 해체해보자. (주석: 이제 곧 농담을 재미있게 만드는 것이 무엇인지 설명하겠지만, 일단 당신에게 한 가지 조언을 해 주고 싶다. 당신의 농담을 듣는 사람에게 설명하지 마라. 그렇게 하면 불편해진다. 그리고 안쓰러워진다.)

상상해 보자. 당신은 저녁 파티에 참석했다. 첫 코스가 끝나고 30분이 지났을 때 한 손님이 걸어 들어와 변명을 늘어놓는다.

"늦어서 죄송합니다. 오고 싶지 않다 보니."

당신은 재미있다고 생각할 것이다. 하다못해 살짝 웃기기는 할 것이다. 여기 그 이유가 있다.

원리 1: 유머의 핵심은 진실이다

이 이야기는 재미있다. 왜냐하면 우리가 흔히 듣던 것보다 더 솔직하고 직설적이기 때문이다. 보통은 〈그레잇 브리티시 베이크 오프The Great British Bake Off〉(영국의 베이킹 경연 TV쇼—옮긴이)를 넋 놓고 보느라 늦었다는 사실을 감추기 위해 우스꽝스러운 변명을 늘어놓기 마련이지 않은가.

진실은 모든 유머의 중심에 있다. 이른바 '아무것도 아닌 것에 관한 쇼'인 〈사인펠트〉가 그토록 큰 성공을 거둔 이유가 여기 있다. 우리를 미치게 하는 공통적인 사회적 상호작용을 다루는 것이 이 쇼의 전제였다. 목소리가 너무 작은 사람, 너무 가까이서 말하는 사람, 성기 수축, 스포츠 이벤트를 위해 얼굴을 색칠한 남자……. 에피소드 목록은 계속된다. 시청자들은 그런 사람들과 시나리오를 보고 웃는다. 거기 공감하고 무의식중에 '나도 저랬어.' 아니면 '저런 사람 본 적 있어.' 아니면 '맞아. 하키 팬들은 진짜 웃겨.' 하는 생각이 든다.

진실 공유는 유머를 위한 토대가 된다. 그러니까 뭐가 재미있는

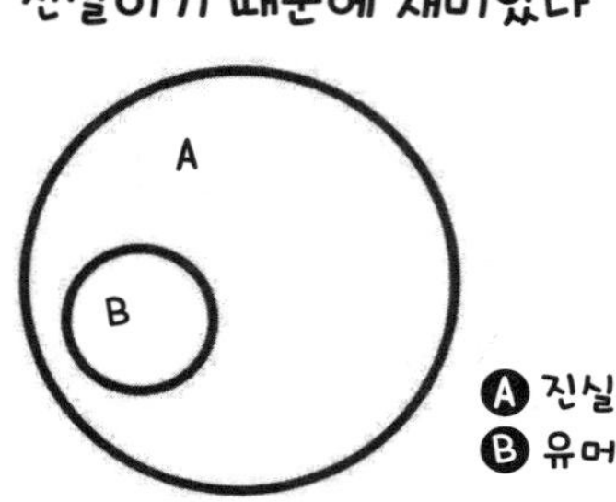

지 자문하는 대신 뭐가 진실인지 묻는 것으로 시작하면 된다. 우리는 거기서 유머를 찾게 될 것이다.

원리 2: 모든 유머에는 놀라움과 방향전환이 포함된다

웃음은 누군가가 급격한 방향전환을 할 거라고 생각했지만, 그 대신에 지극히 진부한 말을 할 때처럼 예상치 못한 데서 생긴다.

사회과학자들은 우리가 기대한 것과 실제로 벌어진 일 사이의 부조화에서 유머를 찾을 수 있다는 부조화 해결 이론을 통해 이 원리를 설명한다. 이는 사람들이 놀라는 것을 멋있게 표현한 말이다. 농담의 설정이 우리의 뇌를 '원 디렉션', 즉 한 방향으로 이끌다가 핵심 대목에서 난데없이 '백스트리트 보이스'로 선회할 때 우리는 부조화를 경험한다.

방금 한 말이 무슨 말인지 이해했는가?* 문장의 첫 부분에서 '원 디렉션', 한 방향이라는 문구를 들었을 때 당신은 다음 부분에서 '또 다른 방향'이 이어질 거라 예상했을 것이다. 그러다 90년대 보이밴드를 정말 세련되지 못하게 호출해서 놀랐을 것이다.

이렇게 부조화를 인지하면 당신의 전두엽 피질은 그 문제를 해결하기 위해 움직이고 그렇게 해서 유머를 만들어 낸다. 이때 당신은 농담을 인지하게 된다. 앞선 언급은 보이밴드를 정말정말 세련되지 못하게 호출한 예였다.**

* 밀레니얼세대가 아닌 이들을 위해: 원디렉션은 2010년대 폭넓은 인기를 얻은 영국-아일랜드 팝 보이 밴드다. 여기서 백스트리트 보이스가 누구인지 설명할 필요가 없기를 바란다.

** 유머를 분석하는 것은 개구리 해부와 같다고 한다. 흥미를 보이는 사람은 없고, 개구리는 죽는다. 여기서 우리가 제대로 그 예를 선보였다.

당신의 전두엽 피질은 성공을 자축하며 쿠키를 먹고 잠자리로 돌아간다.

많은 유머가 기발한 아이디어의 부족이 아니라 방향전환의 부족으로 실패한다. 기대감을 제대로 확립하지 않았거나 핵심 대목에서 제대로 방향전환을 못했기 때문이다.

나중에 우리는 놀라움과 방향전환을 위한 몇 가지 간단한 테크닉을 제시할 것이다. 하지만 우선 알아야 할 것은 유머에 더 적합한 진실이 분명히 있다는 사실이다. 이 사실을 인식하고 그런 진실을 찾는 몇 가지 전략을 찾아보자.

재미 발견하기: 진실을 위해 당신의 인생을 캐 보자

세스 마이어스 팀은 뉴스에 집중해 유머러스한 진실을 찾는다. 다행히 우리는 소스가 될 만한 재료를 암울한 현실 사건에 국한해 찾을 필요가 없다. 우리는 일상에서 우리 자신과 관련한, 그리고 주변 사람들에 관한 진실을 찾아볼 수 있다.

많은 사람들이 델 클로즈를 즉흥 코미디의 아버지로 꼽는다. 그는 시카고에서 30년이 넘도록 즉흥극 문화를 이끌어 온 장본인으로 그의 방법은 빌 머레이, 티나 페이, 마이크 마이어스, 존 벨루시, 크리스 팔리 같은 코미디 거장들에게 영감을 주었다. 그는 "가장 신선하고 흥미로운 코미디는 시어머니의 농담이나 잭 니콜슨의 인상*에서 오는 것이 아니라 우리의 개성을 표현하는 데서 나온다."라고

* 당신이 잭 니콜슨이 아니라면 누가 킬러 잭 니콜슨을 흉내 낼 수 있겠는가.

말했다. 그는 유머를 찾으려면 우리를 우리로 만들어 주는 자질, 의견, 좋아하는 것 그리고 감정을 반드시 살펴야 한다고 믿었다.

이를테면 사인펠트의 세상에서 조지는 낮잠을 좋아한다. 크레이머는 주니어 민트 사탕에 열광한다. 일레인은 피임용 스펀지를 좋아하고, 제리는 슈퍼맨, 시리얼, 뉴욕 메츠Mets, 그리고 아파트 문을 잠그지 않고 나가는 것을 좋아한다. 유머는 소소한 관찰로 이런 간단한 진실을 강조하는 데 있다.

하지만 당신이 자신을 관찰하고 자신의 생각과 감정에만 의존해야 할 필요는 없다. 당신에 대한 다른 사람들의 생각에서도 유머를 만들 수 있다. 이런 남들의 생각을 알아내기 위해 셀프 빈칸 채우기 게임을 해 보자. 사람들에게 디너파티에서의 당신, 첫 데이트나 가족 모임에서의 당신, 아니면 DMV(운전면허 관련 업무 등 차량 관련 행정기관—옮긴이)에서 줄을 서 있는 당신의 모습에 관해(진짜 그 어디라도 상관없다) 아래와 같은 빈칸에 답해 달라고 해 보자.

솔직히 말해 당신은 ___________ 할 사람 같아요.*

우리는 모두 우리의 뚜렷한 개성을 특별하게 해 주는 별난 점을 갖고 있다. 그리고 우리 모두의 인생에는 유머의 씨앗이 가득 차 있다. 우리에게 필요한 것은 그것을 찾아 낼 몇 개의 연장뿐이다. 여

---

* 이렇게 해서 제니퍼는 자신이 '명상을 하면서도 이메일을 몇 개씩 보낼 것' 같은 사람이라는 사실을 알게 되었고, 나오미는 야외 행사마다 '만일의 경우를 대비해 더 많은 준비물을 들고 갈' 사람으로 보인다는 사실을 알게 되었다.

기 당신을 시작하게 해 줄 다섯 가지 간단한 테크닉이 있다. 이 테크닉들은 평생 동안 코미디를 연구하고 공연하고 쓰고 연출한 사람들의 가르침에 반복해서 등장하는 내용이다.

부조화 / 차이점 인식하기

코미디언들은 대조, 부조화, 병렬을 통해 유머에 접근한다. 이는 당신의 일상에서 대조를 자각해야 한다는 의미다. 이를테면 당신은 회사에서 강력한 힘을 지닌 CEO지만, 집에서는 십 대 딸 두 명의 열렬한 개인비서다. 당신의 아파트는 완벽하게 풍수지리를 따르고 있지만, 주방 서랍장은 '마리 콘도(정리정돈 전도사로 활동하는 일본인 여성—옮긴이)의 개인적인 지옥'일 것이다.*

* 주석: '마리콘도의 개인적인 지옥'은 그저 한 표현일 뿐이지 그녀가 가게 될 장소라는 뜻이 아니다. 마리는 사랑스러운 사람 같다. 그리고 우리는 그녀가 아주 단정한 사후세계로 갈 운명이라고 생각한다.

당신의 행동과 다른 사람의 행동 사이에 차이점을 찾아보라는 뜻이다. 코미디언이자 저자 사라 쿠퍼가 우리 학생들에게 코미디 기술 워크숍을 진행했을 때, 그녀는 자신의 여행 스타일을 자기 남편의 스타일과 코믹하게 비교해 가며 이 테크닉을 강조했다.

존 멀레이니가 지난 20년간 위험에 대한 개인적 반응이 어떻게 변했는지 관찰한 데서 따온 다음 이야기에서 알 수 있듯이 시간을 거치면서 개인적인 부조화가 생길 수도 있다:

대학 졸업 전날 밤에는 코카인을 했는데, 이제는 독감 예방주사 맞기도 겁난다.

앞서 든 예들이 아이디어를 내는 데 전혀 도움이 되지 않는다면 이 각도에서 부조화를 한번 시도해보라: 만약 외계인이 갑자기 지구에 착륙한다면 그들은 객관적으로 어떤 점이 비논리적이라고 생각할까? 아마 당신의 피트니스센터 자판기에 오직 치토스와 쿠키밖에 없다는 사실일 것이다. 아니면 제리 사인펠트가 반려동물들의 뒤처리를 하는 주인들의 역동성을 강조하면서 했던 다음 대사와 같을지도 모른다:

개들은 이 행성의 리더들이야. 두 생명체가 있는데 하나는 똥을 싸고, 다른 하나가 그걸 치운다면 누가 리더일 것 같아?

어떤 의미에서 부조화는 인생의 작은 착오다. 당신이 재미를 찾는 일에 부조화가 절반, 아니 어쩌면 전체를 담당할지도 모른다.

감정 / 당신의 느낌 인식하기

코미디언들은 자극적인 경험에 집중한다. 무엇이 그들을 부끄럽게 행복하게 슬프게 뿌듯하게 불편하게 했는지, 이 밖에도 무엇이 어떤 감정을 강하게 끌어냈는지에 집중한다. 이런 순간들, 특히 과장된 반응을 끌어내는 순간들은 유머의 훌륭한 진입로다.

스스로에게 질문해 보자: 객관적인 기준치 이상으로 나를 행복하게 만드는 것은 무엇인가? 다른 사람들이 느낄 좌절감보다 더 심하게 나를 좌절시키는 것은 무엇인가? 뾰족한 이유도 없이 내가 극도로 혐오하는 것은 무엇인가?

이를테면 당신은 네 살짜리 자식이 지극히 평범한 인어를 그리는 모습을 지켜보면서 유난히 자랑스러운 감정을 느낄 수도 있고, 진짜 기포가 부글부글 피어오르는 탄산수 맥주를 따면서 이성을 잃을 만큼의 행복감을 느낄 수도 있으며, 타이어가 터졌을 때 가슴이 터질 듯 화가 날 수도 있다.

스탠드업 쇼에 가 본 적 있다면, 또는 〈커브 유어 엔수지에즘Curb Your Enthusiasm〉(대본 없이 애드리브로만 진행된 미국 드라마—옮긴이)을 봤다면 당신은 많은 코미디언들이 비이성적인 분노를 일으키는 일들에 대해 떠들어 댄다는 사실을 알 것이다. 이제 막 사랑에 빠진 커플에 대한 케빈 하트의 감정을 살펴보자:

> 나는 커플을 보는 건 괜찮아요. 새로 맺어진 커플을 보기가 싫은

거지요. 새로운 사랑은 참을 수가 없어요. 혐오합니다. 그게 솔직한 내 마음입니다. 진짜 감당하기가……. 이제 막 사랑에 빠진 커플이 뭘 나눠 먹으려는 거 본 적 있나요? 그런 걸 목격한 적 있냐 말입니다. "자기야, 우리 자기. 우리 아기, 내 사랑. 주스가 좀 남았는데. 마실래? 한 모금 마셔 볼래? 내가 한 모금 마시고 자기도 한 모금 마실래? 그렇게 하고 싶어? 우리 자기 홀짝홀짝 해 보고 싶어?" 이런 식으로 주거니 받거니…… 아오…… 진짜 극혐입니다.

아니면 래리 데이비드가 트위터에 올린 파티에 관한 의견을 살펴보자. ("나는 파티를 싫어한다. 그런데 파티 다음에 애프터 파티에 가야 한다고? 지금 장난해?!?") 대학 농구 선수권대회(이 대회의 별칭이 '3월의 광란[March Madness]'이다—옮긴이)에 대해서도 살펴보자. ("3월의 광란 백신이 아직도 안 나온 거야?") 그리고 생일 축하카드에 관한 것도. ("이때까지 받은 생일 카드로 뭘 하라고? 갖고 있으라고? 버려? 다 무용지물이야. 제발 카드 좀 주지 마. 이메일을 보내라고.")

분노를 유머로 만드는 일은 따르기가 까다로울 수 있지만, 코미디언들의 기교를 볼 수 있는 부분이다.

분노를 활용해 농담을 할 때는 반드시 화를 누그러뜨려야 한다. 그 대상에 대고 직접 소리치는 것은 감정을 상하게 하고 재미있지도 않을 것이다. 하지만 당신이 그런 감정을 받아들이고 당신을 거슬리게 하는 것이 무엇이든 그것을 가상의 만화 버전으로 재미있게 풀어낼 수 있다면 다른 사람들도 개인적으로 공격받는다는 느낌 없이 당신의 감정을 느낄 수 있을 것이다. 그리고 능숙하게 할 수 있게 되면 이제 자조해 보라. 당신의 과장된 반응이 부분적으로 당신의 문제이기도 하다는 사실을 말한다면 당신의 감정을 알리면서도 사람들을 편안하게 해 주는 좋은 방법이 된다.

의견 / 당신의 생각 인식하기

코미디를 가르치는 많은 이들이 당신이 남들보다 더 강하게 품고 있는 의견에 집중해야 한다고 강조한다. 이것은 당신의 감정적인 기벽에 관한 것보다 특별한 신념에 관한 이야기다. 우선 당신이 끔찍하고 터무니없다고 생각하는 규범이나 널리 받아들여지는 행위를 생각해 보라. 조깅을 객관적으로 쓸모없는 수고라 여기는 코미디언 미셸 울프의 예를 들어보자:

> 나는 매일 달려요. 그런데 내가 무엇을 위해 훈련하고 있는지 알 길이 없어요. 신체적으로 습득하는 기술이 전혀 없으니까요. 조깅이 내 인생에 도움이 될 유일한 방법은 어느 날 누가 3마일에서 5마일 정도의 다소 느린 속도로 나를 쫓아오면서 도둑질을 시도하려 할 때뿐일 거예요.

아니면 우리가 실제로 일을 하기보다 일에 대해 서로 업데이트하는 데 너무 많은 시간을 쓴다고 생각하는 사라 쿠퍼의 예를 보자.

■ **우리는 직장에서 무엇을 하고 있는가?**

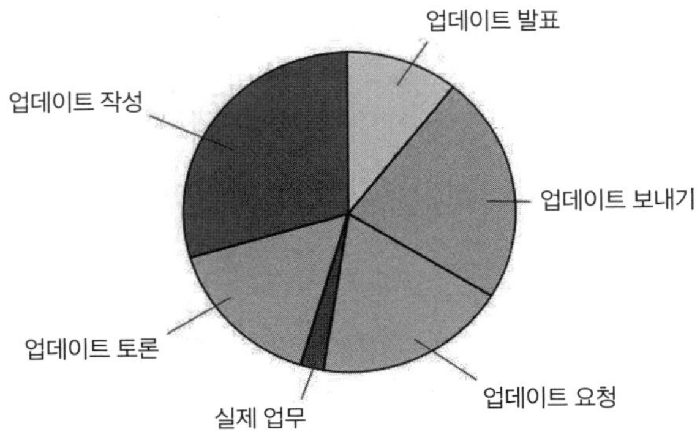

당신이 '나는 ....이 정상인 이유를 절대로 이해 못할 거야'라고 말할 만한 것들을 생각해 보라. 아마 너무 많이 떠올라서 깜짝 놀랄 것이다. (떠올리는 동안에는 냉정을 유지하고, 그 사안에 대해 판단해서는 안 된다.)

고통 / 당신을 아프게 하고 당혹스럽게 하는 것 인식하기

디너파티에서 들려 줄 당신이 가장 좋아하는 이야기를 생각해 보자. 그중 일부는 당신의 인생에서 비참하거나 어색했던 순간일 가능성이 있다. 데이트 후에 집에 도착해서 이에 끼인 아스파라거스 쪼가리를 발견한 일. 디즈니랜드로 간 '재미있는' 가족의 여행이 열사병과 멀미, 그리고 3시간 줄을 서고 찍은 데이지 덕과의 사진 한 장으로 마무리된 일. 그리고 운전면허시험장 방문기.

우리는 다른 사람의 불운에 관한 이야기에 웃는 경향이 있다. 인간들이 나빠서가 아니라(적어도 다 그렇지는 않다는 소리다) 우리가 재미

있는 농담의 핵심 대목에서 웃는 것과 같은 이유 때문이다. 코미디언이 고통스런 순간을 회상할 때 우리의 뇌는 그 사건의 끔찍함과 그 이야기를 말하는 이의 쾌활하고 즐거운 방식 사이에서 오는 부조화에 집중하게 된다.

로스앤젤레스가 어떻게 비싼 도시가 되었는지 담론을 나눈 뒤 코미디언 마로지오 반스는 2018년 말리부 화재 후 그의 가족과 했던 통화를 회상했다:

> 가족들이 이러는 거예요. "말리부가 불타고 있는데 너는 괜찮은 거니?" 그러자…… 어깨가 으쓱해지더라고요! 다들 내가 말리부에 사는 줄 안 거잖아요. 실망을 안겨 미안하지만 나는 반 누이스에 살거든요. 내가 착실하게, 가난하게, 화재에서 벗어나 안전하게 사는 곳은 반 누이스란 말입니다.

물론 대부분의 고통은 일정 시간이 지나고 나서야 재미있어진다. 우리가 그 사건 자체에서 더 멀어질수록 어느 정도 균형감을 얻고 그 일에서 유머를 보기가 쉬워진다.

이런 옛말이 있다. 코미디는 비극 더하기 시간과 같다.

그러니까 다음에 비참하거나 비참하도록 어색한 순간에 처한다면 결국, 언젠가는 그 상황이 훌륭한 이야기가 될 거라는 사실을 위안으로 삼자.

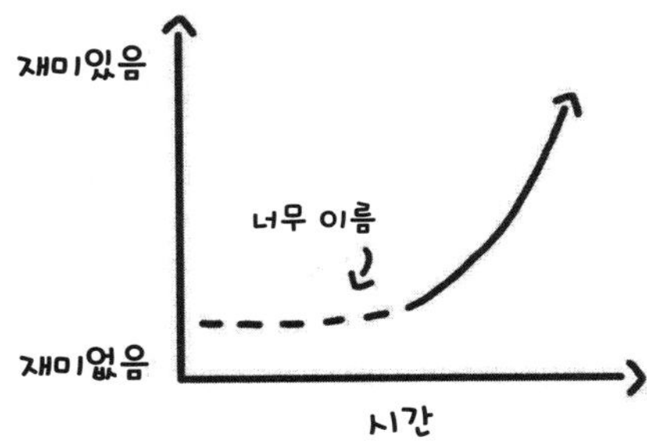

기쁨 / 당신을 미소 짓게 하는 것 인식하기

인지적 행동 관점에서 a) 당신을 미소 짓게 하는 것을 세심히 살피고 b) 다른 사람들과 그것을 공유하는 일에는 당신이 생각하는 것보다 더 큰 힘이 있다.

a)는 자극에 노출된다는 점에서 뒤따르는 정보에 대한 당신의 반응에 영향을 미치는 심리학 원칙인 점화 효과를 불러일으킨다. 당신은 이 책을 읽음으로써 유머에 대한 준비가 되었다. 우리는 어떤 것에 대한 준비가 되면 그것을 더 빨리 더 빈번하게 찾을 수 있다. 이런 순환이 새로운 기쁨의 순간마다 계속 되풀이된다. 그러니까 기쁨을 추구하면 찾을 수 있다!

b)는 웃음의 높은 감정적 전염성을 이용한다. 웃음은 대부분 다른 사람들이 있는 데서 일어나고 퍼져 나간다는 점에서 독특하다. 그러니까 당신의 베스트 프렌드가 방금 산 것과 정확히 똑같아 보이는 외투를 입은 개를 공원에서 봤거나 당신의 아이가 입을 떼고 했던 거의 모든 말들을 적어 놓고 공유하라. 코미디언 제임스 브레

이크웰이 다음 이야기를 듣고 했던 일을 살펴보자:

> 여섯 살짜리 우리 애가 렌치 드레싱을 '샐러드 프로스팅'이라 부르더군요. 이제 나는 그 드레싱을 절대 다른 이름으로 부르지 않을 겁니다.

브레이크웰이 그날 아침 꼭 농담을 쓰려고 하루를 시작한 것은 아니지만, 그는 세상이 그에게 농담을 제공할 가능성에 마음을 열고 있었다.

멜 브룩스의 말처럼 "그냥 주위를 둘러보기만 해도 인생은 말 그대로 코미디로 가득하다."

재미 만들기

대부분의 농담은 설정 + 핵심대목이라는 근본적인 구조를 따른다. 설정은 관측이나 진실이고 핵심대목은 예상을 뒤엎어 관객을 놀라게 하는 것이다. (즉 부조화를 말한다.)

때로는 인생의 진실을 단순히 관측하는 것만으로도 웃음을 얻기에 충분하다. 하지만 항상 성공을 거두는 것은 아니다. 이럴 때 살짝 마사지를 해 주면 아이디어가 결승선을 통과해 재미에 도달하는 데 도움이 될 것이다.

이런 경우에 당신은 설정에서 핵심대목까지 당신을 도와줄 간단한 장치 중 하나를 이용할 수 있다.

과장하기

유머는 주로 통 크게, 규모 있게 펼쳐지기 때문에 많은 유머 강사들이 학생들에게 과장법을 써서 유머를 하라고 가르친다. 우리가 관찰을 극대화하면 듣는 이의 기대치에 혼란이 와서 부조화가 발생한다. 사람들이 기대하는 일반적인 반응 대신 엉뚱한 반응을 제공하는 것이다.

사라 쿠퍼는 우리 학생들을 위한 워크숍에서 최대한 많은 관찰을 하기 위해 각자의 삶을 캐보게 했고 각각 과장을 적용하게 했다. 학생들은 이 간단한 방법으로 유머에 좀 더 빨리 다가갈 수 있다는 사실에 깜짝 놀라고 즐거워했다. 사라는 학생들의 생각을 유도하기 위해 비행기 좌석이 터무니없이 불편하다는 관측 가능한 진실을 어떻게 극대화하는지 보여 주었다.

사라는 여기에서 몇 가지 엄청난 기술을 썼다. 익숙한 구성으로 알아보기 쉽게 시작한 다음 과장을 극대화한 것이다. 특히 좌석 차트 아래로 내려가면서 일등석, 이코노미 같은 우리에게 익숙한 단어를 사용해서 이코노미 불편함, 이코노미 고통 등으로 점점 더 과장의 정도를 강화했다.

과장의 또 다른 맛보기로 존 멀레이니의 예를 보자:

최근에 마사지를 받았습니다. 마사지를 받으러 스파에 갔지요. 마사지실에 들어갔더니 마사지사가 옷은 내가 불편하지 않을 정도

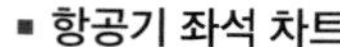

■ 항공기 좌석 차트

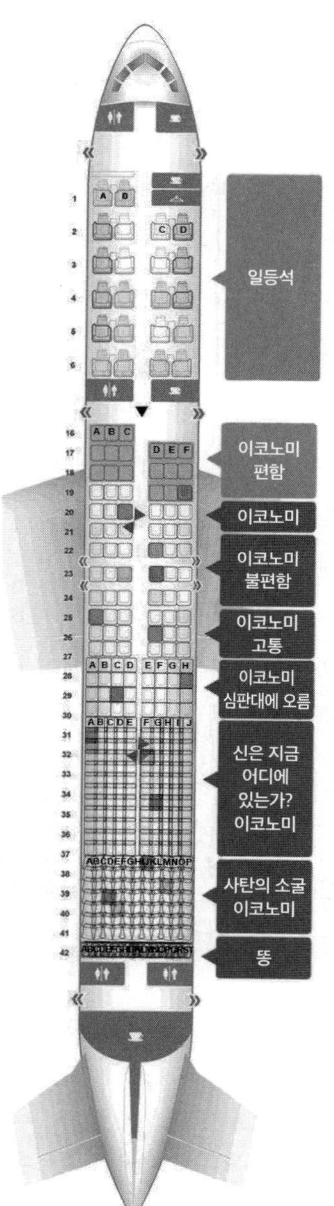

범례

- 판단은 승객이 한다.
- ▼ 승무원이 앞칸 화장실을 못 쓰게 한다.
- 악을 쓰는 아기
- 기내 엔터테인먼트를 즐기려는 사이 아이가 당신의 머리 받침대를 차거나 친다
- 무릎 보호대를 사용하는 승객
- 당신의 무릎에 닿을 때까지 의자를 한껏 젖힌 승객
- 당신의 공간에 발을 들이밀고 있는 맨발의 무좀 승객
- 참치와 삶은 달걀을 먹는 사이 당신의 팔걸이를 차지한 승객
- 논쟁이 전면전으로 치닫기 직전

로 입으면 된다더군요. 그래서 스웨터와 코듀로이 바지를 더 껴입었지요. 아주 안전한 기분이 들었어요.

이 농담 뒤의 관찰은 분명하다. 멀레이니는 다른 사람 앞에서 탈의하는 것이 불편하다. 이것은 공통적인 진실을 활용한 것이다. 낯선 이에게 오일로 당신의 벌거벗은 몸을 문지르게 하는 것은 이상할 수 있다. (아니면, 적어도 우리가 사회의 다른 곳에서 주의하려고 하는 경계를 많이 깨뜨리는 일이긴 하다.) 멀레이니는 이 관찰을 다양한 방법으로 나눌 수도 있었다. 하지만 그는 거기에 대한 반응으로 자기 행동을 과장함으로써 자신의 관찰을 강조하기를 선택했다. 그리고 그는 '그래서 나는 양말만 벗었어요' 같은 식으로 말하지 않았다. 완전 반대로 더 많은 옷을 껴입는 방식을 활용했다. 달리 말해, 그는 부조화와 과장을 모두 사용한 것이다.

대조 만들기

대조, 즉 두 개 이상의 요소를 병치하는 것은 당신의 코미디 공구 벨트에 넣을 또 다른 도구다. 만약 당신의 관찰이 부조화에서 기인했다면 대조가 이미 어느 정도 들어 있을 가능성이 크다. 그렇지 않다면 대조를 만들 방법을 찾아보라! 뉴잉글랜드 패트리어츠의 지출예산에 대한 관찰을 바탕으로 한 세스 마이어스의 평을 보자:

뉴잉글랜드 패트리어츠는 전용기를 타고 경기하러 가는 첫 NFL 팀이 되었다. 한편 클리블랜드 브라운스는 스피릿 항공의 좌석 위짐칸으로 격하되었다.

패트리어츠는 미국 풋볼 리그에서도 가장 돈이 많고 성공한 팀으로 명성을 떨치고 있지만 아무리 그렇다고 해도 전용기 구입은 일반적이지가 않다. 일등석이나 전세기 정도는 기대할 수 있겠지만 전용기까지는 아닐 것이다. 여기서 세스는 코미디를 만들기 위해 실제로 패트리어츠가 한 일을 과장하지 않았다는 점에 주목하자. 그 대신 패트리어츠와는 극과 극의 명성을 지닌 팀을 선택해 심지어 반대쪽 정상 범주마저 훌쩍 벗어나 저 악명 높은 비운의 클리블랜드 브라운스에게 기상천외하고 대조적인 운명을 만들어 줬다.

아니면 첼시 퍼레티가 어떻게 더욱 미묘한 대조로 사회가 남성 대 여성에게 가하는 압력을 이야기했는지 살펴보라:

> 나는 그저 남자의 자신감을 지니면 어떤 기분인지 알고 싶어요. 남자로 사는 것에 대한 내 판타지는 아침에 일어나 눈을 뜨면 이런 기분이 드는 거예요. "나는 진짜 대단해! 모두 내가 하는 말을 듣고 싶어 할 거야!"

첼시는 여자들이 스스로의 가치를 못 느끼게 되는 경우가 많다는 사실을 직접 말하지는 않았다. 관객들은 이 사실을 알아차릴 수 있지만 우울한 진실이다. 그녀는 상상으로 남자가 된 경험에 이 사실을 대조시켰다. 남자들은 말 그대로 이런 생각을 하지 않을지도 모른다. (그들은 놀랄 만큼 단순하다.) 하지만 그녀는 관객들에게 그들의 경험이 어떻게 다를 수 있는지에 대해 놓치고 있었을지 모를 사실을 일깨워 줄 수 있다.

이 테크닉의 다음 적용 단계에서 그녀의 관측은 여성의 관점에서 시작된다. 그런 다음 남성 관점의 과장된 버전으로 대조를 만들어 낸다. 그녀가 실제로 그 부분을 말할 때쯤이면 그저 그 대조를 암시하는 것만으로도 관객들에게 여성의 관점을 전달할 수 있다.

그녀는 우리의 뇌가 나머지를 채우리란 것을 안다.

구체화하기

당신이 업라이트 시티즌스 브리게이드Upright Citizens Brigade 희극 집필실에서 쏟아내는 농담에서 (그리고 당신의 스승 윌 하인즈가 매번 최고의 농담을 던지는 모습을 지켜보는 데서) 순식간에 습득할 한 가지가 있다면 구체성, 세밀함, 그리고 좋은 것에서 굉장한 것까지 코믹한 요소를 담을 수 있는 색깔이다. 지미 팰런의 농담을 살펴보자:

> 영국 연구원들은 세상의 식물 종 가운데 1/5이 멸종위기에 있다고 경고하고 있습니다. 더 최악인 것은 케일이 살아남을 거라는 예측입니다.

만약 그의 핵심대목이 심지어 조금 덜 구체적이었다면 어땠을까? '더 최악인 것은 채소가 살아남을 거라는 예측입니다.' 이런 식으로 말이다. 별로 와닿지 않는다. 그렇지 않은가? 선택지가 너무 포괄적이기 때문이다. 팰론이 선택한 버전 즉, 케일은 좀 더 구체적일 뿐 아니라 익히 알려져 있고, 양극화된 수많은 관련 내용을 떠올리게 한다. (힙스터들, 건강에 좋은 견과류, 유행하는 다이어트식, 그리고 각종 씹기 힘든 것들.)*

마리아 뱀포드는 정확하고 명확한 언어로 농담을 구성하는 데 있어 달인의 경지에 있다:

> 나는 연인들에게 이런 질문을 하는 나 자신이 정말이지 지긋지긋하다. "둘이 어떻게 만났어? 정원에서 우연히 손을 잡은 거야?"

이 농담의 중심에 있는 진실은, 그러니까 행복한 연인들을 향해 그녀가 느끼는 부러움과 '우리가 어떻게 만났냐면' 같은 감성적인 스토리에 관한 경멸은 우리 중 많은 사람들이 이해하는 내용이지만, 그렇다고 그 관찰을 본질적으로 재미있게 만들어 주지는 못한다. 그녀는 이를 표현하기 위해 선명한 언어로 사랑에 운이 없었던 쓸쓸한 두 영혼이 우거진 장미 덤불과 인동덩굴 한가운데서 운명적으로 마주치는, 빅토리아시대 소설에서 곧바로 튀어나온 듯한 이미지를 상상하게 한다. 뱀포드가 묘사한 장면과 21세기 사람들의 실제 만남(정원이 아니라 데이트앱 사이트 틴더**에서 만나는 21세기식 만남) 사이에서도 재미있는 부조화를 볼 수 있다.

---

* 관련 내용 중에는 심지어 종을 초월한 것도 있다. 렉시그램으로(그림문자) 말하는 침팬지 칸지는 케일을 다른 채소보다 씹는 데 더 오래 걸린다는 이유로 '슬로우 양상추'로 표현했다. 우리는 팰론이 아직 칸지에게 이 농담을 테스트하지는 않은 걸로 알고 있다.

** 틴더는 '세속적인 공포의 정원'이라고도 불린다.

비유 만들기

대조로 유머를 만들 듯 비유로도 유머를 만들 수 있다. 어떤 코미디언들은 비유의 대가로 어떤 행동이나 상황을 완전히 다르지만 놀랄 만큼 똑같은 것에 비유해 그 우스꽝스러움을 강조한다.

짐 개피건은 자기 가족 같은 대가족이 요즘 흔하지 않다는 자신의 관측을 비유를 이용해 표현했다:

> 대가족은 마치 물침대 가게 같아요. 예전에는 어디에나 있었는데 지금은 그저 이상해 보일 뿐이죠.

물침대 비유가 없다면 이 관찰에서 유머는 찾아볼 수가 없다. 다섯 명의 형제자매가 있었고, 지금은 다섯 자녀를 키우는 개피건이 그저 주류에서 벗어났다는 사실을 애통해하는 것처럼 들릴 수도 있다. 유머는 물침대 가게와 대가족의 비교가 전혀 예상치 못한 비교라는 데에 있다. 당신의 뇌는 (개피건의 도움으로) 실제로 그런 비교가 말이 된다는 사실을 인식하면서 경이감을 느끼게 된다.

'마치 ~와 같다'와 '그것은 마치~' 구절은 비유를 보는 데 도움이 되고 결국 스스로 비유를 만들어 낼 수 있게 해 준다. 일단 거기 귀를 기울여보면 코미디언들이 항상 비유를 사용한다는 사실을 알 수 있다.

술 취한 사람들이 지나친 자신감을 보일 때가 많다는 자신의 관찰을 강조한 애덤 디바인의 이야기를 살펴보자:

왜 파티에서 매번 '난 운전해도 괜찮아.'라고 말하는 사람들은 항상 운전하기에 제일 안 괜찮은 사람들일까요? 그 사람들은 왜 그걸 굳이 발표하는 걸까요? 그건 마치 "나는 신발 끈을 맬 수 있습니다!"라고 발표하는 것과 같잖아요. 당신이 파티장에 들어와 "나는 신발 끈을 맬 수 있습니다!"라고 선언한다면 다들 이럴 겁니다. "이 얼간이 자식한테 찍찍이 좀 달아줘."

그리고 특이하고 편파적인 스타일의 감독을 자신의 아버지에 비유해 소통의 어려움을 강조한 하산 미나즈의 이야기를 살펴보자.

우리 아버지와의 모든 대화는 M. 나이트 샤말란의 영화 같습니다. 90분 동안의 수고가 보상 없이 끝나는 것과 같죠. "저게 결말이라고??"

그리고 존 멀레이니는 빠져나갈 수도 없는, 땀이 삐질삐질 나는 곳에서 한마디 양해도 없이 귀가 찢어져라 음악을 연주하는 뉴욕 지하철 공연자들에 대한 자신의 열정적인 혐오감을 이렇게 표현했다.:

암살당해 본 적이 없어서 암살당하기 직전이 어떤지는 모르겠지만, 당신이 지하철에 있는데 마리아치 밴드가 막 연주를 시작하려 할 때의 느낌이 딱 그럴 거라고 나는 감히 장담할 수 있습니다.

좋은 비유는 켄틸레버식 다리(외팔보 공법으로 지은 다리—옮긴이)와 같다. 일단 만들기가 어렵다. 그래서 다들 이 테크닉을 어려워한다. 코미디언이자 베스트셀러 작가 닐스 파커가 우리 학생들에게 코미디 기술을 연마시킬 때 다음과 같은 유용한 팁을 알려주었다:

비유의 연결조직은 거의 언제나 코미디언들이 자기가 묘사하는 관찰에 대해 느끼는 감정이나 의견입니다. 일단 그 감정이나 의견을 파악하기만 하면 비유의 나머지 절반은 훨씬 쉽게 알아낼 수 있지요.

대가족 -> 드물다. 구식이다. <-물침대

운전을 해도 괜찮다. -> 자기과신 <- 신발 끈을 맬 수 없는데 맬 수 있다고 생각한다.

아버지와의 대화 -> 지루하고 힘들다. <-샤말란

시끄러운 지하철 연주자들 ->감각적 폭행 <-암살단에게 암살당함

다시 말해, 좋은 비유를 만들기 위해서는 우선 자신의 관찰에 관한 생각이나 느낌을 자문해 보고 그 내용을 완전히 자기화시켜야 한다. 청중이 구체적으로 당신이 왜 그렇게 느끼고, 왜 그렇게 생각하는지를 이해해야 한다. 그러니까 청중이 당신에 대해 이미 알고 있는 사실을 바탕으로 했을 때, 그 내용이 당신의 '이미지에 맞아떨어져야 한다'는 말이다. 멀레이니의 코미디를 많이 본 사람들은 그가(혹은 적어도 무대 위 그의 페르소나가) 어떤 일 때문에 죽음의 공포에 가까울 정도의 사회적 곤경에 처한 적이 있다는 사실을 완벽히 알

고 있다.

그런 다음 그것에 비교할 어떤 보편적인 것을 찾아보라. 같은 감정이나 의견을 불러일으키면서 보편적으로 받아들여지는 어떤 것을 찾아야 한다. '보편적으로 받아들여지는', 이 부분이 핵심이다.

이런 농담은 대부분의 사람들이 물침대가 어딘가 이상하고 구식이고, 술 취한 사람들이 자신의 능력을 과대평가하고, M. 나이트 샤말란의 영화가 결말에 가서 무너진다는 사실에 동의해야 웃음을 살 수 있다. 그리고 대부분의 사람들은, 적어도 대도시 사람들은 무허가 지하철 공연자들이 던지는 극한의 테러 행위를 경험했다.

요약하자면, 효과적인 비유를 만들기 위해서는 당신이 묘사하고 있는 구체적인 사실에 대한 당신의 생각이나 감정과 당신이 비교하려는 사실에 대한 대부분의 사람들의 생각이나 감정 사이에서 공통점을 찾아야 한다.

3의 법칙 따르기

이 장의 앞부분에서 배웠듯이 코미디의 핵심은 부조화다. 따라서 청중이 다른 것을 기대하게 만드는 방식으로 당신의 관찰을 준비하는 것이 중요하다.

코미디언이자 저자인 데이비드 니힐은 워크숍에서 우리 학생들이 부조화를 파악하는 가장 쉬운 방법이 3의 법칙을 따르는 것이라고 강조했다. 일반적이거나 예상 가능한 요소 2가지를 작성한 다음 예상치 못한 한 가지를 추가하는 법칙이다. 인간의 뇌는 지속적으로 패턴을 찾는다. 우리가 어렸을 때 처음으로 배우는 것 중 하나가 A와 B 다음에 C가 오는 것이기 때문에, 우리는 첫 두 요소를 (A와 B를) 듣고 나면 그 패턴이 다음으로(C로) 갈 거라 예상한다. 우리가 네 살짜리에게 말한다면 "A…… B…… 벌에 쏘였어!" 정도로 놀라게 한 다음 웃게 만들 수 있다. 적어도 네 살짜리한테는 그렇다는 말이다.

코미디언들은 (일반인들도 마찬가지로) 이 장치를 자주 사용한다. 에이미 슈머의 예를 보자:

> 와우, 안녕하세요, 덴버 시민 여러분? 제 쇼에 와 주셔서 고맙습니다. 이건 정말 저한테 큰 의미예요. 아시는지 모르겠지만 지난 한 해, 저는 아주 돈을 많이 벌고 유명해지고 겸손해졌습니다.

로라 카이트링거는 마지막 요소에서 다시 예상치 못하게 방향을 전환했다:

> 술 취한 다음 날 아침, 눈을 떴을 때 이보다 더 나쁜 일은 상상도 못 하겠어요. 옆에 누가 있는데 이름을 몰라요. 어떻게 만났는지도 모르겠어요. 왜 죽었는지도 모르겠어요.

각각의 경우, 처음 두 항목에서 패턴이 만들어지고, 세 번째에서 전복된다. 저 위대한 제리 사인펠드의 말대로 "가장 큰 웃음은 마지막에 있어야 한다." 반대로 웃음 라인이 중간에 묻혀버리면 어떻게 보일 것 같은가?

"저는 아주 돈을 많이 벌고 겸손해지고 유명해졌습니다."

"이름을 몰라요. 왜 죽었는지도 모르겠어요. 어떻게 만났는지도 모르겠어요."

갑자기, 이 분명하고 웃긴 농담들이 완전 허튼소리가 돼 버린다. 중간에서 재미를 놓치면 부조화, 영향력, 유머를 잃게 된다.

세상을 건설하라

모든 훌륭한 농담은 재미있는 전제에서 시작된다. 거기서부터 끝없이 뻗어 나갈 수 있다. 스스로 질문해 보라. 이게 사실이라면 그 밖에 또 뭐가 있을까? 그러니까 당신이 처음 한 재미있는 농담이 사실이라면 거기서 또 어떤 다른 이야기를 꺼낼 수 있을까? 두 번째가 사실이라면 그 다음엔 또 어떤 이야기가 나올 수 있을까? 이 테크닉을 사용하면 작은 우주를 건설할 수 있다. 세부사항 하나하나가 현실을 새로운 극단의 웃음으로 끌어올릴 수 있는 또 다른 기회를 제공한다.

엘렌 드제너러스의 2018년 스탠드업 스페셜, 〈공감능력자 Relatable〉에서 따온 기교 있는 예를 보고, 그녀가 묘사하는 생생하고 구체적인 세계가 농담이 진행될수록 어떻게 점점 더 우스꽝스러워지는지 살펴보자.

스탠드업을 그만둔 지 15년 만에 이 스페셜 쇼를 다시 하기로 마음먹었을 때, 친구 하나가 우리 집에 있었어요. 그래서 그에게 말했죠. "스탠드업을 다시 하려고 해." 그가 말하더군요. "진짜 할 거야?" 그래서 말했죠. "응. 왜?" 그러자 그가 말했어요. "흐음, 네 생각에 네가 아직도 공감능력이 있다고 생각해?" 그래서 말했어요. "응. 나는 여전히 공감능력이 있다고 생각해. 나는 인간이니까." 그가 말했어요. "아, 그러니까 내 말은 네 인생이 너무 많이 변했잖아." 그래서 나는 말했어요. "그렇지. 그래도 나는 여전히 내가 공감능력이 있다고 생각해." 마침 그때, 우리 집 집사 바투가 서재로 들어와 내 아침 식사가 준비되었다고 하더군요. 그래서 나는 친구에게 이렇게 말했어요. "이 대화는 다음에 하도록 하지."

그렇게 썬룸에 앉아서 아침을 먹었지요……. 바투가 입에 넣어주는 파인애플 조각을 서너번 먹다가…… 말했어요. "바투, 배가 안 고파. 입맛이 떨어졌어. 아까 친구가 한 말 때문에 진짜 기분이 나빠졌어." 그러자 바투가 말했어요. "아 그러시면 욕조에 물을 채워 두겠습니다." 그래서 말했죠. "매번 그렇게 말할 필요는 없어. 그냥 욕조를 채워 줘." 욕조에 앉아서 창밖으로 장미 정원을 바라보고 있었어요……. 타티아나가 장미꽃에 푹 빠져 있더군요. 어쨌든 나는 욕조에서 나왔어요. 바투가 욕조 옆에 타월을 두는 걸 잊었더군요. 또 말입니다! 그래서 나는 타월을 가지러 욕실 매트를 타고 욕실을 가로질러 가야 했어요. 욕실이 진짜 크거든요. 욕실이 얼마나 큰지 상상이 되나요? 그러니까 진짜 이만큼……(팔을 한껏 펼쳐 거대한 방을 그려 보인다) 욕실매트를 타고 달리다…… 멈춰 섰어요. 그리고 이렇게 외쳤죠. "오, 세상에…… 이게 바로 공감능력이야."

이 마지막 라인에서 드제너러스는 아주 영리한 기술을 썼다. 그녀는 자기 농담의 전제를 콜백으로 사용했다. (콜백에 관해 곧 배우게 될 것이다.) 그녀는 자신이 창조한 세상에 청중들을 푹 빠져들게 만들어 우리가 거기까지 오게 된 이유를 순간적으로 잊게 했다.

그녀는 친구와의 소소한 의견 차이에서 시작해 부풀리고, 부풀리고, 부풀리고, 또 부풀린 다음 청중들에게 원래 전제에서 얼마나 멀리 왔는지 간단히 상기시킴으로써 웃음을 얻었다.

즉흥 유머

대부분의 코미디언들은 유머를 만들고 리허설을 하는 데에 몇 달, 심지어 몇 년을 보낸다. 분명 우리 가운데 그 정도의 사치를 부릴 수 있는 사람은 거의 없을 것이다. 게다가 우리가 훌륭한 유머를 만드는 원리를 터득했다 하더라도 현실 세계에서 사용하려면 일반적으로 그 자리에서 바로 유머를 떠올려야 한다. 그래서 여기 즉흥 유머를 만들기 위한 비결을 몇 가지 밝힌다.

자기만의 독특한 이야기 알기

우리는 코미디언들이 항상 자연스럽게 웃기는 초인적인 능력을 갖췄다고 생각하는 경향이 있다. 물론 그런 경우도 많다. 하지만 즉흥적으로 보이는 많은 유머가 사실은 미리 작성되고, 작업을 거쳐 재작성되고(그리고 다시 또 재작성되고), 연습하고, 수많은 청중 앞에서 무수히 이야기됐던 내용이다. 대부분의 코미디언은 필요할 때 쓰기 위해 이런 유머를 한두 개가 아니라 책 한 권 정도 뒷주머니에 넣고 다닌다.

당신도 자기만의 독특한 이야기 목록을 만들기 시작하면 그들처럼 할 수 있다. 이 이야기는 당신의 주력 상품으로 당신이 좋아하는 이야기일 뿐 아니라 칵테일파티에서든, 이사회에서든, 그 이야기를 백만 번도 더 들었을 당신의 소중한 다른 사람*에게든 항상 웃음을 줄 수 있는 이야기다.

그렇다고 해서 똑같은 이야기를 하고 또 하라는 말은 아니다. 좋은 이야기는 어떤 면에서 보편적이기 때문에 끊임없이 재생산된다. 사람뿐 아니라 상황에도 마찬가지다. 그래서 당신이 말하고 싶은 이야기가 있다면 그 이야기를 당면한 상황에 연결할 방법을 꼭 찾아야 한다. 그리고 같은 청중 앞에서 몇 번이고 되풀이하지 않도록 애쓰고, 지어낸 이야기 같다는 소리를 들을 위험을 무릅써야 한다. 한 가지 도움이 될 만한 것은 당신이 그 이야기를 많이 사용한다는 사실을 인정하는 것이다. "나는 이 이야기를 좋아해. 왜냐하면……." 아니면 "내가 늘 생각하는 게 있는데……." 당신이 그 이야기에 관한 자신의 애정을 표현하면 주변 사람들도 그런 반복을 당신이 가진 특징의 한 부분으로 받아들일 것이다. (그리고 이것은 이야기를 현명하게 선택해야 할 더 큰 이유이기도 하다. 그 이야기가 당신의 한 부분이 되기 때문이다.)

---

* 코미디언 데이비드 이스코는 말했다. "코미디언들이 사귀기 힘든 걸로 악명 높은 이유가 바로 이 때문이지요. 혹시 당신의 특별한 코미디언이 늘 당신을 상대로 유머를 연습하고 있다는 걸 알게 된다면, 그에게 야유 받는 것을 연습할 기회를 주세요."

현실 인식하기

세스 허조그의 일은 세상에서 가장 힘든 일 중 하나다. 극장이나 자선행사 같은 전통적인 장소에서 코미디 쇼를 공연하는 것 말고도 지미 팰런과 함께 〈투나잇 쇼〉에서 관중들의 흥을 돋운다. 그의 일은 에어컨이 켜진 스튜디오 안에서 얼른 '진짜 쇼'가 시작되기만을 기다리고 있는 한 무리의 낯선 이들에게 코미디를 공연하고 그들을 웃게 하는 것이다. 그래서 이 남자는 금방 사람들을 웃게 하는 방법을 제대로 알고 있다.

허조그는 즉흥 유머로 가는 가장 빠른 길이 그 순간 거기 모여 있는 사람들에게서 특정한 무언가를 발견하는 것이라 한다. 바로 그들 주위에서 이상하거나 어울리지 않는 것들을 발견할 때가 많다고 했다. 이는 존 멀레이니가 역사 깊고 화려한 라디오 뮤직홀에서 무대를 연 이유를 설명할 때 주위를 둘러보며 다음과 같은 말을 한 이유가 될 것이다:

> 나는 어떤 장소를 건설한 건설자가 그 무대 위에 있는 나를 보면서 좀 짜증이 날 만한 그런 장소에서 공연하는 것을 좋아합니다. 이것 봐요. 이곳은 내가 지금 하려는 것보다 훨씬, 훠얼씬 훌륭해요. 정말이지…… 이건 진짜 비극입니다.

허조그는 그 자리에 있는 관객들에게 마치 그 유머가 그들을 위해 쓰인 것 같은 특별한 감정을 불러일으키는 것이 진짜 목표라고 한다. 그는 스스로 이런 질문을 해 보라고 한다. "'지금 오직 이 사람들에게만 재미있을 수 있는 이야기는 무엇일까?' 그게 바로 한 그룹의 사람들을 웃게 할 가장 빠르고 가장 좋은 방법입니다."

콜백 사용하기

무대에서처럼 일상에서 가장 쉽게 웃음을 얻는 방법 중에 이전에 했던 농담이나 전에 일어났던 재미있는 순간을 호출하는 것이 있다. 이 장치를 콜백이라고 부른다. 웃음의 순간에 귀 기울이고 그 이야기들을 머릿속으로 기록한 다음 나중에 불러낼 기회를 엿보라.

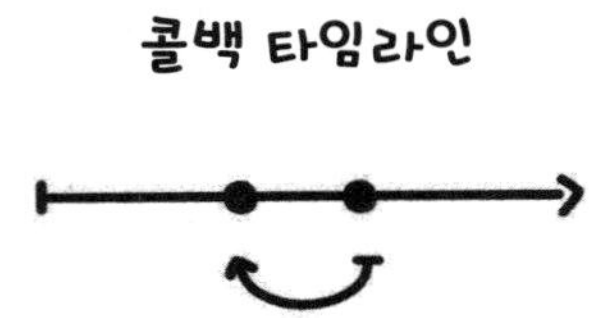

콜백은 상대적으로 작은 용기에 풍부한 의미와 맥락을 꽉꽉 채워 담아 가성비가 아주 풍부하다.

그뿐 아니라 사람들 사이의 유대감도 고취시킨다. 훌륭하고 포용적인 인사이드 조크(이른바 자기들끼리만 아는 농담—옮긴이)처럼 콜백도 기존관계에서 서로 아는 내용을 바탕으로 이뤄지기 때문에, 이미 그 농담을 공유했던 사람들은 그들이 거기 속했다는 사실 때문에 특별한 느낌을 받는다. 2장에서 우리는 웃음을 공유했던 순간을 기억하는 것이 어떻게 관계를 강화하고 관계에서 더 만족스러운 느낌을 들게 하는지 이야기했다. 이는 콜백이 일반적으로, 그리고 (포용적인) 인사이드 조크가 특별히 그룹을 결합하는 잠재적인 접근법인 또 다른 이유가 된다.

일석이조다. 사람들은 이전의 농담을 기억하고 웃는다. (그 과정에서 좀 더 강한 유대감을 느끼게 된다.) 더 나아가, 공유한 순간을 놀랍거나 예기치 못한 방식으로 호출해 새로운 웃음을 만들어 낼 수도 있다.

재미 전달하기

쇼를 할 시간이다. 세스 마이어스가 그렇다는 소리다. 30 Rock(방송국 내에서 벌어지는 에피소드를 다룬 시트콤—옮긴이) 세계로 돌아가 보자. 세스의 작가팀은 오프닝에 쓸 농담을 몇십 개로 추려냈고, 곧 있을 리허설에서 세스는 그것을 선보일 것이다.

하지만 최종 12개의 농담이 무대에서 반드시 재미있는 것은 아니다. 저 유명한 버디 해켓이 언젠가 이렇게 말했다. “99퍼센트는 전달에 달렸습니다. 당신이 제대로 된 목소리와 제대로 된 전달력을 가졌고 자신감이 충만하고 핵심 대목을 제대로 치고 나갈 수 있다면 아마 당신이 농담을 하고 있다는 사실을 사람들이 미처 깨닫기도 전에 세 번은 웃길 수 있을 겁니다.”

아래는 코미디언들이 직감적으로 이해하고 자기 유머를 살리는 데 자유자재로 활용하는 몇 가지 속임수들이다. 이 내용은 오직 무대에서만 아주 유용하게 쓰이기 때문에 당신이 제일 좋아하는 코미디언이 이를 활용하는 모습을 직접 보기 바란다. 필요할까 봐, 이

속임수들을 특히 잘 쓰는 것 같은 몇몇 코미디언들의 이름을 포함시켰다.

좋은 코미디에는 멜로디와 리듬이 있다. 더 많이 보라. 당신은 어느새 그 곡조를 습득하기 시작할 것이다.

- **핵심을 전하기 전에 잠시 멈춰라.** 고故 미치 헤드버그가 세트장에서 했던 것처럼 핵심대목을 전달하기 전, 기대치를 높이기 위해 침묵을 끌어내라.
- **실제로 해보라.** 어떤 캐릭터의 신체 행동, 버릇, 목소리, 관점을 받아들이고 과장한다. 세바스찬 마니스칼코의 영상을 예로 살펴보자.

  쇼의 막바지 동안 그는 아마 마이크 스탠드 반경 3미터 내에서 약 800미터는 걸었을 것이다. 발길질하고, 넘어지고, 무릎을 꿇고……. 무척 지쳐 보이지만, 그것은 효과가 있다.
- **극을 고조시켜라.** 전달하는 강도, 말투, 억양, 속도를 다양하게 바꿔 가며 이야기의 감정을 고조시켜 보자. 코미디언들이 모두 어느 정도로 이 방법을 사용하지만, 대표적인 예로 마리아 뱀포드를 살펴보자.
- **재미있는 부분을 반복하라.** 코미디언들이 핵심대목을 전달하고 난 뒤에도 자주 그 대목을 반복한다는 것을 알게 될 것이다. 제리 사인펠트는 그것을 '핵심에 머물기'라 불렀다. 크리스 록의 코미디 쇼를 보면, 그가 이 일의 대가라는 것을 알 수 있다.
- **내용에 맞춰 전달하라.** 만약 티그 노타로가 크리스 록의 농담

을 시도한다면, 효과를 볼 수 없을 것이다.* 유머는 당신이 전하는 내용과 스타일에 정확히 맞아떨어져야 한다. 다른 두 코미디언을 찾아보고 전달 스타일의 차이에 주목해보자.

· **자신감 있게 질러라.** 핵심대목을 강력하게 전달하라. 알리 웡처럼 대담하고 명료하게 그리고 권위 있게 말하라.

콜백의 중요성을 잊지 말자

방송국으로 돌아가 보자. 농담이 들리고 웃음소리가 홀에 울려 퍼진다. 세스는 겉보기엔 별 노력도 들이지 않은 듯한, 아주 멋지게 조각하고 정교하게 갈아 만든 농담을 스튜디오 관객들에게 전달하고 있고, 작가들은 다음 날 뉴스를 살피러 (그리고 커피에서 레드불로 바꿔 마시러) 갔다.

이 팀은 지칠 줄 모르고 일한다. 그들은 불가능할 정도로 빡빡한 타임라인 아래 움직이고 분 단위로 바뀌는 일련의 정보에 반응하고 수백만 명의 사람들이 볼 결과물을 내놓는다.

그들은 코미디 비즈니스에 종사하지만, 심각한 일을 하고 있다.

---

* 우리는 이제 일종의 초현실주의 안티코미디 방식이 아니라면 우리가 무엇보다 눈으로 보고 싶어 한다는 것을 안다.

그리고 여전히 잠 못 드는 밤들을 보내면서도 자기들이 만들어 내는 코미디 내용에서뿐 아니라 일하는 방식에서도 유머를 발견한다. 세스는 말한다. "우리가 사무실에서 너무 진지해지면 그건 코미디의 죽음이 될 겁니다."

이 장에서 우리는 코미디언들의 세상을 살아봤다. 코미디 제작에 평생을 바친 사람들이 일터에 유머를 들이는 모습은 쉽게 상상할 수 있겠지만, 우리가 그런 일을 하는 것은 상상하기 어려울 수 있다. 하지만 진실은 우리가 무엇을 하든, 어디서 일하든 대부분은 유머와 유쾌함의 기회를 더 많이 찾을 수 있다는 것이다. 이게 바로 지금 우리가…… 일터에 유머를 들여야 하는 이유다.

4장

재미를 일터로

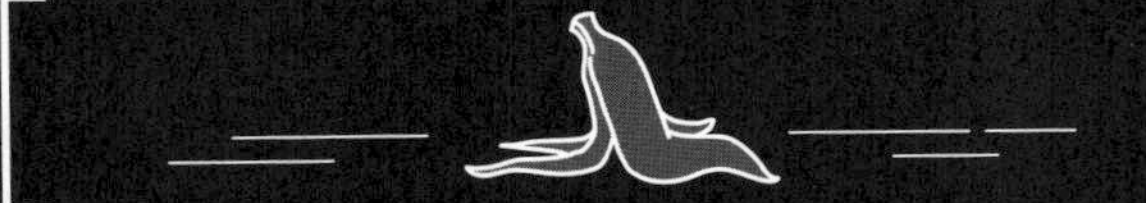

동료가 살아 숨 쉬는 인간임을 확인하는 데
유머 한마디만 한 건 없다.

- 에바 호프만

소리가 들리는가? 저것은 진가가 발휘되는 소리다.

유머를 일터에 들일 수 있는 실용적인 방법으로 뛰어들 시간이다.

하지만 시작 전에 고지사항이 있다: 직장에서 유머를 사용한다는 개념이 부담스럽거나 불편할 수 있다는 사실을 알고 있다. 당신이 상사, 동료, 절대로 웃지 않는 회계부서 남자 앞에서 농담을 던진다는 생각만으로도 심장이 미친 듯이 뛴다면 기준을 낮추기를 장려한다. 목표는 꼭 농담을 던지거나 재미있어지는 것이 아니라는 사실을 기억하라. 일상의 순간에서 인간적인 유대감을 더 많이 형성하고 그 과정에서 (덜 지루한 것은 말할 것도 없고) 좀 더 생산적이고 효율적으로 움직이는 것이 목표다.

우선 우리가 사용하는 단어와 우리가 보내는 메시지를 바꾸기 위해 소소하고 전략적이고 일상적인 방식을 찾는 것으로 시작할 것이다. '움직이는' 방식을 조금만 조정하면 우리가 세상에 모습을 드러내는 방식과 그 대가로 세상이 우리를 대하는 방식에 큰 변화가 생긴다.

다음으로, 우리는 작지만 중요한 순간들을 확대해서 우리가 직장에서 중요한 갈림길에 놓였을 때, 힘든 이야기를 해야 하거나 어려운 결정을 해야 하거나 다른 사람들이 그런 일을 하도록 동기를 부여해야 하는 그런 순간에 유머가 어떻게 길을 찾게 해 주는지 알아볼 것이다.

마지막으로 팀원들과의 상호작용으로 옮겨 전략적 유머 구사가 어떻게 창의적이고 생산적인 일을 할 수 있도록 사고방식을 전환해 주는지 살펴볼 것이다.

재미있게 대화하기

단어가 문제다. 이 책에 이와 관련한 내용이 많이 나온다고 이런 말을 하는 것이 아니다.

연구 결과를 살펴보면 우리가 사용하는 단어는 우리의 심리와 행동에 심오한 영향을 준다고 한다. 이 원리는 사피어워프의 가설이라 지칭될 때가 많은데, 〈스타트렉〉의 한 에피소드처럼 들릴지 모르겠지만, 실제로 우리가 사용하는 언어는 말 그대로 우리의 인지, 행동, 우리가 세상을 보는 방식을 형성한다. 우리가 직업적으로 맺는 인간관계의 질과 조직의 문화도 우리가 일터에서 소통하는 방식에 직접 영향을 받는다는 뜻이기도 하다.

이제 우리는 강한 의사소통이 직업적 성공에 필수 미션이라는 처음 생각에서 확실히 멀어졌다. 하지만 53퍼센트의 전문직 종사들이 적어도 일주일의 절반을 원격으로 일하고 있고 디지털 소통 방식이 전통적인 '사내 잡담'을 대체한 지금에는 동료들과 유대할 방법을 찾기란 쉽지 않다. 그리고 대면 소통을 덜 할수록 서면 소통이 짊어져야 할 짐이 많아진다.

하지만 대부분의 서면 소통이 오직 일의 절반, 그러니까 정보 전달만 하고 있을 뿐 중요한 유대 관계 형성에는 아무런 역할을 못 하고 있다. 우리는 우리가 말하는 방식과 전혀 다르게 이메일을 쓴다. 마치 로봇처럼, 사무적인 방식으로 지루한 글을 쓴다. 왜 많은 사람들이 전문적인 의사소통 시에는 개성, 특징 또는 기발함을 완벽히 제거해야 한다고 믿는 것일까?

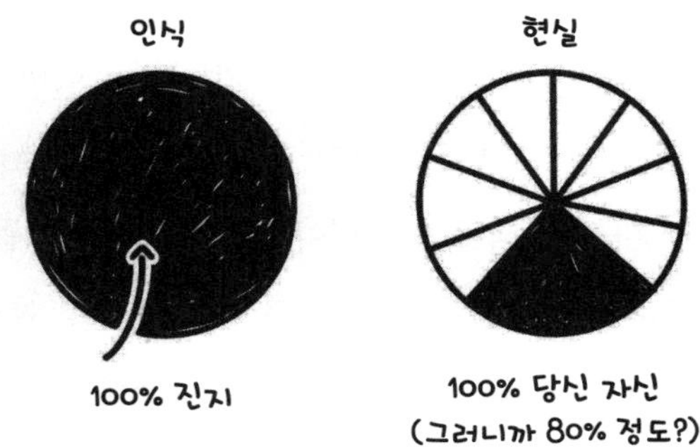

인간처럼 말하기

사람들과 기업들이 이 문제로 도처에서 씨름하고 있다. 이를테면 딜로이트 컨설팅에서는 2003년에 비즈니스 용어가 심각한 문제로 대두됐는데, 당시 최고마케팅 책임자CMO였던 브라이언 퓨저는 내부적으로 직원들 사이에, 외부적으로 직원과 고객 사이에 점점 더 만연해지는 무익한 용어를 걷어 내는 제품을 만들었다.

이 아이디어는 딜로이트의 대외적 이미지를 향상시키고 회사를 다른 모든 수백만 달러 규모의 컨설팅 비즈니스/외줄 단추 양복 부대와 차별화하려는 미션에서 태어났다. 처음에 회사가 어떤 것을 더 잘할 수 있을지 알기 위해 고객들에게 피드백을 받았는데, 그는 산업 지식, 서비스 제공, 세계 진출의 발자취 같은 내용을 예상했다. 하지만 고객들의 주된 불만은 컨설턴트들의 소통방식이었다. 그리고 계속해서 그와 비슷한 그리고 예상치 못한 불평이 이어졌다. "진짜 헛소리뿐이더군요! 그냥 직접 이야기하면 좋겠어요."

우리 중 많은 이들이 그러하듯 딜로이트 컨설턴트들도 인간처럼 말하기를 그만둔 상태였다. 그들의 이메일, 프레젠테이션 슬라이드 그리고 다른 전자 미디어에 퍼진 건조하고 일반적인 소통 습관은 컨설턴트와 고객 사이 그리고 그들 사이에도 스며들었다. 퓨저는 인간애를 다시 일터로 되돌려야 한다는 사실을 깨달았다.

그래서 퓨저와 그의 팀은 말 그대로 딜로이트 직원들의 글에 존재하는 헛소리를 불러내는 소프트웨어를 개발했다. 그들은 부적절한 언어를 전부 실은 사전을 만들었고, 누가 제일 지독한 '헛소리'를 내놓을 수 있는지를 가리는 콘테스트*를 열었다. 최악의 헛소리로 이런 단어들이 있었다. 레버리지(타인의 자본을 지렛대처럼 이용하여 자기

* 승리한 컨설턴트는 실제 투우 학교인 캘리포니아 타우로마키아 아카데미California Academy of Tauromaquia로 공짜 여행의 기회가 주어졌다.

자본 이익률을 높이는 것—편집자), 대역폭*, 사안의 논의, 장려, 접종, 최첨단, 탄탄함, 협력 작용, 가시화. 그렇다. '가시화'** 말이다.

당신은 로봇인가?

전문 용어가 포함된 칸을 모두 고르시오.

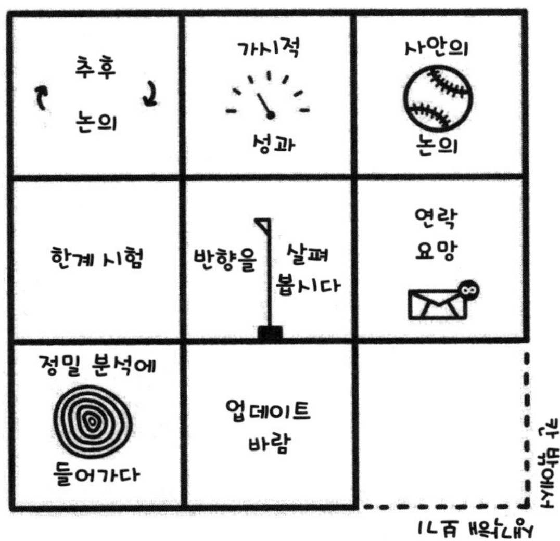

그런 다음 이메일이나 서류 내용을 스캔하고 1에서 10까지, 정말 읽을 만하고 인간적으로 들리는 10에서 헛소리로 가득한 1까지

---

* 문서에서 '대역폭bandwidth'이라는 단어가 확인되면, 그러니까 소프트웨어에서 그 단어를 헛소리로 표시하면 ('용량'이나 '시간' 같은) 유용한 대체단어가 제공된다. 그런 다음 굳이 필요 없는, 자아 분석적인 평이 첨가된다. "당신의 인생은 여기에 이르렀다. 당신은 모든 것에 대한 수동전달자가 되었다. 일종의 광섬유케이블처럼. 1990년대 말기의 테크마니아적인 느낌을 풍긴다는 말이다."

** 또한(에휴……) '소비자 인지도', '가치 제안', '지식 자산', '추후 논의', '가시적 성과를 내다', '정밀 분석에 들어가다', '권고하는 바입니다', '반향을 살펴봅시다', '감사, 에드'. 이게 누구 얘긴지 알고 있겠죠, 에드 씨?

로 등급을 나눈 '헛소리 목록'을 색출하는 프로그램을 만들었다.

특히 낮은 헛소리 목록 등급은 다음과 같은 유머러스하지만 호된 질책을 받게 될 것이다:

> 진단: 당신은 드물게도 주로 돌이킬 수 없을 만큼의 모호한 상태로 살고 있다. 당신은 당신이 소통하려고 애쓰는 무언가를 이해하기 위해 다른 발전된 모호함에 전적으로 의존하고 있다. 당신이 쓰는 문장들은 사전 기반 단어가 전혀 없을지도 모른다. 헛소리 연구소에서 연구하는 박사들은 당신을 연구하기 위해 연구비를 지불할 것이다.

'헛소리 전사Bullfighter'라는 재미있는 이름이 붙은 그 소프트웨어는 입소문을 타고 퍼져 나가 사내에서뿐만 아니라 전 세계에서 40,000회가 넘는 다운로드 횟수를 기록했다. 결과는 거의 즉시 드러났다. 헛소리 전사는 마치 직원들의 컴퓨터 속에 사는 건방진 사서 같다. 퓨저가 말한 '우리를 재미있고, 솔직하고, 매력적인 인물에서 지루한 주중 인물로 바꿔 놓는' 그런 단어를 막기 위해 끊임없이 (그리고 주로 건방지게) 지적하는 일을 한다.

얼마 지나지 않아 의사소통의 명확성이 극적으로 개선되어 직원들과 고객들에게 중요한 신호를 전했다. 다른 중요한 변화도 일어났다. 직원들의 행동이 달라지기 시작한 것이다. 퓨저는 말했다. "헛소리 전사 덕분에 직원들은 어느 정도 위험을 감수하더라도 새로운 일을 추구할 용기를 얻었어요. 그것은 우리가 진짜 영혼을 가진 회사라는 사실을 다른 사람들에게 보여 주고 우리 스스로에게 상기시키기 위한 것이었어요. 그리고 우리가 실제로 재미있는 일들을 하고 있고(넵!) 다른 일들도 기꺼이 할 수 있는 회사라는 사실을 시장에 보여 준 것이죠."

저 마지막 부분이 중요하다. '실제로 재미있는 일들을 하고 있고'. 브라이언 퓨저와 그의 동료들이 언어뿐만 아니라 행동으로 경험한 그 변화는 사피어워프(스타트렉) 가설로 돌아간다. 과학자들과 언어학자들은 우리가 쓰는 단어가 우리가 누구인지, 어떻게 행동하는지 보여 주는 창일 뿐 아니라 그런 행동을 형성하는 역할도 한다고 믿는다. 아주 간단히 말해, 우리가 기업용 드론처럼 글을 쓴다면 이내 우리는 그렇게 행동하기 시작할 것이다. 그렇다면 사람들은 어떻게 글을 쓸까? 우리는 재미있어지는 방법을 안다.

그렇다면 어떻게 변화를 만들 수 있을까? 당연히 헛소리와 싸워야 한다. 얼굴을 마주하든 이메일을 쓰든 문 앞에서 당신의 개성을 드러내는 걸 두려워하지 마라.

다음으로 다른 사람들도 당신처럼 할 수 있게 영감을 주는 메시지를 보내라. 진짜 그렇게 하라.

메시지 보내기

스탠퍼드대학에서 이 주제로 강의할 때 우리는 한 가지 활동으로 학생들을 놀라게 했다. 우리는 학생들에게 핸드폰을 꺼내 이메일의 보낸 편지 보관함으로 가서 그중 (사적인 메일이 아닌) 다섯 개의 메일을 옆에 있는 학생들에게 보내게 했다. 이 활동의 목적은 헛소리전사가 잡아 낼 것 같은 종류의 단어를 찾는 것뿐 아니라 발신자가 수신자에게 유머로 응답할 수 있는 가능성을 제공했는지 보는 것이었다. 예상할 수 있듯이 그 가능성은 아주 희박했다.

오늘날 평균적인 직장인들은 업무 시간의 약 30%를 이메일에 쓰고 하루에 120개의 메시지를 받는다. 하지만 온라인 서신이—이메일, 그룹 채팅, 문자, 틱톡 또는 우리가 이 문장을 쓴 이후로 이 모두를 이미 대체해 버린 새로운 테크놀로지가 있다면 뭐든—꼭 맥빠지도록 지루할 필요는 없다. 디지털 메시지를 당신의 동료나 파트너와 함께 진정한 유대를 형성할 아주 작은 기회라고 생각해 보자. 심지어 살짝 유머를 가미하는 것만으로 역학을 움직이는 연쇄반응을 끌어낼 수 있다.

이제 우리는 당신이 보내는 모든 메시지에 유머를 포함시킬 수 있는 가장 쉽고도 실용적인 방법 몇 가지를 소개할 것이다. 이 놀랍도록 간단한 테크닉은 지루한 주거니 받거니 식 대화를 진짜 소통으로 바꾸는 데 더할 나위 없이 훌륭하다.

콜백 사용하기

3장에서 배웠듯이 콜백은 당신과 수신자 사이에 공유된 경험을 참고함으로써 어떤 순간을 인사이드 조크로 변화시킨다. 콜백은 상대방도 쉽게 농담으로 답할 수 있게 해 주므로 아주 강력한 힘을 발휘한다. 당신이 집에서 빵을 구울 때 쓰는 인스턴트 이스트처럼 조금 뿌려 놓고 반죽이 부풀어 오르는 모습을 지켜보라.

우리의 인터뷰 대상자 중 한 사람인 다리아는 자신이 살면서 겪은 예를 한 가지 들려 줬다. 어느 날 그녀는 미용실에 가려고 일찍 퇴근하던 중에 상사인 사가르에게 말했다. 현재 하는 작업은 완벽하지 않을 수 있지만, 헤어스타일만큼은 완벽할 거라는 농담을 하고 함께 웃었다.

그날 밤, 다리아는 다음과 같은 콜백과 함께 완성된 덱(투자자들에게 보여 줄 발표자료—옮긴이)을 상사에게 보냈다:

사가르,

업데이트한 덱을 첨부합니다. 오늘 아침 나눴던 이야기와 달리, 우리가 임원들과 필요한 대화를 시작하기에 좋은 도구가 될 것 같아요.

혹시 수정할 필요가 있으면 알려 주세요. 이제 제 헤어스타일과 '완벽하게' 맞아떨어지는지도 알려 주시기 바랍니다.

다리아

사가르는 지체 없이 콜백으로 답했다:

다리아,

수정할 필요가 없네요. 헤어스타일에 완벽하게 맞아떨어지니까요. 가족과 즐거운 휴일 보내세요.

아름다운 헤어스타일을 늘 유지하시길,

사가르

이렇게 다리아는 아침에 사가르와 나눴던 농담을 보강했고 사가르가 수월하게 답할 수 있게 했다. 사가르는 그 농담을 알고 있었을 뿐 아니라 그것을 바탕으로 메일을 마무리했다.

어떤 종류든 공유한 순간을 다시 불러오는 것은 효과가 있다. 하지만 다리아처럼 본인과 상대가 함께 웃었던 순간을 불러오는 것이 특히 효과가 좋다. 우리 동료 중 한 사람은 새로운 고객과 전화를 할 때마다 이 방법을 의도적으로 실행한다. 아니나 다를까 개가 짖든, 컨퍼런스 통화 연결에 문제가 생기든, 누군가가 농담을 하든 꼭 함께 웃을 일이 생겼고, 그녀는 자신의 메모장에 별표 표시를 하며 그 내용을 기록했다. 이런 순간을 만들기 위해 각고의 노력을 기울인 것은 아니지만, 신경을 쓰기 시작한 이래 수년간 별표 없이 지나간 통화는 손에 꼽을 정도라고 했다. 그녀는 그중 가장 좋았던 한두 가지를 후속 이메일에 콜백으로 썼다.

콜백의 장점은 별다른 노력을 기울이지 않고도 이메일 속 그 어디에도 집어넣을 수 있다는 점이다. 하지만 당신이 지름길을 찾는다면 사가르가 했던 방식을 참고해 신뢰할 만한 이메일 마무리에 대해 살펴보자.

마무리에 양념치기

이메일의 마무리 부분은 당신에 대해 많은 것을 알려 준다. 사무적이고 형식적인 '안부를 전하며', 살짝 소극적인 공격형인 '도움에 미리 감사드립니다', 유쾌한 (그리고 막연한 영국식) '치리오Cheerio'('안녕, 잘 가'라는 뜻—옮긴이) 스타일의 굿바이. 이런 마무리는 당신의 일반적인 정서, 지위 그리고 당신이 바에서 많은 시간을 보내는지 아닌지에 대한 미묘한 신호를 보낸다.

사가르의 예에서 보듯 마무리는 유머를 사용하는 데 최적의 장소다. 여기 우리의 눈길을 사로잡은 유머러스한 마무리 몇 가지를 소개한다.

부탁할 때: 손가락, 발가락 모두 꼬아 행운을 빌며

터무니없이 늦은 답신에 사과할 때: 소심함을 담아

요구를 들어 주기엔 너무 바쁘다는 표시로: 카페인에 푹 절어서

통화 중 개 짖는 소리가 들려올 때: 아직도 누가 개 떼를 풀어 놨는지 모르겠네요

PS: 추신 넣기

광고 메일에 대한 반응으로 유명한 일련의 연구에서 교수이자 저자인 지그프리트 보겔은 90퍼센트의 사람이 편지의 본 내용을 읽기 전에 추신을 읽는다는 사실을 밝혔다. 즉 당신의 PS는 수신자의 마지막이 아니라 첫인상이 될 가능성이 크다는 말이다.

이메일에서도 마찬가지다. 이는 저녁 식사 전에 디저트를 먹는 어린 시절의 꿈을 마침내 실현하는 것과 같다. PS는 진지한 이메일에 유머 한 자락을 끼워 넣을 강력한 방법이다. 여기 그 예가 있다:

마크,

어제 이메일에서 하이퍼링크가 제대로 갔는지 모르겠어요. 그

래서 기술적이지는 않지만 실패 없는 PDF로 일부 플로 차트를 담아 팔로업합니다. 보실 수 있게 아래 첨부합니다.

고맙습니다,

사치

PS. PDF라니 '핫'하네요.

잠깐. PDF가 핫하다고? 아니, 이게 말이 돼? 거의 말이 안 되잖아. 하지만 어떻게 된 일인지 이 말은 효과가 있었다. (적어도 우리에게 이 이메일을 꼭 공유해야겠다고 생각한 마크에게는 충분히 효과가 있었다.) 이 테크닉을 이토록 수월하게 만드는 것은 무작위성이 효과가 있을 때가 많기 때문이다. 'PS. 투산은 덥네요.'나 'PS. 샌프란시스코에는 비가 내리고 있어요.' 또는 날씨 말고 다른 이야기도 가능하다. 당신이 현재 그렇다고 생각하는 것을 말하는 것만으로도 당신이 로봇이 아니라 인간이라는 사실을 확실히 알려 준다. (로봇이 심한 무더위나 빗속에서 제대로 작용할 수 없다는 것을 모두 아니까.)

무작위로 작성한 것이든 이메일 내용에 관한 콜백이든 당신과 수신자가 공유한 인사이드 조크에 관한 언급이든 가벼운 PS는 윙크와 같다. 그것은 친밀감을 표시하고 수신자로부터 같은 장난을 끌어낸다.

부재중 자동회신 이용하기

당신이 실제로 출근해서 일을 하는 중에 유머를 쓰는 것도 중요하지만, 진짜 정통한 이들은 그렇지 않을 때도 유머를 쓸 줄 안다. 기억에 남을 만한 OOO out of office 자동회신 메시지는 하나의 예술이다. IDEO의 글로벌 학습 개발 책임자 헤더 커리어 헌트는 그런 방식에서 타의 추종을 불허한다.

헤더는 자동응답기에 유머를 가미하면 "자동응답자와의 전체 상호작용을 결핍(즉, 아무도 없는 집)에서 풍요로움(그러니까, 내 하루를 즐겁게 해주는 방향)으로 이동시킵니다."라고 말했다.

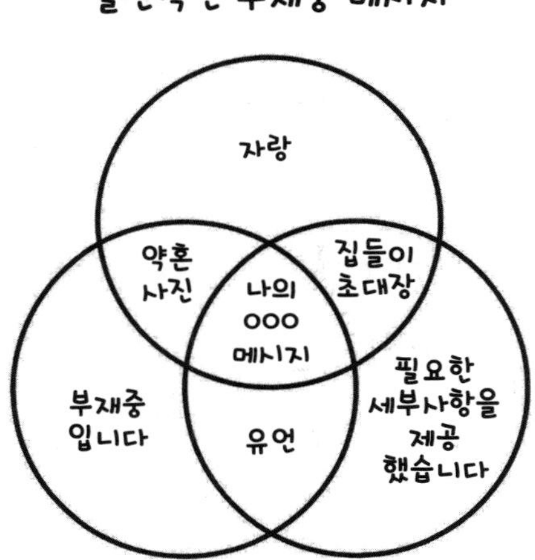

전형적인 자동응답 메시지

7월 10일 월요일까지 부재중이오니 급한 용무가 있으시면 …… 로 연락바랍니다.

드르렁, 쿨쿨……. 이제 헤더의 메시지를 보자:

한 번도 와 보지 못한 세상에서 제일 불안정한 와이파이가 있는 해외에 머물고 있습니다. 이것은 마음챙김의 실증이자 백만 시간 휴전으로의 초대입니다. 7월 10일, 데이터가 하천처럼 흐르고 밤낮 없이 연락이 가능한 뉴욕으로 돌아가면 다시 연락하겠습니다. 그동안 기다려 주시면 고맙겠습니다.

그사이 가까운 동료들과 새로운 지인들에게서 그녀의 유머러스한 부재중 메시지가 재미있다는 (그리고 놀랍다는) 반응이 빗발쳤다. 그녀는 자신의 메시지가 '요청이나 필요'에서 '보고 듣는' 쪽으로 대화를 이동시키고 그녀가 온라인으로 복귀했을 때 좀 더 생산적인 대화를 위한 분위기를 조성한다는 사실을 발견했다.

하지만 걱정하지 마라. OOO 메시지에 헤더만큼 전력을 다해 유머를 들일 필요는 없다. 간단하고 마음이 가벼워지는 것이면 뭐든지 좋다. 그리고 로봇이 아니라 인간이라면 분명 효과가 있다. 최근에 우리 동료가 산으로 여행을 떠났는데, 그사이 그에게 메일을 보낸 사람은 누구나 이런 메시지를 받았다:

안녕하세요! 9월 22일까지 시에라 네바다에서 폰 없이 여행합니다. 당신의 메일은 복귀 후에 제가 제일 답하고 싶은 메일이 될 거예요.

애정을(당장 답하고 싶은 마음을) 담아,

피터

재미를 더한 마무리에 과장이 첨가된 인간애가 가득한 콜백이다.

감명 주기

사람을 만나기 전에 먼저 구글에서 검색하는 것이 새로운 트렌드다.

그 결과 만날 장소에 걸어 들어가기도 전에 상대가 이미 우리에 대한 의견을 갖추고 있을 때가 많다. 따라서 온라인상에 보이는 모습에 우리가 만들고자 하는 인상을 반영하는 것이 그 어느 때보다 중요해졌다. 더욱이 우리의 뇌는 놀랄 만큼 빨리 판단을 내린다. 실제로 연구원 나리니 암바디와 로버트 로젠탈이 한 무리의 학생들에게 한 번도 만나 보지 못한 교수들의 2초짜리 동영상을 보고 정직성, 호감도, 역량, 전문성 같은 자질을 평가하게 했더니 한 학기 내내 그 교수들과 공부한 학생들의 평가와 거의 차이가 없었다.

누군가를 만날 장소에 들어가기 전 당신이 '만난' 사람들이 몇 백, 아니 몇 천 명인지 생각해 보라. 기분 좋게 만드는 이력은 '근엄하고 짜증스러운 상사의 얼굴'이 아니라 웃는 얼굴로 건네는 인사 같은 것이다. 그게 바로 전에 우리 학생이었던 스티브 레어든이 새 직장을 찾을 때 했던 것이다.

2017년의 어느 시점에 샌프란시스코의 한 사모펀드 회사의 대표는 막 인수하려던 새 회사를 운영할 경영인을 찾고 있었다. 지원서를 살피는 과정에서 채용 담당자가 스티브의 지원서를 보았다. 그의 이력은 인상적이었다. 수년간의 회사 운영 경험, 이전 회사들

에서의 성공적인 퇴사. 명문 대학의 MBA 학위. 그리고 이것이 있었다:

> 스티브 레어든은 자신이 세운 테크 스타트업, 중견 스포츠용품 유통 체인, 글로벌 뱅킹그룹을 포함한 광범위한 사업체를 운영한 경영자다. 현재 그는 Grade.us, Authoritylabs, social Report, Cyfe를 포함한 디지털 마케팅 Saas 회사그룹 ASG MarTech의 CEO다. 또한 그의 아내와 두 딸이 애정을 담아 "길고 지루하며 전혀 실체가 없다."라고 평가한 경제 팟캐스트 블라인드스팟BlindSpot의 설립자이자 진행자이기도 하다.

마지막 문장의 속도 변화가 채용 담당자의 눈길을 사로잡았다. 그의 재능과 역할의 적합도를 배경으로 위트, 겸손, 자신감을 보여주는 대목이었다. 그녀는 그를 일련의 채용 인터뷰에 초대하기로 결심했다. 첫 인터뷰에서 스티브는 질문을 받았다. 당신이 추측하는 바로 그것, 그의 '길고 지루한 팟캐스트'에 관한 질문이었다. 그리고 채용되었다.

물론 기분 좋게 만드는 이력 때문에 스티브가 채용된 것은 아니다. 그것이 당신의 채용을 결정하는 유일한 이유는 아닐 것이다. 하지만 당신이 거의 수백, 수천만의 동일한 자격을 가진 후보자 중 한 명이라면 고용 절차의 저쪽 끝에 있는 사람을 미소 짓게 하는 작은 일이 당신을 문 안으로 들이기도 한다. 때로는 그 부분이 가장 힘들기도 하다.

하지만 단순히 유머를 쓴다고 돋보이는 것은 아니다. 그러니 소매를 걷어붙이고 코미디 테크닉을 당신의 전문 이력에 적용하라. 그 과정에서 다음의 네 가지 팁을 명심하라.

- **균형을 제대로 맞춰라.** 유머러스한 이력도 진지한 것 못지않게 인상적이어야 한다. 사람들이 저지르는 가장 큰 실수 중 하나가 유머 부분에서 정도를 넘는 것이다. 스탠퍼드에서 학생들과 함께 연구할 때, 이미 다른 내용으로 인상적인 이력에 영리하고 유쾌한 한두 줄이 첨가되면 그 지원자가 (정확히 동일한 이력에 유머가 제외된 지원자에 비해) 동료로서 더 지적이고, 호감이 가고, 바람직해 보인다는 사실을 발견했다. 당신의 성취를 축소하지 마라. 대신 당신이 숙련되고 재능있을뿐만 아니라 함께 있으면 재미있는 다차원적인 사람이라는 사실을 알리기 위해 유머를 사용하라.
- **유머로 마무리하라.** 마지막까지 당신의 '핵심대목'을 아껴라. 아무도 그것이 앞서 나열된 진지하고 인상적인 자격 뒤에 나올 거라고 생각하지 못할 것이다. 스티브는 '그의 아내와 딸들이 애정을 담아 평가'했다는 설정으로 이를 완벽하게 해냈다. 자신의 팟캐스트와 진행 능력에 대해 일종의 자화자찬을 쏟아낼 거라 기대하게 하고…… 햄샌드위치를 들이밀었다. 즉 '길고, 지루하고, 전혀 실체가 없는'이라는 확실히 칭찬과는 거리가 먼 문구로 커브볼을 던진 것이다. 전두엽 피질: 활성화. 쿠키 타임.

- **내용을 전략적으로 선택하라.** 그냥 웃기다고 아무거나 선택하지 마라. 유머를 (a) 사람들이 당신에게 가질 수 있는 원치 않는 인식을 완화하고 (b) 인상적이고 개인적으로 중요하며 분명 이야기하기에 재미있지만, 달리 끼워 넣기에 이상하거나 어색할 것 같은 내용을 보여 주는 데 전략적으로 사용하라.

  만약 당신이 스티브를 개인적으로 만난다면 그가 자신을 우렁찬 목소리를 가진 럭비하는 오스트레일리아 거인이라 묘사하는 이유를 금방 알게 될 것이다. 그는 자신이 동료들에게 위협적이고 잠재적인 고용주들에게 지나치게 자신만만해 보일 수 있다는 것을 안다. 그래서 그는 자신을 비하하는 유머를 구사하고 가족 이야기를 나눠 사람들에게 공감대를 형성하고 자신의 부드러운 면을 보인 것이다. (기록에 따르면, 스티브는 자신의 가족을 비전략적으로도 사랑한다.)

  자신에 대해 흥미롭고 예상치 못한 세부사항을 드러내면 다른 종류의 대화로 가는 문이 열린다. 당신의 팟캐스트나 조류 관찰을 향한 열정이나 사무라이 칼 수집에 대한 이야기라면 당신이 이야기할 많고 많은 다른 주제보다 훨씬 흥미롭고 재미있을 수 있다.

- **자기비하 유머 주의하기.** 자기비하는 끝내주는 이력을 지닌 CEO에게 영리한 전략이다. 그러니까 고위직이 쓰기에 좋은 전략이라는 말이다.

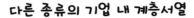

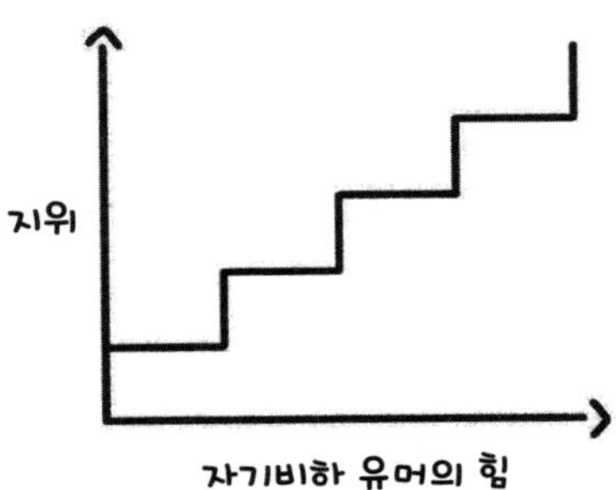

하지만 상대적으로 일을 시작한 지 얼마 되지 않은 사람에게는 위험할 수 있다. 특히 일에 관련된 기술이나 역량에 관해서라면 더욱 그러하다. 스티브가 팟캐스트를 만드는 일에 지원했다면 그의 마지막 문장이 얼마나 다르게 받아들여질지 생각해 보라. 그러니까 자기비하 유머를 쓰려면 그 내용이 자기가 하는 일과 관련이 없어야 한다. 우리의 친구, 마이클 카이브즈가 우리 수업을 찾았을 때는 다음 이력을 사용했다:

마이클 카이브즈는 미디어 및 금융서비스 자문 회사인 K5 global의 설립자이자 CEO다. 그는 이전에 크리에이티브 아티스트 에이전시와 함께 영화 에이전트로 일했는데 거기서 아놀드 슈왈제네거, 케이티 페리, 워런 버핏 같은 배우, 가수, 세계적 리더들을 도왔다. 고등학생 때는 토론대회에서 두 번 우승한 최초이자 유일한 사람이 되었고 그 덕에 세계에서 가장 설득력 있는 십대라는 타이틀을 얻었다. 그는 현재 LA에서 반려동물도 없이, 심지어 식물 하나 없이 살고 있다.*

전략적으로 자기를 비하함으로써 카이브즈는 자신의 전문적 역량을 경시하는 일 없이 유머와 취약성을 동시에 내보였다.

힘든 순간 다루기

지금까지 우리는 일상적이고 사소한 상호작용에 유머를 부여하는 방법을 살펴봤다. 이제 당신의 전문 경력에서 좀 더 중요한 순간에 유머를 사용하는 법을 배워 볼 차례다.

상황이 아주 어렵고 힘들면 진지하고 심각해지기 마련이다. 예민함이 요구될 때 쾌활하거나 가벼워지고 싶지는 않을 것이다. 하지만 믿거나 말거나 유머가 그런 힘든 압력솥 같은 순간을 헤쳐 나가는 중요한 열쇠가 될 수 있다. 힘든 이야기를 꺼내고, 어려운 결정을 하고, 큰 이권이 걸린 상황에서도 똑같이 할 수 있도록 사람들을 설득하는 일에 직장 유머 전문가들이 유머를 어떤 식으로 사용하는지 알아보자.

---

* 우리는 혹시 당신이 그와 그의 사랑스러운 아내 리디아와 딸에게 다육식물을 보내고 싶어 할까 봐 마이클이 지금 행복하게 결혼하고 가족과 함께 여전히 LA에 거주 중이라는 사실을 기쁜 마음으로 알린다.

힘든 이야기 꺼내기

완벽한 세상에서는 직장생활이 쉽고 즐겁고 아무런 갈등도 없을 것이다. 하지만 우리는 현실이 그렇지 않다는 것을 안다. 개인적인 문제를 제기하거나 그룹 내 역학 문제를 말하거나 어색한 상황을 해소하는 등 우리가 직장에서 어렵고 불편한 대화와 상호작용에 맞닥뜨릴 때 유머는 언제나 좀 더 수월하게 말할 수 있도록 돕는다.

사보타주 일깨우기

세상에서 가장 큰 회사 중 한 곳의 중견 경영 컨설턴트 존 헨리는 다양한 고위 경영진과 이사들에게 조언하는 일을 한다. 그는 가는 곳마다 생산적인 일을 방해하는 사회적 역학관계가 거의 동일하게 존재한다는 사실을 발견했지만, 고객들의 심기를 건드리지 않고선 그 주제를 끄집어내기가 어려웠다.

그가 미국 정부 관리들이 테러 조직을 내부로부터 파괴하기 위해 고안한 지침서인 CIA의 '단순 사보타주 현장 매뉴얼' 사본을 서류 가방에 넣고 다니는 이유이기도 하다. 원래 제2차 세계대전 당시 OSS^{Office of Strategic Service}(미 육군 전략사무국, CIA의 전신으로 여겨진다—편집자) 개발한 단순 사보타주 현장 매뉴얼은 CIA에 따르면 "사람들에게 그들이 하고 있는 일을 망치게 만드는 방법을 가르치는" 지침서다.

여기, 국가 최고 정보 관리들이 테러 조직의(또는 전형적인 미국 회사 이사회의) 운영과 효율을 약화시킬 용도로 권장하는 몇 가지 전술이 있다.

1. 가능한 모든 문제를 '추가 연구와 고려'를 위해 위원회로 보낸다. 위원회 규모를 최대한 키운다. (다섯 명 이하가 되지 않게 한다.)
2. 연설을 한다. 최대한 자주 길게 한다. 말하려는 '요점'을 개인적 경험에서 온 긴긴 일화와 설명을 통해 이야기한다.
3. 의사소통, 회의록, 결의안의 정확한 단어 선택을 놓고 논쟁을 벌인다.
4. 관련 없는 문제를 가능한 자주 제기한다.
5. 지난 회의에서 결정된 사안을 다시 찾아보고 그 결정의 타당성 문제를 다시 제기해 본다.

이제 존 헨리가 아주 중요한 일부 고객들과 함께 이사회에 앉아 있는 모습을 그려 보자. 이사들은 CIA가 적들에게 사용할 것을 권고하는 바로 그 사보타주를 자기들도 모르게 수행하고 있고, 존은 그에 대해 조언하기 위해 그 자리에 있다. 이사들은 결정을 수정하고 회의록을 늪에 빠뜨리며 겹겹이 쌓인 관료 체계 아래 중요한 결정을 파묻고 있다. 이것은 지적하기에 불편한 현실이지만, 존은 자신의 고객들이 들어야 할 불편한 사항을 말하는 데 자부심을 느낀다.

그래서 회사 지도부가 잘못하고 있는 모든 일들의 목록을 줄줄 읊는 대신에 단순 사보타주 현장 매뉴얼을 불쑥 꺼내 위에서 나열했던 팁을 읽어 나간다. 처음에 이사진은 문제를 자각하고 겸연쩍게 웃는다. 그러다 그 부조리함이 명확해지면서 본격적으로 웃음을 터뜨리기 시작한다.

위원회 멤버 수를 줄여야 한다는 조언도 중요하다. 그리고 깨닫지도 못하는 사이 자신이 국가 정보기관에서 승인한 사보타주로 회사에 큰 피해를 입히고 있다는 사실을 깨닫는 것은 더욱 중요하다. 순전히 유머 덕분에 존은 사람들을 집중하게 하고 변화를 불러일으키면서도 소화하기 어렵지 않은 방식으로 불편한 메시지를 전달한다.

실수 인정하기

또 다른 인터뷰 대상자는 자신의 실수를 인정하는 것을 불편해했다. 소날 나이크는 한 다국적 IT 기업의 제품 생산 대표가 의뢰한 하루 일정의 임원 워크숍을 계획하고 있었다. 그녀의 고객은 400억 달러 규모의 사업을 운영했고, 그녀가 설계하고 실행할 세션에는 스무 명이 넘는 고위 간부들이 소집됐다. 고위급 인사들과 함께하는 아주 큰 이해관계가 걸린 자리였고, 날짜는 코앞으로 다가와 있었다. 중요한 것은 고객이 그 세션의 디자인을 잘 따라잡게 (제품을 구매하게) 하는 것이었다.

일정의 제약으로 사전 설명회 시간이 30분밖에 주어지지 않았다. 그 짧은 시간에 소개해야 할 내용이 너무 많다 보니 평소의 두 배나 빠른 속도로 거의 숨 쉴 틈도 없이 다음 내용으로 넘어가야 했다. 긴 독백이 이어지자 소날의 고객이 화가 치민 듯 한숨을 쉬고 내뱉었다. "너무 길어요! 소날, 너무 길단 말입니다!"

소날은 바로 말을 멈추고 흥분하지 않으려 애썼다.

소날은 잠시 정신을 가다듬고 비교적 긍정적인 어조로 소개를 마무리했다. 하지만 그녀는 아주 큰 이해관계가 걸린 일을 앞둔 전날 밤, 자신의 고객에게서 장광설을 책망받자 그들에게 좋은 이미지를 심어 주지 못했다는 생각이 들었다고 한다.

그래서 설명회가 끝난 뒤, 사전 설명회 참석자 모두에게 다음 단계를 설명하는 아주 간단한 요약본을 이메일로 보냈다. 그리고 마지막에 전통적인 '고맙습니다.'나 '행운을 빕니다.'가 아닌 '앞으로는 간결해질, 소날.'로 인사를 대신했다.

소날은 그런 자기비하 유머를 누가 알아볼 거라고 기대하지 않았다. 하지만 놀랍게도 그 자리에 있었던 고객 팀의 다른 세 멤버로부터 답장을 받았다. 한 명은 "하하! 앞으로는 간결해질…… 멋지네요." 다른 사람은 "굉장한 요약본이군요, 소날…… 확실히 간략하고 전혀 길지 않아요:)" 세 번째는 "간략한 업데이트 정말 좋았어요."라고 답해 왔다.

행사 당일 아침, CEO를 대면했을 때 그는 따뜻하게 악수를 건네며 안다는 듯한 미소를 지었다. 나중에 소날은 다소 불안한 출발 후, 자신의 작은 행동이 어떻게 그들 사이에 놓였던 긴장감을 풀고 친밀감을 형성시켰는지를 보고 경탄했다.

거친 사랑 주기

벤처캐피털 회사 어거스트 캐피털의 무한책임사원general partner 데이비드 호닉은 팀과 자신이 조언하는 기업가들에게 거칠지만 필수적인 피드백을 전달할 때 긴장감을 완화할 도구로 유머를 사용한다.

데이비드는 이사회에서 CMO(마케팅 총괄 경영자)가 고객 인수 비용을 절감하는 과정에서 어떤 진전을 이뤘는지 설명한 일을 회상했다. 겉으로 보기에는 숫자가 설득력 있는 이야기를 전하고 있었다. 그 달에 고객 인수 비용이 30퍼센트 떨어졌다. 하지만 좀 더 자세히 살펴보니 인수비가 살아나려면 가격이 3,000퍼센트 더 삭감되어야 했다. 호닉은 그 사실을 짚고 넘어가지 않을 수가 없었다. 하지만 그는 CMO를 당황하게 하거나 달갑지 않은 수학을 지적해서 그를 방어 태세로 모는 대신 미소 띤 얼굴로 이렇게만 말했다. "아주 좋아요. 이제 이렇게 100번만 더 하면 뭔가 될 것 같군요." 모두가 호닉의 말뜻을 이해했고 동시에, 심지어 그 CMO까지도 웃음을 터뜨렸다.

물론 (이 책의 뒤에서 알아보겠지만) 불편한 것을 가볍게 만드는 것이 항상 최선은 아니다. 하지만 호닉의 말에 따르면 유머가 사려 깊게 쓰일 때 어려운 피드백의 '타격을 완화'할 수 있다. 부정적인 비평이 상대를 방어적이거나 저항하게 한다면 '사려 깊은 농담'은 '상대의 기분을 그렇게까지 상하게 하지 않고도 동일한 메시지를 전달'할 수 있다.

아니면 진짜 라이프 스타일 스승인 메리 포핀스의 말을 빌릴 수도 있다. "설탕 한 스푼이면 약도 술술 넘어간다."

작별 인사하기

작별 인사를 하는 데 있어 무엇이 우리를 그토록 불편하게 하는가? 우리는 파티에서 몰래 말도 없이 빠져나가고, 죽음에 관한 이야기를 기피하고, 불꽃이 꺼지고 있다는 사실을 인정하기보다 잠수를 탈 때(밀레니얼세대가 아닌 이들을 위한 번역: 슬그머니 연락을 끊을 때)가 많다.

직장을 떠날 때도 마찬가지다. 하지만 직장에서의 작별 인사는 지속적인 인상을 만든다. 절정-대미의 법칙이라는 심리학 법칙에 의하면 사람들은 어떤 경험에서 감정적으로 가장 고조된 순간과 마지막 순간을 가장 잘 기억한다고 한다. 즉 당신이 (그 직장을) 떠난 뒤 사람들이 당신에 대해 기억할 확률이 가장 높은 두 가지는 당신이 했던 크고 흥미로운 프로젝트와 작별 인사라는 말이다.

대부분의 작별 인사는 다음과 같은 공식을 따른다: "오늘은 ……에서의 마지막 날입니다. 지난 ……년간 저는 여러분과 함께 일하는 기쁨과 특전을 누렸습니다. ……에서 이토록 많은, 친절하고 재능 있는 사람들과 함께한 시간들이 너무나 즐거웠고, 배울 수 있었던 모든 것들에 진심으로 감사합니다. 우리가 가는 길이 언젠가 다시 교차하기를 바랍니다." 하품이 나온다.

당신이 어떤 자리에서건 그들과 함께 일해 왔다면(당신이 휴대폰이나 인터넷을 쓸 수 없는 원격 근무자가 아니라고 보고) '우리가 가는 길이 언젠가 다시 교차하기를 바랍니다.'보다는 좀 더 개인적인 이야깃거리가 있을 것이다.

컨퍼런스 콜에서 함께한 시간, 엘리베이터에서 마주친 그 모든 어색한 순간들, 복사기에 걸린 종이를 처리하면서 즉흥적으로 나눴던 그 모든 대화에서 재미있는 콜백을 충분히 캐낼 수 있다. 그것은 특정 사무실의 문화를 보여 주는 재기 넘치는 소재에서 올 수도 있다. 작별 메일은 최근 대형 출판사에서 일을 마무리한 한 인턴의

가벼운 작별 인사처럼 사람들을 미소 짓게 하면서도 진심 어릴 수 있다:

다들 안녕하세요,

오늘 아침 도넛 먹을 때 이미 들으셨듯이 오늘이 제 마지막 출근일이에요. 올여름은 저에게 소용돌이와 같았습니다. 저는 스키보트 드라이버와 고양이 돌보미 경력도 있지만, 제게는 이 일이 제일 중요했습니다. 저를 받아 줘서, 프로젝트에 참여시켜 줘서, 아무리 귀찮아도 모든 질문에 대답해 줘서 진심으로 고맙습니다! 이상한 비밀번호를 빌려 줘서, 미팅에 참석할 수 있게 해 줘서, 매일 제가 여기 속해 있다고 느끼게 해 줘서 고맙습니다. (그리고 도넛도 고맙습니다) 그 모든 것에, 그리고 여러분 모두에게 감사합니다. 한 시간 후면 저는 배지를 반납하고 짐을 꾸려 집에 가야 해요. 하지만 제가 떠난 뒤 제 자리에 들러 주시길 바랍니다. 제가 여러분을 위해 뭘 놔뒀거든요. 그중엔 먹을 것도 있어요.

감사를 전하며,

케이트

우리는 유머와 인간애가 담긴 작별 인사로 좀 덜 고통스러운 마무리를 할 수 있다. 그리고 지속적인 인상을 남기고 떠날 수도 있다.

다른 사람 설득하기

직장에서는 중요하다고 볼 만한 상황이 셀 수 없이 많다. 하지만 그중 제일 중심이 되는 일은 '질문'일 것이다.

당신이 누군가에게 무언가를 원할 때 (혹은 필요로 할 때) 그들이 당신에게 그것을 주도록 설득하는 일은 당신에게 달려 있다. 다행히 당신도 짐작했듯이 때로는 유머가 당신의 설득력을 높이고 원하는 것을 얻게 해 준다.

문에 발 들여놓기

유명한 기초 의류 제조업체 스팽스Spanx의 설립자이자 CEO인 사라 블레이클리가 이에 해당한다. 스팽스 설립 초기에 블레이클리는 유력한 소매상들에게 자신의 상품을 판매하는 중요한 도전에 직면했다. 그녀도 결코 판매가 쉽지 않았음을 인정한다. 스팽스는 이미 붐비는 시장에 들어선 무명 브랜드의 새로운 상품이었다. 아 참, 그리고 브랜드명에 오타가 나는 경우 대부분 포르노 사이트로 넘어갔다.

제한된 자금과 심지어 더 제한된 인맥을 지닌 사라는 전화를 돌리는 수밖에 없었다. 그녀는 명단을 적었다. 니만 마커스, 노드스트롬, 삭스 피프스 애비뉴, 블루밍데일, QVC까지. 하지만 아무도 사라의 전화에 답하지 않았다. 사라는 물건을 팔기 위해 바이어와 5분만 통화하면 된다고 확신했다. 하지만 말처럼 쉽지가 않았다.

사라는 그들의 이목을 끌 몇 가지 방법이 필요하다고 생각했다. 아이디어가 떠오른 그녀는 하이힐을 몇 켤레 샀다. 그리고 우체국으로 가 각 신발 상자에 하이힐 한 짝씩을 넣고 "그냥 문에 발 한쪽 들이려는 것뿐이에요. 몇 분만 시간을 내주실 수 있나요?"라는 메모와 전화번호를 써 넣은 손편지를 동봉해 업체에 보냈다.

효과가 있었다. 니만 마커스의 바이어는 그 유머가 너무 재미있어서 실제로 그녀에게 전화를 했다. 전화는 거래로 이어졌고 제대로 업계에 명함을 내밀 수 있게 된 사라는 다른 큰 업체들과도 거래를 틀 수 있었다. 그리고 일 년 안에 초기 목록에 있던 모든 업체뿐 아니라 더 많은 업체들과 거래했다.

코끼리 이름 짓기

실리콘 밸리, 애플, 벤처캐피털, 수많은 이사회에서 초창기를 보낸 수십 년의 경력 동안 하이디 로이젠은 홍일점일 때가 많았다. 공공 기술 회사의 이사로 재직하던 초기에 그녀는 회의 도중 미묘한 문제를 발견했다. 휴식 시간을 마치고 돌아올 때마다 그녀의 동료들이 남자 화장실에서 회의를 계속했으며 심지어 결정까지도 내렸다는 사실을 알게 된 것이다.

하이디는 진퇴양난에 처한 자신의 상황을 묘사하면서 진행 중인 성 역학을 조명하고 남자들의 (그 망할) 화장실 회의를 멈추게 하고 싶었다고 말했다. 그래서 어느 날, 이사들이 휴식을 위해 회의실을 떠날 때 그녀는 간단히 이렇게 말했다. "여러분이 이 논의를 남자 화장실에서 계속할 거면 나도 참석하겠습니다."

그녀의 접근법은 간단하면서도 유쾌하고 공격적이지 않았다. 그리고 성공적이었다. 하이디의 그 말은 동료들을 웃게 했고 그녀가 원했던 변화를 불러왔다. 그녀는 그 문제를 살짝 스치듯 건드리면서 대놓고 비난하지 않는 방식으로, 즉 동료들에게 직접 태양을 보라고 강요하는 대신 문제를 조명하는 식으로 자신이 말하고 싶은 핵심을 이해시켰다.

요청하기(재요청)

부탁은 어려운 일이다. 부탁하고 긍정적인 답변을 얻기란 더 어렵다. 제품 출시에 필요한 저장 공간이든 중요한 인맥이든 잠깐의 휴식 시간을 갖는 문제든 당신이 누군가에게 뭔가를 원할 때, 당신의 요청은 그들의 '머릿속 받은 편지함'에 든 유일한 사항이 아닐 것이다.

무언가를 요청할 때 상대방에게 가치 있는 어떤 것을 제공하면 도움이 된다는 말을 분명히 들었을 것이다. 정보라든지 화려한 과일 바구니, 또는 반려 개구리, 그러니까, 뭐든 말이다. 믿기 힘들겠지만 웃음이 그 해답이 될지도 모른다.

우리가 웃음을 선물할 수 있는 것으로 생각하는 일은 잘 없겠지만, 사실 그럴 수 있다. 사람들은, 특히 힘 있는 사람들은 흔히 문을 닫아 버리는 것으로 '요청'에 응답한다. 문을 닫는 것은 자신과 자신의 시간을 보호하기 위한 방어 장치다. 하지만 웃음이라는 선물을, 아니면 그저 작은 미소라도 주는 것은 그 귀한 벨리즈산 파파야를 선물한다 해도 해낼 수 없을 방식으로 그들의 문을 열어 준다.

이 원리는 이미 요청을 한 뒤 슬슬 몰아붙여야 할 때 딱 들어맞는다. "안녕하세요. 확인 좀 하려고……", "저, 그냥 현황이 어떻게 되어 가는지……", "재촉해서 죄송하지만……"으로 시작하는 이메일을 보낼 때 스스로 혐오감 같은 감정이 끓어오르는 듯한 느낌을 경험했을 것이다. 양쪽 다 고통스러울 수 있다. 하지만 그럴 필요가 없다.

얼마 전 우리의 인터뷰 대상자인 레베카는 아무리 연락을 해도 답을 들을 수가 없었다. 데이트앱에서가 아니라 재정적인 문제였다. 그녀는 최근 전 직장 동료를 위해 프리랜서로 일했는데 몇 달 동안 보수를 받지 못했다. 그래서 그녀는 독촉장을 보냈다. 침묵. 그녀는 이메일과 문자메시지를 통해 슬쩍 정중하게 재촉했다. 다시 침묵. 몇 주가 지나고 또다시 독촉장을 보냈다. 쥐죽은 듯한 고요.

아무 소식도 듣지 못한 채 몇 달이 지난 뒤 그녀는 전 직장 동료에게 이미지 하나를 보냈다.

여러 차례 진심 어린 간청이 실패한 곳에서 귀여운 (동시에 절실한) 고양이와 아델의 노래 가사가 문제를 해결했다. 상대방은 몇 분 만에 답장을 보냈고 몇 주 후에 레베카의 통장에 돈이 들어왔다. 교훈은 명백하다. 재미있거나 장난스러운 독촉은 정중하고 재미없는 것보다 빠른 답장을 얻는다.

반드시 배 아프도록 웃기고 기가 막히게 훌륭할 필요가 없다. 심지어 고양이가 관련되어 있지 않아도 된다.* 그냥 그 가벼운 유머가 일을 처리하게 내버려 두면 된다.

---

* 하지만 만약 당신의 문제에 고양이를 결부시키기로 한다면 고양이는 네 발로 착지할 것이다.

이봐, 이쪽이야.
이쪽 건너편이라고.
내가 아마 천 번도
넘게 불렀을걸!
Has your cat been taking some tips from Adele?

마인드셋을 바꿔 팀의 창의성 키우기

유머로 소통하고 어려운 순간을 다루는 방법을 살펴봤으니, 이제는 유머의 전략적 사용이 어떻게 마인드셋을 바꿔 팀이 창의적이고 생산적인 작업을 할 수 있게 하는지 살펴볼 차례다.

분위기 만들기

우리는 워크숍이나 원격 근무지, 또는 강도 높은 일을 해야 하는 곳에 모습을 드러낼 때, 다른 생각들을 안고 거기에 들어설 때가 많다. 우리는 누가 다음 날 아침에 아이들을 학교에 데려다 줄 것인지 생각한다. 아픈 가족을 걱정한다. 5시에 배달될 식료품을 생각한다. 그때까지는 집에 도착하겠지?

그래서 처음 얼마간은 잡다한 생각을 없애는 것이 필수이다. 일을 어떻게 시작하는지가 그날 함께 일을 하는 동안 팀의 역동성에 큰 영향을 줄 수 있다. 유머로 업무 세션을 시작하는 것은 긍정적 마인드셋을 만들고, 기존에 형성되어 있던 습관과 사고 패턴에서(일시적이라 할지라도) 벗어날 수 있게 하고, 모두가 최선을 다할 수 있게 하는 강력한 방법이다.

유머로 그룹 업무 세션을 시작하는 이야기를 할 때 머릿속에 바로 떠오르는 것이 있을 것이다. 무시무시한 아이스브레이커(긴장을 완화시켜 훈련이나 워크숍이 원활히 진행되도록 하는 사람—옮긴이), 기업의 세계에서 얼마간이라도 시간을 보낸 적이 있다면 아마도 인간 매듭 풀기Human Knot, 두 진실과 한 가지 거짓말Two Truths and a Lie, '당신이 과일이라면 무슨 과일이 될 것인가?' 같은 게임을 많이 접했을 것이다. 하지만 어색한 순간을 깨는 일이 꼭 지루하거나 낯간지럽거나 지나치게 공을 들여야 하는 일일 필요는 없다. 그리고 오직 유머만 사람들이 일을 잘할 수 있게 돕는 것도 아니다.

일반적으로 우리가 전술로 사용한다고 말하는 유머는 세 가지 주요 카테고리로 분류된다. 전통적인 아이스브레이커(주의사항과 함께), 분위기 만들기, 콜드 오픈(영화나 텔레비전 프로그램에서 소개 내용 없이 바로 본 내용으로 들어가는 것—옮긴이). 첫 두 가지 예를 설명하기 위해 두 스티븐 중 하나가 열심히 일하고 있는 나파의 회의실로 가 보자…….

아이스브레이커

나파의 어느 더운 8월 아침, NBA 스타 스티븐 커리는 자신의 새로운 벤처기업 SC30을 위해 사외 회의를 소집했다. SC30은 그와 그의 좋은 친구이자 대학 농구팀 팀원이며 동업자인 브라이언트 바가 '커리'라는 브랜드를 코트 밖으로 꺼내 브랜드 동업, 미디어, 투자, 자선의 장으로 확장하기 위해 만든 회사였다.

SC30의 20개가 넘는 전략 파트너 회사 대표들이 어떤 일이 있을지도 모른 채 햇살이 환하게 비치는 회의실로 줄지어 들어왔다. 스티븐 커리의 아이디어는 단순하지만 파격적이었다. 새로운 파트너들을 개별적으로 만나기보다 모두 한데 모아 SC30의 생태계에서 협력할 기회를 찾자는 것이었다. 주요 글로벌기업(라쿠텐, 캘러웨이, 언더아머)의 리더들과 SC30이 투자한 포트폴리오 회사의 설립자들, 커리의 개인 고문단, 소수의 신뢰할 만한 가족들과 친구들이 참석했다.

커리가 도착하기를 기다리는 사이 그곳은 긴장된 흥분이 감돌았다. 다들 서로에게 좋은 인상을 주고 싶어 했고, 특히 그들을 한데 불러 모은 바로 그 엄청난 주인공에게는 두말할 필요도 없었다.

다행히 SC30의 회장 브라이언 바는 모두의 긴장을 풀어 줄 뭔가를 준비해 뒀다. 개인적이면서 그들이 하는 일과 관련이 있으며 모두가 함께 웃을 수 있는 순간을 만들도록 설계된 것이었다.

브라이언은 참석자 모두에게 파트너를 택하게 한 다음 그들에게 "당신이 살면서 저평가 된 때는 언제인가요?", "관계에 관해 이제껏 받은 최고의 조언은 무엇이었나요?" 같은 일련의 질문을 했다.

브라이언이 큰 소리로 질문을 읽으면 각 팀은 60초 안에 서로 대답을 주고받은 뒤 벨 소리와 함께 새 파트너로 옮겨 갔다.

그것은 신선하면서 혼란스럽고 예기치 못한 일이었다. 곧 회의실이 에너지 넘치는 대화와 웃음으로 채워졌다. 긴장 풀기 활동이 끝날 무렵 참석자들은 모두 서로 훨씬 더 편해졌고 함께 일할 준비가 되어 있었다.

전통적인 아이스브레이커는 부당한 비난을 받아왔다. 물론 그중 일부는 좀 시시할 수 있다. 하지만 사려 깊게 설계된 활동은 사회적 윤활유로 약점, 정직성, 친밀감을 드러나게 한다. 최고의 아이스브레이커는 무거움과 가벼움 사이에서 사람들이 원하는 균형을 찾아 웃음을 유발하면서 동시에 그날의 중요한 목표를 달성하게 한다.

하지만 그 이름이 무엇을 뜻하든 아이스브레이커만이 냉기를 깨뜨리는 유일한 방법은 아니다. 훌륭한 리더들은 단순한 행동과 몸짓으로 자기 사람들을 그들이 추구하는 분위기로 이끄는 법을 안다.

분위기 만들기

스티븐 커리는 나파에서의 그날, 분위기를 제대로 만드는 것의 가치를 알고 있었다. 참가자들은 그들이 걸어 들어올 때보다 더 편안해졌을지 모르겠지만, 커리가 회의실 앞쪽에 자리 잡자 앉은 자리에서 등이 뻣뻣해졌다. 서로가 더 편안해졌지만, 스티븐 커리가 있는 자리에서 어떻게 해야 할지는 여전히 알 수 없었다.

그가 그런 행사에 걸맞은, 진정성 있고 품위 있는 오프닝 인사를 전하는 사이 참석자들은 적절한 시점에 맞춰 고개를 끄덕이고 얼굴엔 반쯤 미소를 머금고 있었다……. 하지만 나지막이 깔린 긴장된 기운은 여전히 그 공간에 퍼져 있었다. 커리도 확실히 그 기운을 느낄 수 있었다. 그는 발언을 마무리한 뒤 회의실 뒤쪽으로 물러나는 대신 이렇게 말했다. "제가 제일 좋아하는 스티브 발머* 스타일로 마무리하고 싶습니다."

사람들은 어리둥절해져 주위를 두리번거렸다.

커리는 한 박자도 거르지 않고 가슴을 한껏 부풀리며 우렁차게 고함쳤다. "여기 와서 흥분한 사람은 누구?!?!? 나야. 나!!! 나는 여기 와서 흥분했어! 당신이 흥분하지 않았다면 그건 당신 잘못이야!! 흥분한 사람이 누구라고??!!"

그렇게 행사의 분위기가 완전히 바뀌었다. 입이 떡 벌어지고 믿을 수 없다는 표정들 사이로 웃음이 터져 나왔다. 이내 모두가 의자에 편히 등을 기댔고, 그 공손하고 닫혀 있던 미소는 진짜 커다란 함박웃음으로 변했다. 형식적인 허울을 벗어던지고 유머에 온전히 헌신함으로써 스티븐 커리는 그 공간 안의 에너지를 끌어올렸다. 그리고 그 모임으로 얻게 될 것에 대한 잠재력을 드높였다. 커리는 모두가 진지한 일을 하기 위해 모였더라도 그 자리가 너무 진지할 필요가 없는 공간임을 분명히 한 것이다.

스티븐 커리가 보여 줬듯 분위기를 만드는 일이 항상 공식적으로 구성된 활동 형태로 오는 것은 아니다. 때때로 그것은 올바른 신호를 보내는 문제일 수도 있다. 인간은 사회적 동물이다. 우리는 우

---

* 이 말이 이해가 안 된다면 잠깐 멈추고 구글에서 'Steve Ballmer going crazy on stage'를 검색해 보라. 전 마이크로소프트 CEO의 영상을 본 다음 다시 돌아오길.

리 가운데 가장 높은 지위에 있는 개인을 따라 하는 경향이 있다. 팀은 상사의 신호를 받아들인다. 이는 리더들이 분위기를 만들고, 그들 스스로 그렇게 함으로써 일의 성과를 높이는 데 필요한 조건을 만들 수 있다는 뜻이다.

콜드 오픈

유머로 분위기를 만드는 세 번째 방법이 있다. 아이스브레이커의 발전된 형태로 '콜드 오픈'이라 불린다. 콜드 오픈은 주의를 끌고 기억에 남게 한다. 그리고 주로 전문적으로 분위기를 만드는 사람들이 선호하는 도구다.

그런 전문가 중에 사회과학자이자 전략대화 설계자(자기가 하는 일을 지칭하기 위해 본인이 직접 만든 타이틀이다)이며 리사 케이 솔로몬과 《Moments of Impact》를 공저한 크리스 에르텔이 있다. 에르텔이 가장 좋아하는 콜드 오픈 중에 엔지니어인 데스틴 샌들린이 직접 설계하고 '거꾸로 자전거'라 이름 붙여 올린 유명한 동영상이 있다.

거꾸로 자전거는 일반 자전거처럼 작동하지만, 거꾸로 간다는 점이 다르다. 당신이 핸들을 오른쪽으로 돌리면 바퀴가 왼쪽으로 돌고, 핸들을 왼쪽으로 돌리면 바퀴가 오른쪽으로 돈다. 우리 모두 자전거 타는 법을 안다는 사실을 생각해 볼 때 이 기구 타는 법을 쉽게 배울 수 있다고 생각할 수도 있다.

하지만 그렇지 않다. 여기서 콜드 오픈이 어떻게 작용하는지 살펴보자. 세션이 시작될 때 참가자들이 소집되는데 앞쪽에 거꾸로 자전거가 놓여 있다. 크리스가 헬멧을 내밀면서 한 지원자에게 무대의 한쪽 끝에서 다른 쪽 끝까지 그 자전거를 타게 한다. 예상대로 지원자는 시도하지만, 실패한다. 일단 웃음소리가 사그라지면 크리스는 자전거 타기를 멈추게 한다. 그는 설명한다. "정보가 부족한 게 틀림없어요. 제가 필요한 정보를 드리지 않아서 이 자전거를 탈 수 없는 거지요." 그래서 그는 거꾸로 자전거가 어떻게 작동하는지 더 상세히 설명한다. 지원자는 자신만만하게 고개를 끄덕이고는 한 번 더 시도하려 한다. 그녀는 이제 할 수 있다!

하지만 그녀는 하지 못했다. 새로운 지원자가 호출된다. 첫 지원자보다 나을 리 없다는 건 불 보듯 뻔하다.

크리스는 다시 시도를 중지시키고 당황한 척한다. "필요한 정보를 다 드렸어요. 새로운 방식으로 이 자전거를 타는 방법을 알려드렸으니까요. 여기서 문제는 동기임이 분명해요! 제가 충분한 인센티브를 걸지 않았던 거예요." 그러면서 크리스는 주머니에 손을 뻗어 20달러 지폐 10장을 꺼냈다. 사람들의 눈이 휘둥그레졌다. "자, 해 보실 분 없나요?"

성인 남녀가 차례대로 자전거에 올라탄다. 무대 위에서 비틀거리고 넘어지는 사람도 있다. 다들 단단히 작정한 듯 온갖 기술을 선보인다. 일부는 속임수를 쓰기도 한다. 이제 그곳에는 웃음소리가 가득하다.

어쩌면 가학적인 일로 보일지도 모르겠다. 하지만 실제로 거꾸로 자전거는 크리스가 사람들을 모아 씨름하게 만드는 일에 담긴 중심 원리를 밝히기 위해 설계되었다. 이것은 심지어 우리가 어떻게 변해야 하는지 알고 있고 변해야 할 동기가 있는데도 변화하기가 힘들다는 사실을 아주 간단히 보여 준다.

보고에서 그는 이미 예상했던 사람들의 말로 이야기를 엮고자 했다. 그리고 그룹의 반응을 신중히 수집했다. 기존의 생각과 행동 그리고 패턴화된 과정이 도전의 밑바탕에 이미 깔려 있었다. 그 그룹은 계속되는 시도와 실패 없이는 만족스러운 결과를 기대할 수가 없다. 이 보고가 전하는 메시지는 이러하다. 오늘 뭔가를 시작하더라도 한동안 시행착오를 겪어야 한다. 거꾸로 자전거 타기라는 이 은유가 이 메시지의 뿌리이자 증거이다. 그리고 그 과정에서 웃음도 유발한다.

창의적인 아이디어 유발하기

우리는 일상적 상호작용에서 중요한 순간과 인지적 패러다임의 이동까지 살피며 행동에서 유머의 많은 예를 살펴봤다. 하지만 이야기를 마무리하기 전, 우리는 당면한 과제에서 새로운 아이디어를 떠올리게 하는 유머의 강력한 효과에 관해 이야기하지 않을 수가 없다.

유머는 우리가 이전에 놓쳤던 연결, 패턴, 해석을 드러내는 일종의 정신적 체조를 부추긴다. 관점을 넓히고 심리적으로 안정감을 느끼게 하며 창의성이 번영할 수 있는 기름진 땅을 만들어 준다. 달라이 라마가 말한 대로 "사람들은 웃을 때 새로운 생각을 더 쉽게 수용하므로 웃음은 사고에 이롭다."

어떻게 하면 실제로 유머를 활용해 창의성을 불러일으킬 수 있는지 정확하게 알아보자. 이를 위해 우리가 인터뷰한 사람들의 예중 가장 훌륭한 몇 가지를 살펴보자. 이 예들은 유머를 브레인스토밍 과정에 통합하는 두 가지 다른 접근법을 보여 준다. 첫 예는 살짝 스치듯이, 그다음 예는 직접 대놓고 접근하는 식이다.

나쁜 아이디어 브레인스토밍

아스트로 텔러는 컴퓨터 과학자이자 기업가, AI 선구자로서 기존에 구글 X라고 알려진 연구개발 시설 X를 이끌고 있다. 아스트로의 조직은 다양한 발명가와 기업가 집단으로 수백만, 아니 수십억 인구의 삶을 향상시키기 위한 신기술을 만든다. 그들의 임무는 세상에서 가장 어려운 문제들을 스타트업 특유의 의욕과 속도로 처리하는 것이다. 말하자면 세상에서 가장 난해한 문제 중 일부를 풀기 위해 급진적 혁신 기술을 만드는 것이다.

이처럼 대담하고 새로운 (일부는 미쳤다고 말할지도 모르겠지만) 아이디어를 풀어내는 건강하고 초생산적인 과정은 이 조직의 성공에 결정적인 역할을 한다. 아스트로가 발견한 가장 효율적인 접근법 중 하나는 예상 밖의 것이었다. 그는 팀원들에게 나쁜 아이디어를 떠올리게 했다.

아스트로는 "만약 내가 '좋은 아이디어를 떠올려 보세요.'라고 말하면 사람들은 '맙소사, 내가 하는 모든 것이 좋은 아이디어야 해!'라고 생각할 거예요." 그는 '좋은'이라는 단어를 사용하면 팀이 한계를 설정할 거라고 말했다. 하지만 그가 구체적으로 '제일 우스꽝스럽고, 어리석은 아이디어'를 요청하면 팀원들은 흔히 좀 비정상적이기도 하지만 좀 더 나은 해결책을 떠올린다고 했다. 이런 브레인

스토밍은 온통 터무니없는 아이디어와 시끌벅적한 웃음을 낳지만, 아주 훌륭한 결과 또한 만든다.

아스트로는 우리 스스로 '정상적'이거나 진지해지는 압박감에서 벗어나야 가장 창의적인 자아를 열 수 있다고 설명했다. 그는 '우스꽝스러운 건 말하지 마!'라고 속삭이는 머릿속 목소리가 있다고 했다. 하지만 우리 뇌는 가장 우스꽝스러운 생각을 검열할 때 가장 훌륭한 생각도 검열한다. 그의 말대로 "처음 들었을 때 미친 것 같지 않은 천재적인 아이디어는 없다."

그러니까 당신의 팀원들이 '나쁜 아이디어 브레인스토밍'을 함으로써 박스 바깥에서 생각할 수 있게 (그런 다음 박스를 버리거나 태워 버리기를) 장려하라. '나쁜 아이디어는 없다.'라고 팀원들을 확신시키고, 실제로 적용 가능성이 아예 없을 것 같은, 그들이 생각할 수 있는 가장 우스꽝스럽고 미친 그리고 최악의 가능성을 지닌 아이디어를 확실히 요구하라. 그 과정에서 당신은 그 공간의 에너지를 바꾸고, 정통성을 밀어 내고, 웃음을 만들 수 있다. 그리고 어쩌면 예기치 않게 훌륭한 해답도 몇 가지 찾아낼지 모른다.

장점에서 투구하기

2017년에 한 글로벌 소매업체는 사업에 실존적 위기를 맞았다. 온라인 채널의 경쟁력이 커진다는 것은 오프라인 가게로 향하는 발길 교통량이 급감한다*는 것을 의미했다. 비즈니스가 평소같이 운영되지 않자 새로운 아이디어가 시급했다. 그래서 회사 내 창의적 에이전시 전략팀은 의외의 파트너인 매트 클린먼에게 손을 내밀었다.

클린먼은 〈The Onion Video〉의 전 수석작가이자 〈Funny or Die〉에서 시작된 코미디 글쓰기 앱 피치Pitch의 CEO다. 피치는 인터넷상의 초대형 작가실과 같다. 수천 명의 코미디 작가들이 한곳에 모여 자신들의 작품을 갈고 닦고 농담을 판다. 클린먼의 말을 빌리자면 그곳은 "서로를 가능하게 하는" 곳이다.

당신은 코미디언들이 마케팅에서 텔레비전 광고에 이르기까지 협업하는 각종 브랜드를 위해 쓴 수많은 홍보 글을 트위터에서 읽을 것이다.**

몇 년 전 매트는 많은 고객들이 그들의 상품, 청중, 메시지에 귀중한 통찰력을 더하듯 완전히 다른 일에 유머를 쓰고 싶어 한다는 사실을 발견했다. 우리도 알다시피 모든 농담 속에는 일상에 관한 본질적인 진실이 들어 있고, 코미디언들은 그런 진실을 위해 세상을 캐내는 일에 일종의 전문가다.

그래서 에이전시 전략가들은 당면한 과제 '오프라인 업체들이 전자상거래와 어떻게 경쟁할 것인지'를 안고 매트를 찾아갔고, 매

---

* '발길이 뜸하다'에 새로운 (부정적인) 의미를 부여했다.

** 그리고 작가들이 서로 재미로 주고받는 주제들도 있다. '마음이 불편해지는 특정 일들' 같은 주제들인데 이에 대한 반응으로 '우리 고양이는 내 남자친구에게만 야옹거린다.', '나는 첫 시도에 팬케이크를 절대 뒤집지 못한다.', '담배를 꽂기에는 귀가 너무 작다.' 등등이 있다. 혹시 방금 귀를 확인했는가? 사실 우리도 그랬다.

트는 바로 그 문제를 농담의 주제로 설정했다. '온라인 구매보다 가게에 직접 가는 것이 더 좋은 이유.' 그는 이 주제를 피치에 포스팅했다. 그러자 수백 명의 작가들이 바로 착수했다.

순식간에 "아마존에서는 옷걸이를 절대 끼워 주지 않음."에서 "우리 집에는 스바로Sbarro 피자가 없으니까요.", "새해 계획이 새로운 사람들과의 만남이거든요."까지 핵심 대목이 쏟아져 나왔다. 몇 시간 만에 매트와 에이전시 전략가들은 재미있는 순으로 분류된 수백 개의 농담을 얻었다.

각 농담의 바탕에는 진짜 통찰력이 있었다. "아마존에서는 옷걸이를 절대 끼워 주지 않음."은 대수롭지 않아 보이는 것들이 유용하다는 현실을 이용한다. "우리 집에는 스바로 피자가 없으니까요."는 사람들이 쇼핑하러 가는 것을 좋아하고 음식 애호가들이 음식을 사랑한다는 사실, 그러니까 온라인 접속으로 얻을 수 없는 것들을 상기시켰다. "새해 계획이 새로운 사람들과의 만남이거든요."는 온라인 쇼핑이 외롭다는 사실을 보여 준다. 그리고 점점 단절되어 가는 세상에서 대면 접촉을 향한 진짜 열망을 자각하게 한다.

클린먼에게 의뢰한 에이전시 전략가들은 이런 진짜 통찰력을 위한 농담들을 채굴한 것이다. 그저 아이디어나 해결책보다 농담을 만들어 내는 과정에서 창의적이고 새로운 오프라인 고객 경험 전략에 대한 영감을 얻었다. 전략에는 가게의 레이아웃을 좀 더 대면 접촉을 부추기는 쪽으로 재구성하는 것같이 농담에서 직접 끌어온 요소들이 포함되었다.

당신의 팀과 함께 직접 이런 활동을 하지 않을 이유가 있는가?

창의의 정수가 흐르기를 원하는가? 그저 도전 과제를 만들고(에이전시 전략가들이 했던 것처럼), 그 과제를 농담 주제로 설정하고(클린먼이 했던 것처럼), 팀원들이 포스트잇에 농담을 쓸 수 있게 하라. 팀원들의 포스트잇을 모아 익명으로 게시판에 올리고 내용을 감상한 다음 실제 테마별로 묶어 보라. (힌트: 팀원들이 그들의 코미디 초능력을 준비하기 전에 이 책의 3장을 읽도록 강요/장려하라. 단순히 책 판매 때문이 아니라 결과를 위해 이 방법을 추천한다.)

하지만 당신이 진지하게 팀 내에 창의적인 사고를 들이려 한다면 전문 코미디언을 데려오는 것을 심각하게 고려해 보라.

이거 기억하는가?

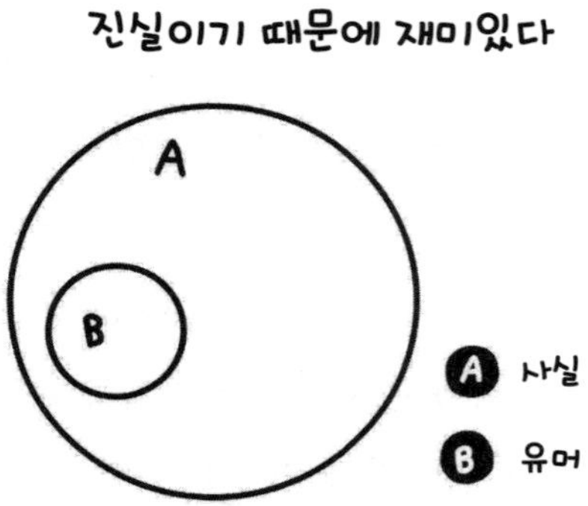

진실이기 때문에 재미있다

A

B

A 사실

B 유머

코미디언들은 인생의 구석구석, 아주 조그만 틈 사이에 숨어 있는 진실을 찾는 데 유난히 재능이 있다. 그게 그들이 매일 하는 일이다. (아는 코미디언이 한 명도 없다면 우리에게 연락하라. 우리는 많은 코미디언들을 알고 있다!)

당신이 팀의 사고방식을 바꾸려고 하든 그저 좀 더 나은 링크드인LinkedIn 프로필을 쓰려고 하든 유머와 유쾌함은 호황기에 유대를 강화하고 불황기에 탄력성을 구축해 가면서 더 많은 인간관계를 형성하고 성과를 개선하는 데 쓰이는 필수 도구다. 모든 상황이 웃음을 만들어 내기에 적절하지는 않겠지만, 우리가 당신의 일과를 좀 더 즐겁게 마무리할 수 있는 일련의 방법을 제공했기를 바란다.

5장

유머로 리드하기

"유머 감각은 사람들과 어울리게 하고,
일을 성사시키는 리더십 기술의 한 부분이다."

- 드와이트 D. 아이젠하워

2009년 선선한 가을 저녁, 베어 미네랄 설립자이자 CEO인 레슬리 블로젯은 주방에서 공책을 펼쳐 놓고 얼그레이티 한 잔을 마시며 아이디어를 떠올렸다. 그녀는 즉흥적으로 떠오르는 아이디어를 몇 개 쓰고 차를 한 모금 더 마셨다.

레슬리의 회사는 미네랄 메이크업과 스킨케어 영역의 개척자로 제품에 만족한 고객들의 입소문으로 크게 도약했다. 그러나 미국 역사상 최악의 경제공황 한가운데서 사업이 침체기를 맞았다. 레슬리가 말했다. "경제가 추해지더라도 여성이 아름다움을 느낄 수 있게 돕고 싶었어요."

그래서 그녀는 〈뉴욕타임스〉에 전면 광고를 싣기로 했다. 요즘 대부분의 CEO들은 카피라이터 팀에 기대거나 브랜드 전략가와 상담하거나 홍보 담당 부서에 위탁해 큰 비용을 들여 세간의 이목을 끄는 카피를 내놓는다.

하지만 레슬리는 그러지 않았다.

그녀가 그날 저녁에 쓴 메모는 가슴에서 우러난 것이었다. 진정성, 솔직함 그리고 당연히 유머도 있었다. 그래픽 디자이너와 몇 번 주거니 받거니 한 끝에 그녀는 〈뉴욕타임스〉에 이렇게 보냈다.

광고 전문가들은 사람들이 광고 카피를
많이 읽지 않는다고 합니다.

제발 그렇지 않기를 바랍니다. 여기 거금이 들어가거든요.

우리에 대해 들어봤을 거예요. 만약 그랬다면 누가 우리 이야기를 해 줬을 가능성이 클 거예요. 우리가 이목을 끌기 위해 샹들리에를 다는 타입이 아니기 때문이지요. (우리가 유독 샹들리에를 좋아해서 모든 지점에 샹들리에가 있긴 하지만요.) 또 우리는 유명 연예인을 통해 우리를 홍보하지도 않아요. 오해하진 마세요. 우리도 유명인을 좋아해요. 다만 우리 상품을 홍보하기 위해 그들에게 돈을 지불할 필요성을 못 느낄 뿐이죠.

이 글을 쓰는 이유로 들어가 볼게요. 우리는 지구상에서 가장 훌륭한 화장품 베어 미네랄의 이면에 있는 사람들입니다. 우리 상품이 인생을 바꿔 놓았다고 말하는 여성분들의 이야기를 자주 듣습니다. 우리는 그런 이야기를 듣는 것이 정말 좋아요. 그리고 우리가 받은 그 모든 멋진 메일들을 바탕으로 그 이야기들이 사실이라는 걸 압니다.

우리는 피부에 관한 한 진짜 전문가예요. 파운데이션은 그중에서도 가장 인기 있는 상품이지요. 엄청나게 많은 상을 받았고 수백만 여성들이 사용하고 있지요. 우리는 우리의 상품과 그 효과가 정말 자랑스럽습니다. 당신이 깜짝 놀랄 만큼 아름다운 피부와 진짜 맨얼굴 같은 느낌을 원한다면 베어 미네랄이 바로 당신의 파운데이션입니다.

우리는 우리 상품을 사랑합니다. 하지만 우리는 우리의 고객을 더욱 사랑합니다. 이 글은 우리를 믿어 주는 모든 여성들에게 전하는 감사의 편지이기도 합니다. 우리는 진심을 가지고 이야기를 나누고 지점에서, 세포라에서, 울타에서, 몇몇 백화점에서 여성 고객들을 일대일로 만나는 것을 중요하게 생각합니다. 베어 미네랄을 한번 써 보세요. 믿기지 않을 정도로 좋아서 경탄하게 될 거예요. 우리 말을 못 믿겠다면 아는 사람에게 물어 보세요. 실제로 우리는 많은 치위생사분들이 우리 상품을 사용한다는 사실을 발견했습니다. 다음에 치아 관리를 받으러 갈 때 한번 물어 보세요.

여하튼 우리는 우리가 여기 있고, 우리가 당신의 피부를 위한 최고의 상품을 갖고 있으며 우리가 여성들을 행복하게 하는 일에 얼마나 지대한 관심이 있는지 알리고 싶었어요. 긴 글 읽어 주셔서 고맙습니다. 그런데 우리 남편은 당신이 이 글을 여기까지 읽지 않을 거라 확신하네요. (남편은 심지어 광고업계 경영인도 아니랍니다.)

샌프란시스코에 들르면, 함께 커피를 마시며 이야기를 나눌 수도 있을 거예요. 농담이 아닙니다. 본사 전화인 415-489-5000으로 연락 주세요. 전화는 보통 힐다가 받습니다.

사랑을 듬뿍 담아,

Leslie xox

레슬리 블로젯
BARE ESCENTUALS의 CEO

비즈니스가 어려움에 처해 있던 시기에 레슬리는 자신과 회사의 정신을 모두 공개하고 고객뿐 아니라 직원들과도 연결고리를 만들었다. 그녀는 이렇게 회상했다. “경제적으로 힘든 시기였고 온통 불안정하고 불신이 넘쳐났어요……. 그때 이 ‘광고’가 도처에 깔려 있던 긴장을 줄여 준 거예요. 너무나 기본적이고 비전문적이어서 사랑스럽고 현실적이었지요.” 여기에 유머를 주입한 것은 자연스러웠을 뿐 아니라 결정적이었다. 그녀는 말했다. “어려운 시기에 유머까지 기대하기는 힘들잖아요. 그러다 보니 유머가 담긴 이 광고가 나오자 사람들은 상품을 사러 달려갔어요. 걷는 게 아니라 달려간 거예요."

그리고 사람들은—전화번호가 있으면—전화를 한다.

광고에 실린 전화번호는 그대로 사무실 로비에 앉아 있는 힐다에게 연결되었다. 지나가던 이들은 모두 힐다가 미심쩍어 하는 발신자에게 "예. 광고에 나온 번호는 진짜예요. 그리고 맞아요. 레슬리와 커피타임 날짜도 잡을 수 있어요."라며 확인시키는 소리를 들을 수 있었다. 그것은 회사가 진짜 중요하게 생각하는 것과 설립자가 만든 예기치 못한, 하지만 완벽한 비즈니스적 판단을 매일 상기시켜 주었다. 그녀의 위트와 따스함이 베어 미네랄을 향한 고객의 태도에 영향을 주었을 뿐 아니라 직원들에게도 의미 있는 영향을 주었다. "맞아요. 우리는 더 많은 상품을 팔았어요. 하지만 우리는 그 광고의 효과가 동지애에 있다고 평가했어요. 그것은 우리의 가치관을 보여 주는 살아 있는 그리고 아주 공개적인 예였지요. 그리고 우리 모두가 느꼈던 친밀감이 우리를 더욱 강하게 만들어 주었죠."

많은 책에서 리드하는 법을 이보다 훨씬 더 훌륭하고 폭넓게 다루고 있다. 여기서 우리는 앞장에서 탐구했던 도구를 바탕으로 유머로 리드하는 법을 살피고 주목할 만한 몇몇 리더가 그 기술을 실제로 어떻게 적용하는지 다룰 것이다.

다음에 나오는 내용은 하나의 전술이라기보다 일련의 짧은 글로 각 내용이 하나의 중심 전제로 귀결된다. 자신만의 독특한 유머

감각을 발휘함으로써 연합하고, 설득하고, 동기를 부여하고, 영감을 주며, 궁극적으로 다른 사람들이 따르고 싶은 리더가 될 수 있다. 당신도 그렇게 할 수 있는 영감을 얻기를 바란다.

"당신이 리드하는데 아무도 따라오지 않는다면 당신은 그저 산책을 하고 있는 것일 뿐이다."라는 존 맥스웰의 (지금 들어도 여전히 멋진) 경고를 잊으면 안 된다.

우리가 신뢰하는(신뢰해야만 하는) 리더들

스토리타임으로 돌아가기 전에 현대의 리더십 상황을 이해하고 리드하는 방법을 재고해야 하는 이유에 관해 알아야 한다.

옛날, 이상한 시절에(우리가 귀 기울여야 할 스토리텔링 부분이다) 영감을 주는 리더들은 지성, 용기, 카리스마, 도덕적 우위, 창의적인 해결책이 독특하게 조합된 희귀종으로서 사람들을 이끌었다. 어니스트 섀클턴은 남극해에 고립된 자신의 선원들을 구하기 위해 수개월 동안 용감하게 빙하 위를 떠다녔다. 헨리 포드는 차량 만드는 일에 몰두하다가 전국의 중산층 가정에 적합한 자동차를 만들었다. 마르코 폴로는 아시아 곳곳의 산을 넘어 여행했고 어린이 세대에게 눈을 감고 수영장을 건너도록 영감을 주었다.

하지만 신화적이고 절대적인 리더의 시대는 지났다.*

---

* 오프라를 제외하고. 오프라는 우리를 리드한다. 그녀는 완벽하다.

2001년 엔론 사태, 2008년 미국의 서브프라임 모기지 사태, 2011년 후쿠시마 원전 사고, 그리고 더 최근에 보잉사가 부실하게 제작한 737 업그레이드 기종을 서둘러 시장에 내놓았다는 폭로가 참담한 결과로 이어진 충격적인 사건 이후 리더에 대한 우리의 공통된 신뢰는 총체적이지는 않다 해도 심각할 만큼 무너졌다.

이런 리더십에 대한 신뢰 저하는 직원들의 마음에도 깊숙이 뿌리내렸다. 2019년 하버드 비즈니스 리뷰가 실시한 설문조사 결과 59퍼센트의 직원들이 자기 상사보다 완전히 낯선 이를 더 신뢰하는 것으로 드러났다.

잠깐, 저 문장을 다시 읽어 보자.

당신의 직원들이 당신보다 낯선 이를 더 신뢰한다!

낯선 이에 대한 신뢰와 그 반대
58퍼센트의 직원들이
자기 상사보다
낯선 이를 더 믿는다
다행히 아직
5시 정도이다

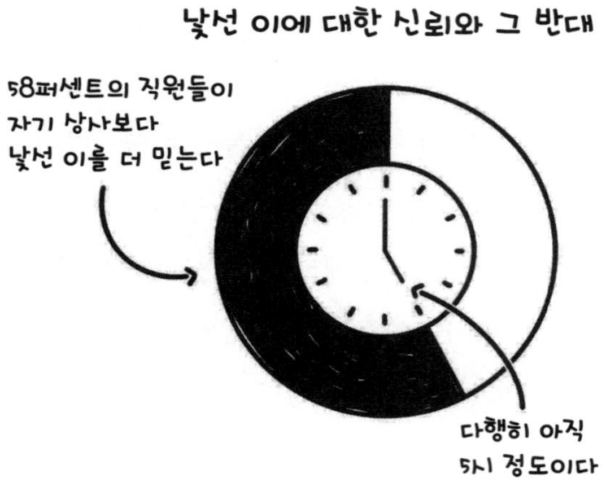

더 나쁜 뉴스는 그중 45퍼센트가 직장에서 업무 성과에 가장 큰 영향을 끼치는 단 하나의 문제로 리더십에 대한 신뢰 부족을 꼽

았다.

게다가 당신(리더)도 이에 동의하는 듯하다. CEO의 55퍼센트가 자신감의 위기가 조직의 성장에 위협이 된다고 믿었다. 걱정할 만한 일이다. 신뢰 부족이 직원의 의욕과 생산성에 영향을 주고, 이직 가능성을 높인다. 당신과 민감한 문제를 (버스에서 만난 낯선 사람에 비해) 편히 토론할 수 있었다면 피했을 불을 끄는 데 당신을 포함한 모두가 많은 시간을 할애해야 한다.

오늘날의 재계 리더들은 본인들이 18세에서 29세 사이 젊은이들의 눈에 가장 덜 믿음직스러운 존재인 선출 관료들과 같은 카테고리에 있다고 생각한다. 2018년 퓨 리서치 센터의 설문 조사에 따르면 그 또래 젊은이의 34퍼센트만이 기업인과 정치 지도자를 신뢰한다고 한다. (30에서 49세 사이의 통계치보다 살짝 나은 정도였다.) 이 결과는 개를 키우는 미국인의 비율(44퍼센트)보다 낮은 수치로 신뢰도 순위에서 힘 있는 인간이 길들여진 늑대에 지고 있다는 뜻이다.

리더들이여, 이건 문제다.

하지만 이 때문에 다음 지도부 출장 때 와인 한 병을 마시고 시트콤 〈골든 걸스Golden Girls〉나 왕창 볼까 하는 생각이 든다면 안심하시라. 좋은 소식이 있다. 그리고 우리에게 계획이 있다. 리더십에서 신뢰도가 급락하는 동안 어떻게든 신뢰도가 높은 환경을 유지해 온 조직들은 번창하고 있다.

높은 신뢰도를 보이는 조직을 혁신 및 성과와 연관 짓는 연구가 있다. 이를테면 2016년 How Report*는 신뢰도가 높은 환경에서 직원들이 회사에 이익이 될 수 있는 위험을 감수할 가능성이 32배, 경쟁사에 비해 더 높은 수준의 혁신성을 보일 가능성이 11배, 업계의 다른 회사와 비교할 때 더 높은 수준의 성과를 보일 가능성이 6배 높았다고 분석했다.

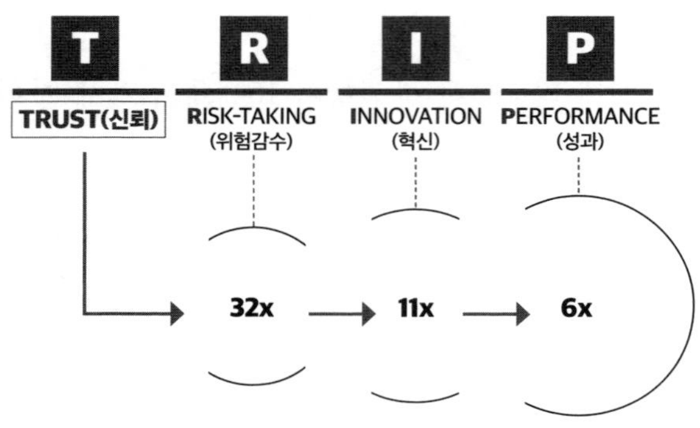

이렇게 해서 리더십에 신뢰도가 급락하는 동안 어떻게든 신뢰도가 높은 환경을 유지해 온 조직들은 번창하고 있는 것이다.

2019년 설문조사에서는 직원들에게 어떤 특징이 리더를 신뢰하게 만드는지 물었다. "리더가 극복한 장애를 아는 것"과 "보통 사람들처럼 이야기하는 것"같이 상위를 차지한 답변은 일관된 이야기를 전하고 있었다. 요즘 직원들은, 불가사의할 정도로 뛰어난 면은 덜

---

* 2016년 How Report는 모든 주요 산업과 직업에서 17개국 16,000명의 직원들의 응답을 분석했고 University of Southern California의 The Center for Effective에서 독립적으로 입증했다. 이것은 재밌지는 않지만 사실이다. (게다가 HOW에서 분석했다!)

하고, 더 진심으로 공감할 수 있는 리더를 바라고 있다. 동경의 대상이되 흠이 없으면 안 된다.

요컨대 예전에는 리더들이 숭배받았다면, 지금은 이해받아야 할 필요가 있다는 말이다.

어떤 의미에서 이런 변화는 소셜미디어에 집중된 사회의 광범위한 추세를 반영한다고 볼 수 있다. 우리는 실시간 업데이트에 익숙해졌다. 날것의 여과 없는 콘텐츠를 갈망한다. 유명인, 운동선수, 기업가, 퍼피볼Puppy Bowl(동물 TV프로그램—옮긴이) 스타들의 사적인 삶과 비하인드 장면에 접근하기를 즐긴다. 완벽히 투명하지 않은 것은 '뭔가 숨기는 것'의 신호일 수 있다.*

레슬리 블로젯은 광고를 냈을 때 이 사실을 알고 있었다. 실제로 그녀가 직장생활 초기에 배운 교훈이 (비록 우연이긴 했지만) 바로 이런 것이었다.

그녀가 유료 마케팅을 할 여유가 생기기 훨씬 전 (하물며 〈뉴욕타임스〉에 전면 광고를 낼 엄두도 못 내던 그때), 그리고 그녀의 브랜드가 전통적인 유통업체로 충분히 알려지기 전에 레슬리는 텔레비전 홈쇼핑 채널 QVC에 생방송으로 출연하는 것이 고객에게 다가가는 가장 저렴한 방법임을 발견했다.

레슬리에게 홈쇼핑 출연은 두려운 일이었다. 카메라가 돌아갈 때 재촬영이나 여러 번 찍는 사치 같은 것은 없었다. 하지만 의도했든 아니든(힌트: 그녀는 의도하지 않았다) QVC 출연으로 레슬리는 자기

---

* 롤필름: 엘리자베스 홈즈 / Theranos 다큐멘터리(대형 사기사건으로 추락한 벤처회사의 CEO 엘리자베스 홈즈를 언급하고자 저자가 만든 제목—옮긴이).

만의 진정성과 여과되지 않은 성격 외에도 자기비하적이고 살짝 비정통적인 유머 감각까지 보여 주었다.

방송 중간에 발이 아파 죽을 것 같다며 신발을 벗어 던지고, 물건을 팔다 말고 텔레비전을 통해서 아들에게 "트렌트, 자러 가. 네가 보고 있는 거 알아. 텔레비전 끄고 이 닦아. 엄마 지금 장난 아니야, 아들. 엄마가……" 하며 훈육하고, 카메라에 대고 "클로즈업 좀 그만하시죠."라고 말해 가면서 말이다.

한번은 훌라후프를 돌리면서 동시에 하모니카를 연주했다. 또 그녀는 드레스 위에 비키니 상의를 입고 여름 메이크업에 대해 이야기했다. 완전 생방송으로.

그리고 방송 도중에 어깨 패드가 팔꿈치까지 내려온 것을 알아차리고는 너무 심하게 웃는 바람에 방송을 자르고 광고를 내보낼 뻔했다. 쇼호스트는 레슬리의 웃음을 멈추게 하려고 자기 눈을 쳐다보게 했다. 하지만 프로듀서가 손짓으로 쇼호스트를 저지시켰다. 주문 전화가 빗발치고 있었던 것이다.

레슬리는 베어 미네랄 상품 판매가 시작되는 것을 지켜보면서 자신의 진정성, 별난 성격, 미숙함 그리고 다른 모든 면이 결합된 유머가 고객과 직원의 마음을 움직인다는 사실을 깨달았다.

QVC 방송 후 레슬리는 그대로 직진했다. "사람들이 진짜를 환영한다는 사실을 발견했어요." 직장을 찾든 물건을 사려 하든 선택권이 주어지면 사람들은 당신이 인간으로서 어떤 사람인지 알고 싶고, 신뢰하고 싶어 한다. 그 중심에 유머감각이 있다. 사람이든 회사든 너무 진지하면 신뢰하기 어렵다.

직장 선택에 관한 주제가 나왔으니 다음 사항을 고려해 보자. 웨인 데커가 진행한 연구에서 유머감각이 있다고 인정받는 관리자는 직원들에게 23퍼센트 더 존경받고 25퍼센트 더 함께 일하기 즐겁다는 평가를 받았다.

모두가 더 유쾌하고 더 존경받는 상사를 원하기 때문에 리더에게 이런 특징의 부족은 존속 위기의 원인이 된다. 2018년 갤럽 조사에 따르면 미국인의 거의 50퍼센트가 직장 경력의 어느 시점에서 '상사에게서 벗어나기 위해' 직장을 떠났다고 한다.

지난 10년간 직원 이직률이 88퍼센트 증가했고 기업들이 엄청난 손실을 입었다. 이런 시점에 직원들의 인식과 잔류 여부에 미치는 유머의 영향력은 전 세계 리더와 조직을 소리 없는 위기에서 시기적절하게 구원해 준다.

"거기에 더해……." 레슬리가 덧붙였다. "유머와 웃음과 당신의 참모습을 가치 있게 여기는 곳에서 일하고 싶지 않은 사람이 누가 있겠어요?

외교에서의 유머

리더들이 유머를 효과적으로 적용하는 일에 관해 연구하면서 모은 가장 주목할 만하고 기억에 남는 일화 가운데 긴장이 (그리고 코르티솔이) 고조되고 전통적 접근법으로 충분치 않은 중요한 대화나 큰 이권이 걸린 일과 관련한 내용이 많았다.

1998년이었다. 미국 국무장관 매들린 올브라이트는 필리핀에서 열리는 ASEAN 정상회의를 준비하고 있었다. ASEAN은 동남아시아 연합 회원국에서 격년으로 주최하는 회의로 저명한 세계 지도자들이 국제 문제를 논하고 국가 간 협력을 강화하는 자리였다. 국무장관 올브라이트는 회의 참석에 특별히 열의를 보이지 않았다. ASEAN이 최근 많은 논란에도 불구하고 미얀마를 회원국으로 받아들였을 뿐 아니라(미국은 그들의 군사정부가 행하는 '엄청난 탄압' 때문에 강하게 반대해 왔다) 그녀가 수행해야 하는 외교 임무 중 하나인…… 촌극 때문이었다.

그랬다. 국무장관이 촌극을 하기로 되어 있었다.

매들린 올브라이트 장관의 국무부 동료 중 한 명의 말에 따르면 회담의 마지막 날 저녁에 공식 만찬 행사를 하는 동안 모든 대표단이 주로 촌극 형태로 진행되는 일종의 접대를 해야 한다. 이후 몇 년 동안 한국의 반기문 외교부 장관(이후 UN 사무총장)이 초록색 계열의 재킷을 입고 ABBA노래를 부르고 러시아의 세르게이 라브로프 외무장관이 〈스타워즈〉의 악당 다스 베이더로 등장해 무대를 빛냈다. 그들은 정말 열심히 일한다.

그리고 매들린의 동료는 "미국은 항상 너무 가는 경향이 있어요."라며(맹세컨대 이것은 진짜 일어난 일이다) 'Mary Had a Little Lamb'* 노랫말을 건넸다.

그해 러시아 대표도 촌극을 공연했는데 매들린의 말에 따르면

---

* 매들린 올브라이트 국무장관이 우리 수업을 방문했을 때 말했다. "국무장관이 요청받으리라곤 상상조차 할 수 없는 일들이 있습니다."

"그쪽 사정도 그리 좋지 않았어요." 러시아 정부 쪽 그녀의 상대는 예브게니 프리마코프였다. 몇 달 전, 그들이 처음 만났을 때 그는 KGB에서 고위관리로 일했던 지난 경력을 상기시키며 매들린을 겁주려 했다. 그가 말했다. "제 배경으로 보아 제가 장관님에 대해 다 알고 있다는 거 아시죠?" 따뜻한 출발은 아니었다.

하지만 양쪽 모두 극을 위한 협업이 필요한 상황에서 매들린 올브라이트와 예브게니 프리마코프 그리고 그들의 동료들은—이런 대단히 중요한 회의 중에—전례 없는 일을 하기로 결정했다.

듀엣곡을 부르기로 한 것이다.

매들린은 회상했다. "그래서 만찬 전날 밤 우리는 모두 맥아더 장군 스위트룸에 갔어요. 러시아 쪽에서 보드카를 많이 들고 왔더군요. 우리는 리허설을 했어요." 밤이 늦도록. 마침내 공연할 만한 것을 완성할 때까지.

다음 날은 길고 힘든 회의로 가득한 하루였다. 매들린이 회상했다. "우리 대표들이 웅성거렸어요. 그때 내가 노래를 부르며 나왔죠." 말 그대로였다. 매들린 올브라이트가, 세상에서 가장 강력한 나라를 대표하는 최고의 고위급 인사가, 듀엣용으로 멋지게 각색해 '이스트 웨스트 스토리'라 이름 붙인 〈웨스트 사이드 스토리〉의 '마리아'를 부르며 각국의 외교관들을 즐겁게 해 준 것이다. 조금 뒤 예브게니 프리마코프가 합류해 "매들린 올브라이트, 매들린 올브라이트, 나는 방금 매들린 올브라이트라는 한 소녀를 만났다네!"를 우렁차게 불렀다.

그렇게 해서 매들린의 표현대로 "재앙이 될 것 같던 일이 결국은 진짜 재미있는 일이 된 거예요."

당연히 이 일은 그저 재미에 (혹은 보드카에) 관한 것만은 아니었다. 매들린은 유머를 유력한 이해 당사자들 사이를 엮는 가교로 사용했다. "협상 자리에 당신이 있는 이유는 심각한 문제를 처리하기 위해서입니다. 그건 의심의 여지가 없지요. 하지만 당신은 인간으로서 어떻게 해서든 연결고리를 만들고 상대를 알아야 합니다."

매들린은 예브게니와 함께 늦은 밤의 리허설과 우스꽝스러운 공연을 경험하고 나자 모든 것이 변했다고 했다. 두 사람은 서로를 잘 알게 되었고 나중에는 조지아 식당에서 함께 식사도 했다. 그곳은 예브게니가 모국의 음식을 소개하는 자리였다. "우리는 아주 좋은 친구가 되었어요."

그들은 여전히 '서로 혹은 서로의 나라에 비난을 가하게 될' 힘든 회의를 이어갈 것이다. "하지만 결국 개인적인 관계가 진짜 차이를 만들지요."라고 매들린은 설명했다.

국무장관 매들린 올브라이트에게 심각한 사안 한가운데서 유머를 사용하는 것은 중요한 외교 기법이었다. 실제로 그녀가 세계무대에서 수십 년 동안 예민하고 큰 이해관계가 얽힌 문제들을 헤쳐 나가면서 연마한 것이었다.

경력 초기, 1차 걸프 전 이후 유엔 주재 미국 대사로 근무하면서 올브라이트의 우선순위 중 하나는 전쟁 중에 수립된 휴전 제재가 풀리지 않게 하는 것이었다. 그녀는 사담 후세인 정권하에 벌어진 잔학 행위에 대해 공공연히 이야기하면서, 그 정권이 유지되는 한 이라크에 대한 미국의 경제 제재는 변하지 않는다는 사실을 확실히

했다.

매들린의 입장에 저항하는 그쪽 지역의 반발은 여러 형태로 나타났는데, 그녀를 '역사상 유래 없는 뱀'에 비유한 시들이 지역 신문 매체에 게재되기도 했다. 그런 강렬한 묘사에 대한 그녀의 반응은 어땠을까? "어쩌다 뱀 모양 핀을 갖게 됐는데 이라크에 대해 논의할 때마다 그걸 달기로 마음먹었어요." 언젠가 그녀가 언론 인터뷰를 하던 중이었다. "갑자기 카메라가 바짝 다가오더니 한 기자가 '뱀 모양 핀을 한 이유가 뭐죠?'라고 묻더군요." 그녀는 그 질문에 무덤덤하게 대답했다. "사담이 나를 뱀에 비유했기 때문입니다."

매들린은 말했다. "그날그날 약간의 유머를 더하기 위해 핀을 착용해요. 좋은 날에는 나비와 풍선을 달고 나쁜 날에는 육식동물과 거미를 많이 답니다." 다른 대사들이 그날 기분이 어떤지 물어 볼 때면 그녀는 이렇게 답한다. "제 핀을 읽어 보세요."

몇 년 후, 러시아가 국무부를 도청bug했다는 사실이 밝혀지자 그녀는 러시아 외무장관과의 회담에서 거대한 벌레bug 핀을 꽂았다. 도청 사실이 발각됐음을 바로 알아차린 러시아 외무장관은 회담을 개방적이고 생산적인 방향으로 선회했다.

매들린은 핀으로 재미를 더하면서도 국제 외교 수행 시에 굵직한 메시지와 권위를 전달할 수 있었다. 이런 작은 행동을 통해서든 늦은 밤 공연 연습을 통해서든 매들린은 일관되게 유머를 사용해 긴장을 풀고, 개인적 인맥을 형성하고, 중요한 이해관계가 걸린 대화를 위한 토대를 마련했다.

분쟁에 휘말렸을 때

점점 빠르게 변화하는 세상에서도 기업이 번창하기 위해서는 기민해져야 한다. 이는 공공연한 사실이다. 전문가들이 S&P 500 기업의 절반 가까이가 향후 10년간 지표에서 교체될 거라 예측하는 상황에서(수학에 약한 사람들을 위해 설명하자면 약 250개 기업이 교체될 거라는 예측) 기민함과 속도는 현실을 이겨내고자 하는 리더들에게 결정적이라 할 수 있다.

사우스웨스트 항공의 최고경영진과 스티븐스 항공이라는 더 작은 신생 기업 사이에 잠재적인 논란과 큰 돈이 걸린 저작권 분쟁이 일었을 때도 마찬가지였다. 1992년 겨울, 사우스웨스트 항공은 '똑똑하게 비행하라Just Plane Smart'라는 슬로건을 사용하기 시작했다. 그들은 몰랐겠지만, 그 슬로건은 이미 CEO 커드 허월드가 이끄는 스티븐스 항공에서 (법적 권한하에) 사용하고 있었다. 커드 허월드의 팀은 그에게 경쟁자를 법정에 세우라고 했다.

하지만 법적 소송은 옳지 않은 것 같았다.

대신에 커드는 조금 덜한…… 뭐랄까, 분쟁을 해결하는 전통적 방식을 택했다. 그는 사우스웨스트 CEO인 허브 켈러허에게 팔씨름 대결을 제안했다. 승자가 그 슬로건을 쓸 권리를 갖기로 했다. 그러면 양측 다 고가의 기업 변호사들에게 엄청난 액수의 수표를 쓰지 않아도 된다.

1968년 '세상에서 가장 이상한 항공사'를 만들겠다고 나섰던 허브 켈러허가 전면에 나섰다. 그래서 두 남자는 댈러스 경기장을 가득 채운 4,500명의 환호하는 관중 앞에서 어느새 '댈러스의 악의'라는 이름이 붙은 기이하고 전례 없는 이벤트를 준비했다.

스티븐스 직원들은 몇 주 전부터 그 재미를 즐기기 시작했다. 그들의 겁 없는 리더가 회사 인트라넷에 자신의 '투혼이 담긴' 훈련을 보여 주는 일련의 유머러스한 동영상을 올리기 시작하면서부터다. 커드가 불가능해 보이는 무게의 컬, 데드리프트, 벤치 프레스를 하는 동안 땀을 비오듯 쏟는 장면들이었다. 드디어 쇼가 시작되었다. 서른세 살의 커드 허월드가 빨간 실크 목욕가운을 입고 허공을 향해 두 주먹을 치켜든 기세등등한 모습으로 링 안에 뛰어들자 관중은 열광했다. 커드 허월드보다 거의 서른 살 연상인 허브 켈러허가 경기장 스피커를 통해 〈록키〉 주제곡이 울려 퍼지는 가운데 폼폼을 흔드는 수십 명의 치어리더들과 '트레이너' 복장을 한 동료를 동반한 채 더 웅장하게 입장하자 관중의 환호성은 더욱 커졌다.

경기장에 종이 울리자 관중은 함성을 질렀고 두 남자는 힘의 우위를 가리는 전투를 시작하며 주먹을 움켜쥐었다. 아니, 커드가 논쟁의 여지가 없는 승자로 인정될 때까지 적어도 35초 동안 전투를 벌이는 시늉을 했다.

승리를 받아들이면서 커드는 존경과 훌륭한 스포츠맨십의 표시로 그리고 절묘한 홍보기법으로 사우스웨스트와 슬로건을 공유하겠다고 제안했다.

이런 엉뚱하고 사상 전례가 없는 쇼는 양측 회사가 소송으로 낭비해야 했을 경제적 비용과 평판상의 소모를 절약시키고 고객의 사량과 두 회사의 브랜드 파워 강화, 상당한 재정적 이윤까지 안겨 주었다. 사우스웨스트는 이 행사로 인한 긍정적 홍보 효과로 600만 달러를 벌어들인 것으로 추정된다. 한편 스티븐스 항공은 이후 4년 동안 예상보다 25% 더 높은 성장을 기록했으며 그 기간에 수익이 1억 달러 넘게 치솟았다. 이런 변화는 커드 허월드가 그 경기로 얻은 스티븐스 항공에 대한 인지도 덕분이었다. 커드는 기자에게 말했다. "우리 직원들은 회사를 아주 자랑스러워했고 '댈러스의 악의'가 우리 사업에 미친 가시적인 영향에 크게 흥분했습니다. 이 행사가 끝난 후 몇 달 아니 몇 년 동안 회사 문화의 변화가 손에 만져질 듯했어요. 직원들은 서로서로 그리고 업무적으로도 더 끈끈히 연결되었다는 느낌을 받았지요."

이 두 CEO는 (팔씨름보다는 적어도 문제 해결력에 있어서) 리더로서 그들이 만들고자 하는 브랜드에 딱 맞는 창의적이고 장난기 넘치는 해결책을 생각해 낼 만큼 기민했다.

〈웨스트 사이드 스토리〉를 흉내 낸 장난스러운 공연이 올브라이트 장관과 러시아 장관 사이의 긴장된 상황을 완화했듯이, 이 경우에도 가벼운 개그가 두 경쟁사(비록 지정학적 영향은 적을지라도) 사이에 심각한 싸움으로 번졌을 일을 피하게 했고 양측에 큰 상승효과를 안겨 주었다. 모두 자신의 '경쟁자'를 진지하게만 대하지 않고 극에 전념해 양측을 발전시킬 예상 밖의 해결책을 찾은 노력 덕분이었다.

실수 받아들이기

리더로서 (혹은 리더가 되기를 희망하는 사람으로서) 당신이 게임에 능통하고, 모든 것을 잘 알고 있으며, 냉철하고, 통제가 잘 되는 것처럼 보이고 싶은 유혹이 있을 수 있다. 하지만 우리가 살펴봤듯이 취약성을 드러내는 것이 더 강력한 움직임을 일으킬 때가 많다. 이 방법은 그저 우리의 실수를 밝게 드러내는 것만이 아니라 그것을 가볍게 만드는 데 특히 강력한 접근법이 될 수 있다.

리더십 전문가 다나 빌키 애셔는 말했다. "웃음이 리더들을 위해 뭔가를 해 주는 것이 아니라 그것이 드러내는 취약성 때문에 도움이 되는 거예요. 거기서 팀의 신뢰를 얻는 길은 곧장 뚫려 있지요."

보정속옷 의류회사로 유명한 스팽스의 설립자이자 CEO인 사라 블레이클리가 가능한 한 항상 자신의 실수를 반드시 공개행사로 드러내는 이유가 여기 있다. 예를 들어, 정기적으로 열리는 '웁스 회의 Oops Meeting' 중에, 블레이클리는 최근 자신이 한 실수를 조명하고 (귀띔을 받지 못한 신입사원들이 어안이 벙벙한 가운데) 춤을 추기 시작한다. 매번 그녀는 자신의 실수를 환기하는 곡을 선택하고 직원들과 함께 춤을 춘다. 언젠가 상품 카테고리를 만드는 일에 필요 이상 공을 들인 전략적 실수를 환기하고 싶었던 그녀는 '미스터 로보토'라는 곡을 선택했다. 그녀는 이 곡을 선택한 이유에 대해 이렇게 말했다. "정말 멋진 곡이지만 너무 길거든요."*

* 이 곡은 5분 하고도 31초가 더 걸려 총 331초 동안 계속되는데 그 사이 대부분의 사람이 정확히 네 단어를 기억하게 된다"Domo arigato, Mr. Roboto". 즉 단어 하나당 83초씩 걸린다는 뜻이다.

작은 실수부터 전략적으로 중대한 문제까지 사라는 "각 실수에서 유머를 찾고 그것에 관해 재미있게 이야기해요. 이야기가 끝나면 회사 내 모든 이들이 환호하지요."라고 말했다. 유머를 사용하면 자신의(그리고 회사의) 과오를 어느 정도 부담스럽지 않게 인정할 수 있다. 또한 사람들이 스스로 큰 위험성을 감수할 수 있게 장려할 수도 있다. 블레이클리는 말했다. "저는 회사 사람들이 실수에 대한 두려움에서 벗어나게 해 주고 싶어요. 두려움에 짓눌려 있지 않을 때 더 좋은 일이 생기니까요."

실수를 코미디 렌즈를 통해서 보는 습관은 우리의 심리에 의미 있는 영향을 미칠 수 있다. 스탠퍼드대학의 최근 연구에 따르면 사람들이 긍정적이든 부정적이든 자신의 인생 이야기를 코미디로 (비극이나 드라마의 반대로) 해석하는 사람들이 스트레스를 덜 받고 더 에너지가 넘치고, 더 도전적이고, 더 성취감을 느낀다고 한다.

더욱이 심리학자 댄 맥애덤스는 우리가 혼잣말할 때뿐 아니라 그런 이야기를 하는 데 사용하는 장르나 틀에서도 적극적으로 '서사적 선택'을 한다고 주장한다. 맥애덤스는 서사적 정체성 전문가다. 서사적 정체성은 한 사람의 내면화되고 진화한 인생이야기로, 재구성된 과거와 상상 속 미래를 통합한 이야기를 말한다. 그는 서사를 미묘하게 재구성함으로써 우리가 극적이거나 비극적인 이야기를 더 코믹하고 가벼운 것으로 바꿀 수 있으며 심지어 사소한 이야기를 수정하는 것조차 우리 삶에 큰 영향을 줄 수 있다고 한다.

즉 우리는 일반적으로 우리의 실패를 비극과 코미디 중에 어느 쪽으로 구성할지 선택할 수 있으며 그렇게 함으로써 실패가 우리 삶에 미치는 영향을 바꿀 수 있다는 것이다.

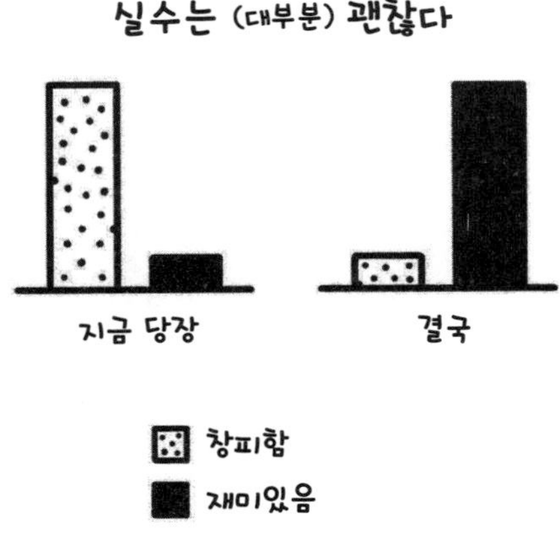

그리고 우리 자신의 심리를 관리하는 강력한 도구의 기능을 넘어 자신의 실수에 대해 웃는 것을 두려워하지 않는다는 것을 보여줌으로써 다른 사람들도 자신의 실수에 대해 안심하게 만든다.

멕시코의 몬테레이 공과대학에서 연구조교로 첫 직장 경력을 시작한 우리 학생 잰에게 물었다. 잰과 그의 팀은 몇 달에 걸쳐 특정 조류algae의 발효 과정을 알아보는 연구를 진행하고 있었다. 하지만 그는 대형 생물 반응장치로 값비싼 공정 테스트를 실시한 이후 샘플이 오염되었으며 그 때문에 전체 실험이 망가졌다는 사실을 깨달았다.

팀은 대부분의 오염 문제가 인간의 실수에서 온다는 점을 감안해 자기들의 잘못일 가능성이 높다고 생각했다. 그들은 불안감과 실망감을 안고 그 연구를 감독한 교수에게 나쁜 소식을 전하러 갔다.

잰의 설명을 듣고 팀의 불안감을 감지한 교수가 잠시 말을 멈췄다. 그러고는 얼굴에 장난스런 미소를 머금고 물었다. "핑키?"

팀은 당황했다. "핑키가 누구죠?"

"핑키는 연구실 주위를 돌아다니는 성가신 박테리아야." 교수가 설명했다. "우리가 긴장을 늦추지 않도록 가끔 샘플에 불쑥 그 모습을 드러내지."

잰은 회상했다. "거기서 우리 팀은 웃음을 터뜨렸어요. 그 말에 두려움이 눈 녹듯 녹았지요. 그리고 우리는 재빨리 문제를 어떻게 해결할지 머리를 맞대고 논의했어요."

실패에 직면해 유머를 사용하는 것은 감정 관리에 도움이 된다. 따라서 우리는 실수에서 배울 수 있고 재빨리 회복할 수 있으며 실패에서 다음 시도로 이행하는 시간을 단축할 수도 있다. 리더십 전문가 다나 빌키 애셔는 말했다. "배울 수 없으면 앞으로 나갈 수 없습니다. 하지만 통찰과 성장을 위해 새로운 정보를 받아들이고 진행하는 수용력은 사람들을 실망시키는 일이 두려워 그 문을 닫고 말지요. 그럴 때 웃음이 우리의 문을 다시 열어 줍니다."

사라진 단상

리더십에 관한 현대의 태도에 관해서라면 위계질서가 또 다른 큰 부분을 차지한다. 리더는 어떻게 지휘권과 친밀성을 동시에 드러내는 환경을 만들 수 있을까? 딕 코스톨로는 트위터의 CEO로 재임하는 동안 유머를 능수능란하게 적용해 팀과 소통하고 위계질서와 지위가 불러일으키는 쓸모없는 긴장을 떨쳐 냈다.

"어느 월요일 아침, 신입사원들이 첫 출근을 시작하던 날에 엘리베이터를 타고 있었던 기억이 나네요." 딕이 회상했다. "엘리베이터에 있던 한 사람이 속삭이더군요. '저 사람이 CEO야!' 그래서 나는 웃으며 말했죠. '네. 바로 여기 있습니다. 안녕하세요! 나는 홀로그램이 아니에요. 소리가 다 들려요! 딕이라고 해요. 만나서 반갑습니다!' 모두가 키득거렸고 이내 힘의 역학이 바뀌었죠."

잠깐이지만 함께 웃는 행위가 위계질서를 증발시켰고 그를 덜 위압적이고 더 친밀한 사람으로 느껴지게 했다. 딕은 매일 엘리베이터를 타는 것을 직원들과 연계하는 기회로 이용했다. 회사 내 유명인사 같은 존재라고 자신의 지위에 관해 농담까지 해 가며 정기적으로 소통했다.

미국의 직장에서 CEO와 일반 사원과의 상호작용은 생각조차 할 수 없던 시기도 있었다. 하지만 이제 단상은 사라지고 접근성이 그 자리를 차지했다. 2018년, 미국 직장인의 업무 실태에 관한 갤럽 조사에 따르면 친근한 상사가 직원의 업무 참여도를 30퍼센트 이상 증가시켰다고 한다. 더욱이 상사와 마음을 터놓고 일 외의 문제를 이야기할 수 있다고 느끼는 직원이 사적인 대화를 금물이라 느끼는 이들보다 업무 참여도가 7배 높았다.

리더가 직원들에게 인간적으로 보이기 위한 가장 쉽고 효율적인 방법은 자기비하를 적절히 사용하는 것인 듯하다. 콜레트 홉션, 줄리안 베링, 닉 터너는 연구를 통해 유머가 리더와 직원 사이의 지위 차이에 미치는 영향을 알아보려고 했다. 그들은 자기비하 유머를 사용하는 리더들이 나중에 직원들에게 신뢰도와 리더십 능력에서 더 높은 평가를 받는다는 사실을 발견했다.

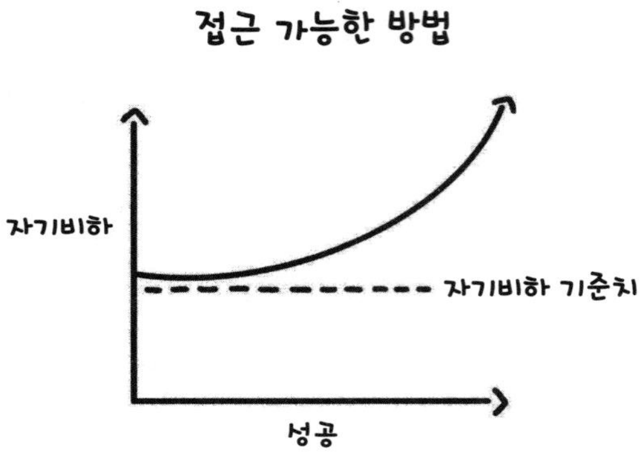

워런 버핏이 대표적인 예다. 그는 작은 나라 여러 개의 GDP에 필적하는 순자산을 지녔음에도 불구하고 '옆집 아저씨' 같은 겸손함을 보이는 자기비하 스타일 유머(《포브스》는 이를 두고 '덜 알려진 그의 초능력'이라고 했다)를 사용한다.

그 유명한 연례 회의에서 그는 자기를 비하하는 유머로 웃음을 얻는다. 나이부터(장례식에서 어떻게 기억되기를 바라는지 묻는 질문에 그는 이렇게 답했다. "사람들이 '내가 이제껏 본 가장 늙어 보이는 시체였어!'라고 말하면 좋겠어요") 식습관("30년 동안 내가 섭취한 칼로리의 1/4이 코카콜라에서 온 것입니다. 과장이 아니에요. 내 1/4이 코카콜라란 소리지요. 어느 쪽 1/4인지는 잘 모르겠습니다."), 후회스러운 사업 결정까지("오늘 버크셔 주식을 발행하느니 차라리 대장내시경 준비나 하겠습니다.") 모든 것을 유머화하는 그의 소탈한 농담

덕분이다.

딕 코스톨로에게 겸손함은 단지 호감 점수를 얻기 위한 것이 아니다. 그것은 리더로서 성공하는 데 아주 중요한 요소다. 그는 설명했다. "리더로서 내가 할 일은 실수를 막는 것이 아닙니다. 실수가 생겼을 때 가능한 한 빨리 바르게 수정하는 거지요. 그런데 모두가 나에게 나쁜 소식을 들고 오는 일을 불편해한다면 그 실수들을 고치는 데 훨씬 더 오랜 시간이 들겠지요."

감사의 탑

우리 학생 중 한 명은 함께 일했던 전 직장 상사 스콧을 떠올렸다. 그녀는 그가 유머를 사용해 감사를 표시했던 일이 지금까지도 기억에 남아 있다고 한다.

스콧은 캘리포니아의 유망한 생명공학 회사의 콘텐츠 작성팀 프로젝트 매니저였다. 일 년짜리 프로젝트의 중간쯤에 다다랐을 때 스콧의 인생이 살짝 바빠졌다. 다른 프로젝트들이 겹쳤을 뿐 아니라 그와 그의 아내가 막 첫아기를 얻었기 때문이다. 그는 팀의 호출을 받을수록 팀원들의 필요에 도움이 되는 방식으로 모습을 드러내기가 점점 힘들어졌다.

그래서 팀원들의 업무에 감사를 전할 창의적인 방법을 떠올렸다. 어느 밤, 그는 늦게까지 회사에 남아, 마감일과 아버지로서의 의무를 임시로 미룬 채 건물 내 재활용 쓰레기통에서 수백 개의 빈

라크로이 탄산수 캔을 찾아 모았다. 다음 날 아침 스콧의 팀이 사무실로 들어왔을 때 희한한 광경이 그들을 맞았다. 모두의 책상이 사무실 한가운데 정렬되어 있고 그 위로 꼭대기가 천장에 닿을 정도의 거대한 라크로이 캔 피라미드가 쌓여 있었다. 피라미드의 꼭대기에는 "나는 여러분 모두가 얼마나 높이 올라왔는지 알고 있어요." 라고 적힌 작은 깃발이 있었다.

그 구조물은 건축학적 작품은 아닐지 몰라도 상징적으로 그가 그의 팀이 그동안 열심히 일했고 그에 감사한다는 사실을 보여 주는 훌륭하고 재치 있는 방법이었다.

우리의 전 학생이 회상했다. "진부하고 임의로 하는 말처럼 들릴 수도 있지만, 사기 면에서 우리는 우리가 진짜 열심히 일하고 있다는 사실을 인정받을 필요가 있었어요. 스콧이 온갖 정성을 다해 쌓은 정교하고 우스꽝스러운 감사의 전시물을 보자 우리는 '좋아. 그도 알고 있어. 그도 우리와 함께하고 있는 거야.'라는 생각이 들었어요."

특히 인재를 지키는 면에서 직원들의 수고를 인정해 주는 것이 중요하다. OC 태너OC Tanner에서 10년 동안 20만 명의 관리자와 직원들을 조사한 결과 직장을 떠난 사람의 79퍼센트가 주된 이유로 '감사의 부족'을 들었다.

우리는 모두 우리의 승리를 칭찬받고 싶어 하지만, 그 칭찬이 진정성 없이 느껴지면 우리의 헛소리 레이다가 작동한다. 예상치 못한, 장난기 어린 칭찬이나 인정의 순간은 '공식적인' 것보다 더 의미 있을 수 있다. 누군가 우리가 잘하고 있는 것에 주의를 기울이고 그것을 기리기 위해 비상한 노력을 기울인다는 사실을 의미하기 때문이다.

그러니까, 진짜 그렇게 생각하지 않는다면 재활용 쓰레기 탑을 만들기 위해 밤새 깨어 있을 사람은 아무도 없다는 말이다.

진지함과 재미의 조화

2000년 11월, 악명 높고 흥미로운 재계의 거물이자 독지가, 저자, 버진 그룹Virgin Group 설립자인 리처드 브랜슨은 그의 팀과 함께 호주에서 버진 모바일을 출시하고 있었다. 그의 새로운 CMO인 장 올랭은 최근 아주 따분한 기업에서 합류했다. 농담을 눈살 찌푸려지고 최종 결산에도 도움이 안 되는 것으로 여기는 곳이었다. 이제 그녀는 시드니 항구에 서서 하늘을 바라보고 있었다. 거기, 그녀의 새로운 상사가 번지 줄에 묶인 채 날고 있는 헬리콥터에 거꾸로 매달려 있었다. 계획은 이랬다. 그가 미끄러지듯 내려와 항구에 착륙한 뒤 거대한 철제 우리에 갇혀 있는 고객 수십 명을 '풀어 준다'. 철제 우리는 그들의 기존 휴대폰 플랜을 상징하는 은유적 결박을 의미하고 있었다.

거친 묘기였다. (리처드는 이런 일에 전설적인 인물이다.) 하지만 그는 여전히 그의 새로운 CMO를 환영할 방법을 찾고 싶었고 앞으로 그들의 업무 관계를 위한 분위기를 만들고 싶었다. 그래서 목숨을 건 헬리콥터 탈출이 끝나자 리처드는 자신이 할 연설을 미리 준비해 대기 중이던 장에게 다가갔다. 그녀가 연설문을 건네자 리처드는 눈을 가늘게 뜨고 첫 페이지를 10초간 쳐다보다가 정신없이, 눈에 띄게 짜증이 난 표정으로 두 번째, 세 번째 페이지를 넘겼다. 장과 나머지 팀원들은 뭔가 잘못됐다고 생각했다. 그때 그가 침묵을 깨고 입을 열었다. "난독증이 있어요……. 줄을 너무 가까이 붙였어요. 이 연설은 할 수가 없겠네요!"

공기가 착 가라앉았다.

그때 리처드의 턱수염 난 얼굴에 갑자기 짓궂은 미소가 번지더니 이내 웃음을 터뜨리기 시작했다. 그가 농담을 했다는 사실을 깨달은 장과 그녀의 새 동료들도 웃음을 터뜨렸다.

장이 느꼈을지도 모를 긴장감이 순식간에 사라졌다. 그 기억에 남을 첫날 이래 두 사람은 20년이 넘도록 함께 일해 오고 있다. 장은 즐거움과 유머가 신뢰와 존경에 이르는 과정을 단축시켰다면서 그 두 가지 덕분에 관계를 발전시킬 안전한 공간이 생겼다고 했다. 실제로 그녀는 이렇게 말했다. "리처드가 버진 모바일 출시 바로 직전, 나에게 그 장난을 한 순간 지난 20년에 걸친 파트너십의 장이 펼쳐졌던 거예요."*

장은 리처드에게 완벽하게 들어맞는 파트너로 판명 났다. 그녀의 진지한 성격과 그의 장난기 넘치는 성향은 강력한 마력을 만들

* 그녀의 전 상사가 그 회사에서 장을 처음 맞이한 장면은 이와 다르다. 그는 그녀에게 책을 두 권 줬는데 손자병법과 이르마 롬바우어의 요리 바이블 '요리의 즐거움'이었다. 장은 그 의미가 끔찍할 만큼 분명했다고 회상했다. 전투에 나가서 적을 짓밟는 법을 배우거나 생존을 건 싸움을 그만두고 가정의 행복을 위해 요리나 하라는 것이었다. 에휴.

었고 '그들이 하는 일의 중요성을 망각하게 하거나 전달의 질을 해치는 일 없이', 웃음과 장난으로 채워진 아름다운 파트너십을 구축했다.

시드니 항구에서 헬리콥터 묘기를 펼친 지 4년 만에, 리처드는 카리브 해의 네커 아일랜드에 있는 자택에서 일련의 회의를 주최했다. 넬슨 만델라가 세계 평화와 인권을 위해 협력하려고 만든 단체인 엘더스를 결성하기 위해서였다. 첫 브레인스토밍 세션에 데스몬드 투투 대주교, 지미 카터 대통령, 지금은 은퇴한 코피 아난 UN 사무총장, 음악가 겸 행동가인 피터 가브리엘, 그 외 세계 정상들이 참석했다.

이 행사를 앞두고 장과 그녀의 팀은 몇 달 동안 회의의 모든 세부사항을 계획했다. 그들은 꼼꼼하게 일일 일정을 준비하고, 수백 페이지에 달하는 집중 연구결과를 프레젠테이션으로 엮었다. 이것은 이 단체가 논의를 위해 소집한 긴급 인권 문제를 상세히 기술한 자료였다.

하지만 리처드에게는 다른 아이디어가 있었다.

엘더스 멤버들이 도착하기 전날 밤에 대해 장은 말했다. "우리는 모두 모여 마무리 계획을 점검했어요. 리처드와 피터 가브리엘이 우리 자료를 한번 훑어보고는 그 파워포인트 서류를 쓰레기통에 넣더군요. 두 사람은 이 행사를 좀 더 인간적으로 만들고 싶다고 했어요. 리처드는 전체 의제를, 하루의 반은 놀고 반은 일하는 쪽으로 바꾸자고 주장했지요."

그 아이디어는 거의 터무니없을 정도였다. 전 세계에서 날아온 세계적인 지도자들이 평화와 인권이라는 임무를 수행하기 위해 몇 날 며칠을 바치는데 그 시간의 절반을 함께 놀자고? 장은 반박했다. "매일 일정이 꽉 차 있어야 해요. 사람들이 오고 있었어요. 행사의 내용을 기대하면서 말이에요."

결국 리처드가 승리했다. 팀은 그의 주장에 따라 주말 일정을, 절반은 일하고 절반은 노는 비율에 맞춰 재조정했다. 구성된 세션뿐만 아니라 소집 또한 피터와 리처드가 투투 대주교에게 수영을 가르치는 것 같은 장난스런 활동으로 마무리 지었다.

나중에 밝혀진 사실이지만, 오후의 놀이 시간은 실제로 일이 진행되는 현장이 되었다. 제일 주목할 만한 것은 어느 오후에 카터 대통령과 투투 대주교가 해변 모래사장에 발을 묻고 앉아 있다가 엘더스의 창립 가치가 될 무언가를 생각해 낸 것이었다. 유머, 공감, 기쁨의 마력이 일의 진지함과 결합하여 심오한 결과를 만든 아름다운 순간이었다. 장은 그룹이 당면한 문제에 몰입하는 데 필요한 엄격한 기초를 세웠고, 리처드는 그의 동료들이 생각하고 꿈꾸고 창조하는 데 필요한 공간을 제공했다.

리처드는 당대의 가장 난해한 세계 문제 가운데 몇 가지를 논의하기 위해 한 세대의 가장 위대한 지도자들이 일생에 한 번 모이는 그런 심각한 순간이야말로 실제로 가장 유머가 필요한 순간이라고 확고하게 믿었다. 이 경우에는 저명하고 다양한 그룹의 세계 지도자들이 장난과 놀이로 지속적인 파트너십을 구축하면서 함께 즐겼을 뿐 아니라 인류에 엄청난 도움이 되는 일도 한 것이다. 아멘.

리처드와 장은 우리에게 진지함과 재미 사이의 균형이 심각한 일과 씨름하기 위한 강력한 전략일 뿐 아니라 승리하는 팀을 위한 효과적인 방안임을 상기시켜 주었다.

이 일화들은 각각 세상의 다른 부분, 다른 분야에서 온 다른 리더들이 등장하지만, 공통적인 서사를 공유한다. 괄목할 만한 성공의 길을 걸어 온 (그리고 자아도 그 길을 함께 걸어 왔을) 대단히 존경받는 리더가 진지함이 뚝뚝 흐르는 상황에 유머를 주입하고 아주 긍정적인 결과를 만들어 낸다.

학술 자료가 이런 일화들을 뒷받침한다. 그러니까 유머가 심지어(특히) 가장 극적인 상황에서 작용한다는 말이다.

그래서 무엇을 해야 하는가? 간단한 연습을 하면서 이 장을 살펴보자. 만약 당신이 레슬리 블로젯이라면 그리고 당신의 시들어가는 사업에 도움이 되고자 〈뉴욕타임스〉에 전면 광고글을 실어야 한다면 당신은 무엇을 쓸 것인가? 당신이 매들린 올브라이트 국무장관이어서 당신의 최대 적수와 함께 듀엣곡을 불러야 한다면 무슨 곡을 부를 것인가? (그들에게 핵이 있다는 사실을 잊지 말길.) 당신의 라크로이 캔 피라미드는 어떨 것 같은가? 당신의 카터-투투-모래사장-발-순간은 어떨 것 같은가?

유머는 초능력이다. 하지만 투명인간, 레이저 비전, 슈퍼 휴먼의 경우와 달리 우리는 모두 내밀한 초능력을 소유하고 있다.*

---

* 하지만 마블 영화 계약을 기대하지는 마라. 당신이 화가 났을 때 덩치가 어마어마해지고 몸이 초록으로 변하지 않는다면 말이다. 그렇게 된다면야 가능할지도.

6장

유머 문화 만들기

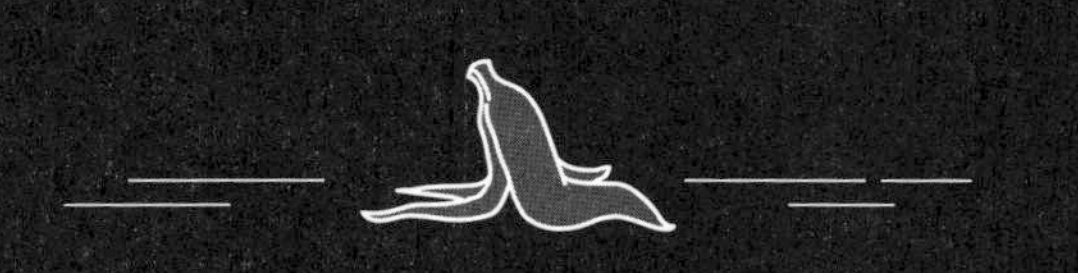

“나는 웃음이 사람들을 연결하는 방식을 정말 좋아한다.
당신이 숨이 넘어가도록 웃을 때 어떤 거리감이나
사회적 위계의식을 유지하기란 거의 불가능하다.”

- 존 클리즈

〈토이 스토리〉는 한 세대의 가장 창의적이고, 수익성 있고, 선구적인 영화 중 하나다. 세계최초의 장편 컴퓨터 애니메이션 영화인 〈토이 스토리〉는 인간이 없을 때 살아나는 사랑스러운 장난감 오합지졸들의 모험에 관한 진기한 이야기다.

다양한 면에서 이 영화의 제작은 줄거리 그 자체를 반영하고 있다. 소규모의 열정적인 크리에이티브 팀은 픽사의 다방면에 걸친 엔지니어들과 애니메이터들이—우디와 버즈처럼—활기를 띠는 밤에 주기적으로 밤샘 작업을 펼쳤다. (그리고 토이 스토리의 캐릭터들처럼 그들도 아주 성공적인 속편 시리즈를 위해 다시 뭉쳤다.)

픽사의 문화에는 전염성 있고 열정적인 유머와 놀이 정신이 배어 있었다. 밤에 로스앤젤레스 스튜디오의 비좁은 복도에서 미니골프 토너먼트와 스쿠터 경주를 하기도 했다. (반복 개최되는 이 대회들은 너무나 경쟁적이었다. 선임 프로듀서 톰 포터는 오랫동안 보유하고 있던 자신의 기록을 지키기 위해 한밤중에 일어나 스튜디오로 돌아간 적도 있다.) 인턴들은 금요일마다 제다이나 컵 스카우트에 걸맞은 모습으로 공들여 치장한 채 나타났다. 회사가 주최하는 '픽사 축제'에서는 무려 스무 개에 이르는 직원 밴드들이 각각 제일 좋아하는 곡을 연주했다.

하지만 이런 전통이 생산성을 해치지 않았다. 사실 픽사의 팀은 업계에서 가장 열심히 일하고 생산적이라는 평을 듣는다.

그저 우연히 그렇게 된 것이 아니다. 픽사와 월트 디즈니 애니메이션 스튜디오의 전 대표 에드 캣멀은 유머와 놀이가 생산적이고 창의적인 팀의 토대가 된다고 믿었다. 이것은 연구로 입증된 이론이다. 54개 팀, 352명의 직원을 대상으로 연구원 네일 레만 윌렌브록과 조셉 알렌은 한 시간 동안 팀회의를 비디오로 녹화하고 팀 성과에 대한 관리자의 평가를 분석했다. 회의 그 자체뿐 아니라 시간이 지나서도 유머가 있는 팀들이 더 많은 기능적인 의사소통과 문제 해결 행동을 보였고 팀으로서의 업무 수행력도 더 좋았다.

캣멀의 리더십하에 픽사는 〈벅스 라이프〉, 〈몬스터 주식회사〉, 〈니모를 찾아서〉' 같은 블록버스터 영화를 출시했고 애니메이션 필름에 혁명을 일으키는 (그리고 어른들을 벌레, 물고기, 털이 북슬북슬한 파랑 괴물들을 보고 눈물짓게 하는) 최첨단 컴퓨터 기술을 발전시켰다. 캣멀의 견해에 따르면 픽사 직원들 사이의 동지애와 회복력이 그 성공의 큰 부분을 차지했다. 그것은 그들이 구축한 웃음 가득한 문화의 산물이었다. 캣멀이 본 것처럼 "좋은 시기의 풍부한 유머와 즐거움은 관계를 굳건히 다져 힘든 시기에 서로를 찾기 쉽게 해 준다."

요컨대 그것은 문화로 요약된다.

직원들이 즐거운 가운데 최선을 다해 일할 수 있는 문화가 바람직하다는 것은 명백해 보인다. 그런데 왜 그렇게 많은 일터가 〈오피스 스페이스Office Space〉(미국 코미디 영화로 한국 제목은 〈뛰는 백수, 나는 건

달〉—옮긴이)에서 바로 튀어나온 것처럼 느껴지는가?*

만약 당신의 일터도 그중 하나라면 이 장을 봐야 한다. 다음에 나오는 페이지에서 우리는 이야기와 틀을 제시하고 당신의 조직에 유머와 재미의 문화를 구축하는 데 도움이 될 팁을 제공할 것이다.

하지만 본격적으로 뛰어들기 전에 우리는 이러한 기술의 적용이 보편적이지 않다는 것을 강조하고 싶다. 당신은 스포트라이트를 받으며 사내 문화를 당신 쪽으로 끌어오는 것이 편할 수도 있고 카리스마 있는 동료들을 더욱 부추기거나 사무실의 물리적 공간을 바꿔 보다 간접적으로 문화에 영향을 주기를 선호할 수도 있다. 리스 초콜릿을 먹는 것처럼 문화를 형성하기 위한 방법이 한 가지만 있는 것은 아니다.

일단 수용하기로 했다면 당신의 임무는 각 원칙과 전술을 진정한 리더십 스타일과 당신의 독특한 조직에 굴절시켜 적용해 보는 것이다. 그러고 나서 가장 반향을 불러일으키는 것들을 채택해야 한다. 그 과정에서 당신은 인간관계를 더 강화하고 팀이 최선을 다할 수 있도록 힘을 실어 주면서 사람들이 일하고 싶어 하는 환경을 만들 수 있다.

---

* 화이트칼라에게 바치는 마이크 저지의 찬가를 참조하라. 만약 당신이 이걸 보지 못했다면…… 그렇다면 우리는 어서 가서 최대한 빨리 보라고 말해야 할 것이다. 당신이 그렇게 할 수 있다면 그건 정말이지 더할 나위 없을 것이다. 이 참조 사항은 당신이 그것을 본 후에야 이해할 수 있을 것이다.

상부에서 분위기 만들기

놀랄 것도 없이 리더들은 조직문화에 불균형한 영향을 끼친다. 우리가 본 바로는 강하고 일관된 신호로 유머와 놀이를 희망하고 수용한다는 뜻을 전달해 유머를 공개적으로 구체화하는 것이 리더들이 유머 문화를 만드는 방법 중 가장 효과적이다.

당신의 유머감각을 보여라

우리는 리더들이 자신의 유머감각을 선보인 사례를 많이 살펴봤다. 레슬리 블로젯의 〈뉴욕타임스〉 광고는 직원들을 흥분시켰다. 스티븐 커리가 보여 준 스티브 발머의 기백 넘치는 인상은 사업 파트너들의 긴장을 풀고 그들이 더욱 편한 느낌을 받을 수 있게 했다. 리처드 브랜슨의 대담한 헬리콥터 묘기는 그가 착륙해서 벌인 뻔뻔한 장난과 맞아떨어졌으며, 버진 그룹에서는 그런 장난을 가치 있게 여기고 장려한다는 사실을 더 확신시켜 주었다. 이 사례들은 (그리고 당신이 이제 막 읽게 될 이야기들은) 공통적으로 리더들이 자신을 지나치게 진지하게 받아들이지 않는 타입임을 보여 준다. 이런 공개적인 유머의 사용은 문화를 위한 분위기를 조성하고 조직에 있는 다른 사람들이 그 분위기를 따르게 하는 암묵적인 허가다.

즉흥 유머는 CEO들이 유머 분위기를 형성하는 데 가장 효과적으로 사용하는 공통적인 도구다. 왜 그토록 효과적일까? 서프라이즈! (아니, 진짜 깜짝 파티가 아니다. 왜 그토록 효과적인지를 묻는 질문에 대한 답이다.) 유머를 계획하면 당신은 놀라움이라는 중대한 요소를 잃는다. 이렇게 핵심대목은 갑자기 훅하고 치고 들어와야 한다. 청중이 충격에 대비가 되어 있다면 그들을 무너뜨리기가 어려울 것이다. (그리고 청중은 당신의 유머를 기다리는 것이 불편할 것이다.) 대부분의 코미디언이 비 코미디언들에게 주는 충고 중 첫 번째는 두말할 것 없이 절대로 '재미있는 이야기가 있는데……'로 시작하지 말라는 것이다. 당신이 웃기려 한다는 사실을 사람들이 인식하는 순간 갑자기 당신에게는 증명해야 할 것이 생긴다.

유기농 유머는 훨씬 수월하다. 당신이 단순히 그 순간에 반응한다면(신뢰할 만한 3장 '현실 인식하기') 심지어 아주 티끌만큼 작은 장난이라도(아주 살짝 놀랍거나 약간 덜 진지한 정도일지라도) 웃음을 끌어낼 수 있다. 요컨대 계획적인 느낌을 주는 유머는 더 좋은 내용이어야 한다.

'즉흥적으로 웃겨야지!'라고 말하기는 쉽지만, 실전에서는 훨씬 어렵다. 강요되는 느낌 없이 즉흥 유머에 유리한 조건을 만드는 데 집중하라는 이유가 거기 있다. 가장 간단한 방법은 이미 존재하는 것, 즉 가장 자연스럽게 장난스럽고 재미있는 직장 내 관계를 보여주는 것이다.

딕 코스톨로는 이런 전략에 익숙했다. 트위터에서 일하는 동안 그에게는 이 역할을 해 줄 동료들이 있었다. 그중에 오랜 직장 동료이자 수석 제품 감독인 에이프릴 언더우드를 정기적으로 회사 프레젠테이션을 위한 무대로 초대했다.

두 사람은 구글에서 함께 일할 때부터 서로 잘 알았다. 장난과 재미를 통해 형성된 그들의 친밀감은 딕이 진짜 인간으로서 진정한 유머감각을 지닌 사람이라는 사실을 드러내는 데 도움이 되었다.

딕은 에이프릴을 무대로 초대함으로써 암묵적으로 에이프릴을 다른 모든 직원들의 표본으로 세웠다. 즉 상사를 놀리고 장난치는 그녀를 보는 일은 직원들에게 그와 같은 일을 허락한다는 의미였다. 에이프릴의 표현대로 "예기치 않은 일이 일어나고 무대 위에 있는 사람들이 유머로 반응하는 순간을 대신할 만한 것은 없어요. 순간적으로 펼쳐지는 계획되지 않은 일이라는 점에서 더 큰 재미를 느낄 수 있죠. 게다가 서로 완전히 자연스럽고 재미있는 방식으로 화합할 수 있으니 맘껏 유머를 펼칠 수 있어요."

배우들이 '망가지고' 스스로 자신의 우스꽝스러움에 폭소하게 되는 〈SNL〉에서도 비슷한 역학이 작용한다. 그들이 우리와 함께 경험하는 그 순간에 그들을 인간으로 볼 수 있기 때문에 가능하다. 때로는 이런 경우가 미리 계획한 극보다 더 재미있다. 배우는 더 이상 청중에 앞서 있지 않다. 에이프릴을 조정하지 않고 실시간으로 반응함으로써 딕은 그 순간에 다른 모든 이들과 함께일 수 있다.

이것은 구글의 설립자들인 래리 페이지와 세르게이 브린이 처음부터 사용한 기법이다. 에릭 슈미트가 나중에 CEO로 합류했을 때도 마찬가지로 함께 이 기법을 사용했다.

구글이 설립된 지 얼마 되지 않았을 때 래리와 세르게이는 한 주를 끝내는 날, TGIF(금요일이라 감사합니다)*라 불리는 한 시간짜리 전체회의를 가졌다. 첫 30분은 팀이 새로운 소식과 그전 주에 출시한

---

* 재미를 위해 유튜브에서 'Google TGIF 1999 video'를 검색해 보라. 그리고 두 가지 그릴 메뉴에 매시 포테이토와 레몬 버터 브로콜리를 합리적인 가격에 즐길 수 있는 'TGIF$14.99 Menu'를 검색해 보라.

제품을 살피고, 미공개 제품을 위한 데모를 제공하고 최근에 거둔 성과를 자축했다. 나머지 30분은 구글 직원들이 리더십 팀에게 무슨 질문*이든 할 수 있는 질의응답 세션이었다.

구글 직원들은 그 회의가 지닌 주제와 스타일을 모두 즐겼다. 휴대폰에서 선거 결과까지 주제가 될 수 없는 것은 아무것도 없다는 사실을 좋아했다. 하지만 래리와 세르게이 사이의(나중에는 슈미트까지도) 위트 넘치는 재담이, 특히 세르게이의 익살스러운 유머 감각이 한껏 발휘되는 순간이 최대 하이라이트일 때가 많았다.

구글의 TGIF는 자주 코미디쇼와 비견된다. 슈미트는 그 두 사람과 무대에 함께 있으면 "유머가 완벽하도록 자연스럽게 흘러나왔습니다."라고 회상했다. 그들은 닫힌 문 뒤에서 즐기던 유쾌하고 정감 어린 농담을 보여 주면서 서로 완벽히 조화를 이루었다.

그들의 목표는 명확하고 목적의식이 있었다. 편안한 리더십 형태를 고무하는 것. 슈미트의 의견은 이랬다. "당신은 당신이 고무하는 리더십을 얻습니다. 만약 회사의 리더십이 편안하고 유머러스하고 재미있다면 다른 사람들도 적절한 경계 안에서 같은 식으로 행동할 수 있게 허락을 얻는 셈이지요."

그들은 20년이 넘도록 일관되게 유지되는 문화적 분위기를 조성했다. 구글은 사람들이 재미있고 자기다울 수 있는 권한을 부여받은 곳이다.

물론 모든 리더가 편안하게 자신의 유머 감각을 보여 줄 수는 없

* 그렇다. 이건 미묘한 검색엔진 장난이었다. 얼마든지 야유를 보내길.

다.* 하지만 유머의 문화를 형성하고 굳이 스스로 스포트라이트를 받지 않더라도 유머가 당신의 조직에 가치가 있음을 보여 줄 방법은 너무나 많다.

함께 즐기기

즉흥극 코미디의 첫 번째 규칙 중 하나가 '예스' 개념이다. 그리고 당신의 현장 파트너가 말을 던지면 (명쾌하든 함축적이든) 당신은 항상 그 전제에 동의하고 새로운 것을 덧붙여야 한다. 티나 페이는 자신의 저서《티나 페이의 보시팬츠》에서 이렇게 설명한다:

> 만약 내가 "여기 너무 덥잖아!" 한다면 당신은 그냥 이렇게 말할 것이다. "맞아……" 우리는 더 이상 나아가지 못한다.
>
> 만약 내가 "여기 너무 덥잖아!"라고 말한다면 당신은 "뭘 기대한 거야? 우린 지옥에 있다고." 내가 "여기 너무 덥잖아!"라고 말한다면 당신은 "맞아. 이건 밀랍 인형한테 좋을 수가 없지." 내가 "여기 너무 덥잖아!" 하면 당신은 "내가 이 개 입 속에 기어들어 오지 말자고 했지." 자, 이제 우리는 조금씩 발전하고 있다.

현장에 "예스, 그리고" 접근법을 들이면 유머를 발전시키고 현장 파트너들 사이에 신뢰를 형성할 수 있다.

---

* 당신이 그런 능력을 가지고 있다면 맘껏 뽐내보시길.

유머 문화를 장려하는 가장 확실한 길은 동료와 팀으로부터 자연스럽게 생기는 "예스, 그리고" 유머다.

직원들이 당신을 대상으로 유머를 구사하는 것만큼 큰 영향을 끼치는(혹은 큰 공감을 불러일으키는) 것도 없다. 반려동물 주인들을 해당 지역 내 경험 있는 반려견 산책 도우미와 펫시터에게 연결해 주는 유명 플랫폼 로버Rover의 CEO인 아론 이스터리는 일상에서 직원들이 즐겁게 지내기를 장려한다. 심지어 자기를 놀려서라도 재미있을 수 있다면 그러기를 권장한다.

좋은 사례: 회사 창립 8주년 기념일 아침에 이스터리 팀은 팀에서 만든 '두 가지 진실과 한 가지 거짓말: 당신은 아론 이스터리를 얼마나 잘 알고 있나'라는 제목의 파티 게임과 도넛으로 이날 행사를 기념하기로 했다. 퀴즈는 각각 아론에 대한 세 가지 사실로 이뤄진 열 가지 질문으로 구성되어 있었다. 당신도 추측했겠지만(당신은 똑똑하니까), 그중 두 가지는 진실이고 하나는 거짓이었다. 거짓을 추측하는 것이 도전이었다.

게임으로 밝혀진 아론에 대한 몇 가지 (창피한) 진실:

- 그는 자기가 수동변속기 차를 운전할 줄 모른다는 사실을 순간적으로 잊고 수동변속기 지프차를 산 적이 있다.
- 그는 이사회 만찬에 갔지만, 음식을 먹을 수가 없었다. 가는 길에 퍼지 스트라이프 쿠키로 배를 채워 버렸기 때문이다.
- 그는 방을 가득히 메운 MSN(마이크로소프트의 포털 사이트—옮긴이)

경영진들을 AOL(포털 사이트 및 온라인 서비스—옮긴이) 경영진으로 몇 번이나 잘못 언급한 적이 있다.

아론은 이렇게 회상했다. “그렇게 해서 내가 20년 동안 했던 모든 바보 같은 짓들이 불멸하게 되었지요.” 자신의 가장 부끄러웠던 실수가 속속들이 기록되는 것을 걱정하는 대신 직원들의 즐거움을 위해 동참하고 함께 즐기고 그들의 열렬한 요청에 이야기를 세세히 풀어냈다.

전 구글 회장 에릭 슈미트 또한 자신을 희생시키는 유머에 개입하지 말아야 한다는 사실을 아주 잘 안다. 그가 썬마이크로시스템즈Sun Microsystems에서 제품 개발 책임자로 있을 때였다. 어느 날 사무실에 도착한 에릭은 자기 사무실 한가운데 있는 폭스바겐 비틀을 발견했다. 몇몇 차원이 다른 장난꾼들이 그 차를 구입하고 분해한 뒤 밤새 사무실로 운반하고 그날 아침 그가 도착하기 전에 재조립한 것 같았다.* 에릭은 이 공들인 장난에 (그러니까 이 기계적 묘기 행위에) 자신의 반응이 상당히 중요하다는 것을 알고 있었다. 그는 이렇게 혼잣말했다. “좋았어. 스케줄이 바뀌었어. 이제 놀 시간이야.”

그는 피하는 대신 팀의 유머에 기대어 (좀 더 정확히 말해, 유머 안으로 걸어 들어가) 다음 며칠 동안 폭스바겐 비틀 안에서 회의를 주관했다.

---

* 그나저나 Sun Micosystems에서의 만우절은 신성한 명절과 같다. 그들은 빈둥거리는 법이 없다. 어느 해엔 직원들이 CEO의 사무실 전체 물건을 회사 차고에 있는 선적 컨테이너로 옮겼다. 또 한 번은 회사 중역의 책상이 샌프란시스코 아쿠아리움에 있는 탱크 밑바닥에서 발견되기도 했다.

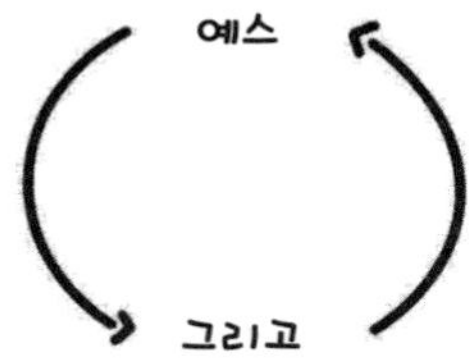

언더그라운드 받아들이기

픽사에서 에드 캣멀은 웃음, 즐거움, 귀여운 털북숭이 괴물들로 홀을 가득 채운 엉뚱한 의식을 회사의 진정한 결합을 위한 것들이라고 생각했다. 하지만 그는 상부에서 문화의 조건을 지시하는 것이 리더의 일이라고 생각하지 않았다. 그는 "재미는 하향식이 아닙니다."라고 말했다.

반대로 유머문화는 어디에서든 올 수 있고 또 그래야 한다. 눈을 뜨면 어디에서나 잠재적 에너지를 발견할 수 있다. 우리는 인터뷰에서 이러한 잠재력의 원천, 그러니까 이런 문화를 만드는 데 도움이 될 직원들이 공통적으로 선동가, 문화 전달자, 숨겨진 보석 이렇게 세 가지 유형 중 하나로 설명된다는 사실을 발견했다.

문화 전달자는 타고난 리더들이고 조직의 떠오르는 스타로 유머 또한 타고난 강점으로 작용한다. 숨겨진 보석은 부지런하고 눈에 잘 띄지 않는 핵심인재들로 예기치 못한 유머의 기회를 제공한다. 그리고 선동가는 대중을 선동하는 자rabble-rousers* 그리고 규칙 위반자로 남들과 달리 일하고 천성적으로 부적응자의 성향을 보인다.

각 원형의 활용 및 원형이 조직에 미치는 영향의 정도는 현재 문화와 목표에 달려 있다. 픽사에 선동가를 들이면 잘 맞을 수 있다. 하지만 양키스 클럽하우스에 선동가를 들이면 일이 엉망이 될지도 모른다. 아니, 이미 엉망이 됐을 것이다.

선동가

메이저리그 야구보다 더 큰 이해관계가 걸리고 더 큰 압력이 있는 일터는 거의 없다. 하지만 뉴욕 양키스의 전설인 알렉스 로드리게스는 유머문화가 2009년 월드 시리즈 타이틀의 핵심 동력이었다고 말한다. 하지만 그해에서 불과 몇 년 전까지만 해도 양키스의 문화는 완전히 달랐다.

비록 당신이 보크부터 번트까지 아무것도 모를지라도 야구 역사상 가장 유명한 팀인 뉴욕 양키스는 들어 봤을 것이다. 하지만 아주 오랜 역사와 전통을 지닌 양키스는 새로운 변화를 극도로 싫어했다. 팀을 37년간 운영해 온 최장기 양키스 구단주 조지 스타인브레너는 장발을 금지하고 콧수염 외에는 수염을 금지하는 두발 및 수염에 관한 엄격한 정책을 도입한 것으로 유명했다. 알렉스는 "우리는 야구계의 골드만 삭스였어요."라고 농담했다.

---

* 잭 니콜슨 주연의 1970년 무법자 바이커 영화인 〈Rebel Rousers〉나 토끼들에게 하루가 시작되었음을 알리기 위해 토끼굴 옆에서 나팔을 불며 농장을 돌아다니는 사람들을 일컫는 rabbit rousers와 헷갈리지 않도록 하자.

하지만 팀이 2006년 봄 훈련을 위해 모였을 때 한바탕 새로운 변화가 있었다. (다 좋은 변화만은 아니었다.) 그 가운데 비시즌 중 라이벌인 레드삭스에서 영입한 중견수 조니 데이먼을 둘러싸고 새바람이 불었다.

조니 데이먼은 일말의 과장도 없이 말 그대로, 다채로웠다. 그는 흥청거리며 이목을 끌었다. 그는 블랙 페라리를 몰았다. 자신의 자서전 제목을 '멍청이'라 지었다. 재미 삼아 34층 발코니에서 호박을 떨어뜨린 적도 있다. 그리고 아마 그 길고도 단정치 못한 헤어스타일과 수염으로도 제일 유명했을 것이다. 그것은 조지 스타인브레너에게 최악의 악몽이었다.*

말하자면 선동가의 전형이라 할 수 있는 이런 사람이 어떻게 양키스 클럽하우스의 형식적이고 질서정연한 문화에 어울릴 수 있을까?

그는 어울리지 못했다. 그래서 효과가 있었다. 알렉스는 조니 데이먼이 첫날 아침 6시, 붐박스로 키드 락의 음악을 귀가 찢어지도록 울려대며 클럽하우스에 들어왔을 때를 회상했다. (하긴 키드 락을 조용히 듣는다는 것도 정말 이상하긴 하다.) 알렉스는 말했다. "바로 그 순간이었어요. 우리는 모두 서로 서로 초조하게 쳐다보면서 무슨 일이 벌어질지 궁금해했지요."

조니가 팀에 들인 유쾌한 에너지는 원치 않는 파도를 일으키기보다 팀을 열광시켰다. 알렉스는 말했다. "그것이 많은 이들의 유머

---

* 공식적으로 조니 데이먼은 양키스에 합류하기 전, 수염을 깎고 머리를 짧게 자르는 등 스타인브레너의 규칙을 근본적으로 따랐다.

감각을 풀어 주었어요." 그뿐만이 아니었다. "경기를 더 잘할 수 있게 해 줬지요. 긴장이 풀려 경기력이 더 향상됐거든요." 곧 다른 선수들도 재미에 동참했다. 투수 AJ 버넷은 새로운 전통을 시작했다. AJ 버넷은 팀 동료가 홈런을 치거나 끝내기 안타로 경기를 끝낼 때마다 그들의 얼굴을 파이 범벅으로 만들 준비가 되어 있었다.

조니의 에너지는 전염성이 있었다. 그리고 알렉스는 일찌감치 그 에너지가 양키스의 발전에 도움이 될 거라 예상했다. "모든 선수를 숫자로 평가하는 야구 데이터 분석의 세계에서 그저 클럽하우스에 걸어 들어와 게임의 판도를 바꿔 버리는 사람들이 있습니다. 분위기를, 에너지를 바꾸는 사람들이지요. 클럽하우스가 더 유쾌하고 행복해지고 결과적으로 경기력도 더 좋아지지요."

조니 데이먼과 그와 같은 선동가들은 문화에 정면으로 도전한다. 그들의 접근 방식은 더 위험하고 파괴적인 성향이 있지만, (알렉스 로드리게스 같은) 기존의 리더들이 그들을 허용할 만큼 통찰력과 유연성이 있다면 문화적 변화를 촉진할 수도 있다.

픽사의 문화가 침체기에 접어들었을 때 반전을 주도한 사람은 선동가들이었다. 에드 캣멀이 말한 대로 회사가 설립된 지 수년이 지나자 (한때 젊고 시끌벅적한 무리로 알려졌던) 초기 직원들은 삶의 다른 국면으로 접어들어 있었다. 대다수가 가정을 꾸리고 아이들을 키우느라 함께 늦게까지 머물며 즐기고 부담을 푸는 일 없이(주차장에 있는 5갤런짜리 냉각수통*으로 만든 로켓을 발사했다가 차 앞유리를 박살낸 적도 있

* 이제 이 일은 의미 있는 냉각수 대화가 되었다.

다) 가족과 함께하기 위해 일찍 퇴근했다. 그 후 입사한 새로운 젊은 층은 이미 뿌리내려 버린 안정된 문화에서 오는 사회적 암시를 받아들였다. 에드는 어느 날 잠에서 깨어났을 때 이 사실을 깨달았다고 했다. "우리는 재미를 잃었어."

에드는 선동가들을 불러 자신이 관찰한 내용을 수면에 드러내고 그들이 더 큰 문화적 변화를 일으킬 수 있게 장려했다. 에드에 따르면 장려하는 분위기만으로도 선동가들은 발 벗고 나서 무리를 집결시키고 규칙을 부수고 재미를 재점화했다. 그런 움직임이 일자 애니메이션 부서는 낡은 트럭을 해체하기로 했다. 주말 동안 허락도 구하지 않고 그들은 애니메이션 부서 한가운데서 트럭을 재조립했다. 스튜디오에 있는 트럭이 어떤 사람들에게는 불편해 보일 수도 있었을 텐데, 에드는 그 일에 대해 간단히 말했다. "정말 훌륭한 신호군요."

문화가 진로를 벗어나면 선동가들은 전복을 꾀하고 그것이 장난기를 재점화하는 재미의 기폭제가 된다. 에드는 말한다. "회사에는 항상 '살짝 바깥에' 있는 사람들이 있을 겁니다. 만약 모두가 그들 같다면 우리는 아마 많은 일을 해낼 수 없을 겁니다. 하지만 문화는 그런 사람들을 일부 필요로 합니다. 그들이 다른 모든 이들에게 달라도 괜찮다는 신호를 주기 때문이지요."

이런 선동가들을 알아보고 끌어 주는 것은 재미와 놀이를 장려하고 가끔은 규칙을 어기고, 앞유리를 박살내고, 키드 락을 미친 듯이 틀어도 된다는 신호를 보내는 것이다.

문화 전달자

문화 전달자들은 조직 전체에서 두루 존경을 받으며 유머와 놀이에 매력을 느끼는 당신의 떠오르는 스타이다. 제대로 지지하고 끌어 준다면 그들은 지속적이고 전염성이 강한 유머문화를 배양하는 비밀병기가 될 수 있다.

문화 전달자의 역할을 설명하기 위해 2015년으로 돌아가 급성장하는 온라인 교육 스타트업 코세라에 들러 보자. CEO(이자 전 예일대 총장) 릭 레빈은 평소처럼 주간 총회의를 시작하며 현재 우선시해야 할 일과 진척된 사항을 기록한 목록을 훑어보고 있었다. 그런데 거기 이 특별한 회의에 초대받지 않은 손님이 있었다. 릭 레빈의 등 뒤에서 구글 글래스 헤드셋을 통해 보고 있던 그 미스터리한 남자가 그 유명한 CEO를 방해하기 시작했다. 그사이 직원들은 넋을 놓고 즐기고 있었다.

그 남자는 코세라의 최고 경쟁 회사인 유다시티의 CEO 세바스찬 스런으로 보였다. 회의가 진행될수록 그의 장난은 더 공격적으로 변했다. 통제 불능의 초악당 같은 태도를 보이며 터무니없이 과장된 독일어 억양으로 코세라 그 자체뿐 아니라 라이벌 CEO를 맹공격하려고 수시로 끼어들었다. "오오오우, 당신은 당신이 엄청 멋지코 똑똑하다 셍각하는군요, 크렇죠? 내 자율주행 카들이 당신 주위를 뱅뱅 돌코 있습니다!"

코세라의 직원들이 과장된 장광설을 즐기는 사이 이런 코믹한 충돌은 폭발적인 웃음과 박수갈채를 받았다. 하지만 릭은 전혀 동요하지 않았다.

'세바스찬 스런'은 사실 코세라의 초창기 멤버 중 한 명인 코너 디맨드 야우만이었다. 강한 업무윤리와 회사 내에서의 빠른 성장으로 널리 인정받던 코너는 동료들 사이에서 짓궂은 유머 감각과 건조하고 지루한 일상에 생명력을 불어넣는 능력으로 유명했다.

몇 달 전, 코너는 지금 입고 있는 바로 그 세바스찬 스런 같은 옷을 입고 사내 할로윈 파티에 도착했다. 릭은 코너의 익살스러운 행동을 다른 팀원들과 함께 그저 웃고 넘길 수도 있었다. 하지만 자신의 위치를 이용해 코너에게 '세바스찬 스런'을 좀 더 공개적인 자리로 가져가는 게 어떨지 물어봄으로써 코너의 행동을 공개하고 더 키웠다.

릭은 장난을 채택했을 뿐 아니라 적극적으로 옹호했다. 그렇게 일관되게 코너와 그의 유머에 대한 접근법을 지지함으로써 다른 사람들도 똑같이 할 수 있는 여지를 주었다. 코너가 말했다. "릭과 다른 고위급 임원들은 코세라를 일하고 싶은 조직으로 만드는 과정에서 우리의 역할을 강조했습니다. 그리고 우리에게 즐기고 기쁨을 만들고 문화를 향상시킬 새로운 방법을 찾아 궁극적으로 회사의 성과를 드높일 기회를 정말 많이 줬지요."

릭이 코세라의 문화 전달자들을 알아본 것은 대단하고 현명한 일이었다. 그리고 반향을 불러일으키는 일이었다. 그들이 불러일으킨 역동성의 결과는 코세라에서 기발함과 놀이 문화를 지속하게 했는데 코너가 떠난 지 몇 년이 지나고도 여전히 직원들은 그 조직에 오게 된 (그리고 머물게 하는) 주요 동력으로 그 문화를 꼽고 있다.

문화 전달자들을 활동하게 만들려면 처음부터 도전과제와 문제 해결을 도울 기회를 제공하면서 그들을 문제의 현장에 가까이 참여시켜야 한다. 그들을 동료로 대하고 조직의 문제를 공유하고 그들만의 놀이 취향을 더해, 함께 핵심이 되는 문제들을 풀어 나가야 한다. 당신은 현재와 미래에 중요한 가치를 제공할 수 있는 누군가의 성장을 도울 수 있다.

숨은 보석

우리의 세 번째 원형은 놓치기 쉽다. 숨은 보석은 영감을 주는 기술, 기발함, 취미를 지녔지만, 주로 눈에 띄지 않으면서 성취도도 높고 일을 열심히 하는 사람들이다.

애플의 크리에이티브 디자인 스튜디오 전 대표 히로키 아사이를 다시 만나 보자. 그는 자신의 창의성을 회사 전체 총회의에서 발휘하는 것을 좋아했다. 한번은 총회의가 있기 전, 하부 팀 직원 중 노련하고 성실한 디자이너가 정식으로 훈련받은 가수임을 알게 되었다. 동료 중에도 거의 아는 사람이 없었다.

그날 단상에 오른 히로키는 그 직원을 불러올렸다. 그러고 전 직원에게 그녀가 팀의 최근 성취를 공유할 것이라고 설명했다. 하지만 그녀가 마이크를 잡자마자 거대한 단상의 커튼이 열렸다. 그리고 숨어 있던 성가대가 모습을 드러내더니, 무대를 달구기 시작한 그 이례적으로 재능 있는 직원에게 합류했다.

비밀리에 곳곳에 끼어 있던 더 많은 공연자들이 춤을 추며 무대로 오르자 모두가 환호성을 질렀다. 2,000여 명의 동료들 앞에서 가수가 무대를 휘어잡는 사이 강당은 감탄, 웃음, 하모니(뮤지컬과 사람들 사이의 교감)로 가득 채워졌다.

당신은 플래시몹 성가대의 외침이 (아니면 노래가) '사업에 이롭다.' 라고 생각하지 않을 수도 있다. 하지만 히로시의 생각은 달랐다.

우선 숨은 보석을 발견하는 것은(이런 부지런하지만 눈에 잘 띄지 않는 핵심인력들이 당신의 조직 내 구석구석에 살고 있다) 유머를 위한 강력한 조리 비결이며 그에 따른 즐거움이 있다. 그것은 우리가 알고 있고 사랑하는 재료를 안겨 준다. 즉 그들이 재능을 드러낼 때 우리가 느끼는 놀라움에서 기쁨의 순간이 만들어지는 것이다. 재미있을 필요는 없다. 그저 웃음과 즐거움을 유도하는 데 진실이 필요하다.

숨은 보석을 찾으면 웃음을 공유하는 일을 훌쩍 넘어 문화를 더욱 심오하고 지속적인 방식으로 만드는 데 도움이 된다. 히로키는 조직 안에 숨은 보석을 드높이는 것으로(그는 그들을 '조용한 영웅들'이라고 부른다) 조직 내 모두에게 (재임 기간이나 지위에 상관없이) 그저 업무 성과만이 아니라 업무 외에 좋아하는 일로도 가치를 인정받을 수 있다는 신호를 보냈다. 그들이 지닌 그 어떤 열정과 특징도 환영한다는 신호를 보낸 것이다. 숨겨진 보석은 이 메시지를 전달하는 데 있어 당신의 가장 강력한 협력자 중 일부다.

유머의 제도화

그래서 당신은 공개적으로 재치 있는 몇 가지 말을 했다. (아니면 적어도 당신의 유머 감각이 심장박동을 지니고 있다는 표시를 했다) 그리고 몇몇 끝내주는 선동가와 문화 전달자와 당신이 필사적으로 찾아내려던 숨겨진 보석을 찾았다. 하지만 당신은 그걸로 만족할 수 없다. 당신은 시간의 시험을 견뎌 내는 유머문화를 창조하고 싶다!

이제 우리는 유머를 제도화하고 제도화된 유머문화를 조직 자체의 기본 구조에 접목하는 단계에 이르렀다.

본질을 밝히는 결정적인 순간 준비하기

잠시 멈추고 생각해 보라. 현재 직장에서 어떤 순간이 가장 결정적이었나? 가장 기억에 남고 중요했던 것, 그러니까 일에 대한 당신의 생각에 가장 큰 영향을 끼친 일을 떠올린다면 어떤 순간이 기억나는가?

우리의 뇌는 경험이 주르륵 펼쳐지는 영사 슬라이드라기보다 일련의 스냅샷처럼 우리가 기억하는 방식으로 움직인다. 그리고 이런 스냅샷들은 (당신이 멈춰 생각하려 할 때 머릿속에 흘러넘치는 그 스냅샷들은) 무작위로 캡처되는 것이 아니다.

다른 경우는 볼 것도 없이 두 가지 면, 즉 경험에서 가장 감정적으로 고조된 순간(절정)과 경험의 마지막 순간(대미)에서 거의 모든 스냅샷이 캡처된다. 이것은 대니얼 카너먼과 바버라 프레드릭슨이 절정-대미의 법칙이라 부르는 체험적 방식을 따르고 있다.

결과적으로 이 두 가지 타입의 순간은 우리가 그 사건, 경험, 직장을 그리고 심지어 우리가 함께했던 사람들을 어떻게 기억하는지에 크게 영향을 받는다. 이런 현상을 이해하면 우리가 문화를 공유했던 기억과 경험이 시간이 지난 후에도 오랫동안 직원들 사이를

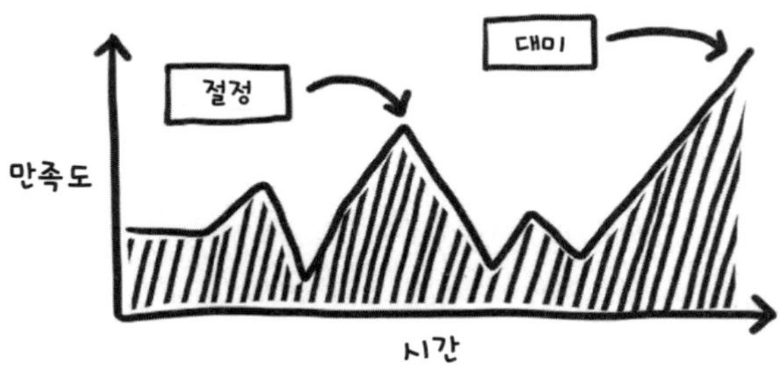

공명하며 감정을 만드는 방법을 알 수 있다.

히로키는 당신의 문화를 만드는 것은 집 안의 벽에 걸 가족사진을 만드는 것과 유사하다고 했다. "당신은 가족사진을 만들 때 가족들, 그 순간, 그 장소를 기념하기 위한 아주 정성스러운 단계를 밟습니다. 그 순간들을 액자에 넣고 벽에 걸지요." 히로키는 그 순간들이 가족의 가치를 계속 기억하게 하고, 조직의 경우에는 그 조직의 가치와 문화를 계속 기억하게 한다고 말한다.

조직 전체를 소집할 때는 매 순간순간이 중요하다. 이게 바로 히로키가 특이하게 그리고 유머가 가미된 방식으로 사람들을 한곳에 모으려고 그토록 애쓴 이유다. 성가대부터 머리끝에서 발끝까지 블루맨 그룹으로 차려입고 영상에 출연한 직원들, (히로키를 사냥감으로 삼은) 공들인 추적 장면까지, 이런 순간들은 감각적 절정을 창조하기 위해 조심스럽게 만들어진 것이다. 그 순간의 경험을 더 재미있게 만들고 시간이 지난 뒤에도 오랫동안 그 가치를 계속 기억하기 위해 벽에 걸어놓는 그런 순간들이다.

이 장에는 사내 모임에서 재미로 '절정'을 창조한 회사들의 예가 가득했다. 그리고 당신은 이제 이런 절정을 살리는 데 어마어마하게 도움이 되는 네 가지 원형을 알고 있다.

그렇다면 '대미'는 무엇인가?

지나 아마로 루단이 불가능해 보이는 문제들을 추구하는 회사의 비밀스러운 연구개발 시설 구글 X에서 '문화 연금술사'로 일을 시작했을 때였다. 그녀는 그 팀에 죽음의 의식, 즉 업무 프로젝트를 죽이는 의식이 필요하다는 사실을 깨달았다.

그녀는 죽음의 날Día de los Muertos 같은 유명한 의식을 기반으로 'Dia X'를 구상했다. 이는 곧 회사 전체의 연례기념일이 되어 구글 X 직원들은 그들이 죽인 원형에 제단을 짓고, 그들이 문 닫고 있던 비즈니스를 위한 찬사를 전하고, 그들이 잠재우고 있던 아이디어를 추모했다. 그들은 조직적으로 의미 있는 '대미', 즉 마지막을 장식하는 데 유머를 사용했다.

겉보기엔 죽음의 날이 재미와는 정반대처럼 보일지 모른다. 하지만 그것은 구글 X의 성공에 중추였던 혁신성과 기민함의 문화적 가치를 강화하는 놀라울 정도로 즐거운 방법이 되었다. 지나는 말한다. "당신의 아이디어를 존중하고 거기서 배울 필요가 있습니다. 그리고 우리는 매년 의식을 통해 그 일을 하고 있지요."

하지만 우리 학생들의 경험에서 볼 수 있듯 마지막 순간에 재미를 주입하는 일이 회사 전체의 고예산 문제가 될 필요는 없다. 보스턴 컨설팅 그룹에서 일하는 동안 한 학생과 그의 팀은 특히 까다로운 고객을 위해 일했는데, 그렇게 힘들기만 하고 감사 인사조차 듣지 못한 몇 달을 보내고 나니 남은 것은 긴장과 감정적 피로뿐이었다. 그래서 업무를 이끌었던 프로젝트 책임자는 팀 만찬을 준비했고 공들인 행사를 진행하면서 팀원들에게 프로젝트를 하는 사이 일어났던 재미있는 일들을 기념하는 '종이접시 상'을 수여했다. 이름에서 짐작할 수 있듯 그 상은 얇은 일회용 접시 뒷면에 그 내용을 기록한 것이다.

우리 학생은 이렇게 회상했다. "끔찍한 프로젝트였는데도 우리 팀은 그 행사 덕분에 그 일을 (그리고 서로를) 애정을 담아 기억할 수 있게 됐어요. 저는 아직도 그 접시를 갖고 있어요."

그러니까 기억하라. 사람들은 절정과 끝을 기억한다. 누가 당신의 직원들에게 조직문화에 대해 질문할 때, 그들에게 "거기서 일하는 건 어때요?" "제가 합류해야 할 이유가 뭔가요?" 하고 물을 때, 당신의 직원들은 절정의 순간을 떠올릴 것이다.

그 순간들이 좋은 기억인지 확인하라.

사고를 전통으로 바꿔라

하지만 새롭고 유머러스한 의식과 전통을 만드는 것은 꽤 어렵다. 우리도 안다. 그래서 여기 우리가 있는 것이다.

만약 이런 접근법이 당신에게 맞지 않다면 그 대신 관찰의 힘에 주목해 보라. 유기적인 기쁨의 순간을 찾아보라. 당신이 가지고 싶은 문화에 공명을 불러일으키는 것이 관찰되면 옆으로 물러서라. 그들을 지지하고 그들이 발전할 수 있게 하라.

미래의 운송을 개발하는 포드 스마트 모빌리티의 그린필 연구소에서 한 엔지니어가 몇 가지 문제들을 놓고 "닭에게 양말을 신기는 것보다 어렵다."라고 말한 적이 있다. 그의 은유에 자극받은 팀은 그들의 일을 인식하는 방법으로서 매주 멋지거나 이상한 (아니면 닭을 향한 애정이 담긴) 양말 한 켤레를 각 멤버에게 선물하는 전통을 만들었다. 이는 이내 필수로 자리 잡았고 지금도 연구소에 들어오는 신입사원과 방문객은 그들이 맞춤 제작한, 주로 닭이 주제가 된 양말로 환영받는다. 나눠 줘야 할 양말의 양이 너무 많다 보니 양말 구매비는 연구실 예산 항목이 되었다.

의식은 조직이나 팀 문화의 핵심이다. 하버드대학의 연구원 마이크 노튼의 말에 따르면 심지어 겉보기에 이상해 보이는 의식조차 집단 결속의 근원이 된다고 한다. 공유된 정체성과 선의를 형성함으로써 의식은 헌신, 노력, 성과에 영감을 준다. 주로 소규모 팀원들을 결속시킨 다음 조직 전체로 퍼져 나가 문화의 기본 구조에 단단히 엮이면 그 의식이 존재하기 전을 아무도 기억할 수 없게 된다.

어마어마한 경외심을 불러일으키는 코미디처럼 이런 능력을 지닌 리더들은 예술적인 관찰자이다. '공식' 조직 의식에 정식으로 통합할 수 있는 새로운 행위나 활동을 예리하게 포착한다. 이것이 바로 한 직원이 이상한 내기를 제시했을 때 조이 즈윌링거가 한 일이다.

조이 즈윌링거는 최신 유행인 지속 가능한 신발을 제조하는 올버즈의 CEO다. 2016년 8월의 어느 날, 마케팅팀의 한 팀원이 그달 말까지 125만 달러의 매출 달성을 내기로 걸었다. 사업을 시작한 지 6개월째였고 올버즈는 7월에 재고 부족과 함께 시즌별 판매를 마친 상태였다. 조이는 그 수가 터무니없이 높다고 생각했지만, 내기에 응했다. 그가 내기에 지면 뭘 해야 하는지 묻자 그녀가 장난스럽게 말했다. “사무실에 프로제* 메이커 한 대 어때요?”

놀랍게도 올버즈는 그 수를 기록했다. 조이는 자신의 패배를 공개적으로 인정하고 프로제 메이커를 샀을 뿐 아니라 매주 기념행사를 열었다. 이 일회성 농담을 지속적인 유머의 전통으로 확립하면서 프로제 프라이데이는 문화로 자리 잡았다.**

두 경우 모두 유쾌한 사건에서 자연스럽게 새로운 전통을 불러일으켰다. 리더인 당신은 선동가들과 문화 전달자들을 지켜봄으로써 이런 자발적인 의식을 형성하도록 장려할 수 있다. 우리의 경험상 아래에서 위로 이동하는 전통이 위에서 아래로 지시하는 것보다 더 광범위하고 쉽게 채택되는 경향이 있다. 유기적인 기쁨의 순간을 찾고 지지하고 옆으로 물러서라.

벽은 말할 수 있다

지금 당신의 보디랭귀지는 당신에 대해 무엇을 말해 주는가?

당신의 어깨는 뒤로 젖혀 있는가 구부러져 있는가? 당신의 입은 미소에 가까운가 찌푸린 쪽에 가까운가? 당신은 왕족처럼 고개를 빳빳이 들고 가슴을 활짝 내밀고 당당하게 앉아 있는가? (쇠퇴한 합스부르크 왕가 말고 강력한 왕족 중 하나 말이다.)

보디랭귀지는 많은 것을 말해 준다. 조직의 물리적 공간도 다르지 않다.

---

* ‘프로즌 로즈’의 혼성신조어로 근사한 브런치 메뉴로 자리 잡았다.

** 대부분의 팀원들이 토요일을 유감스러워하는 원인이 되었다.

글로벌 디자인 기업 IDEO의 브렌던 보일은 이렇게 말했다. "물리적 공간은 조직의 보디랭귀지입니다. 언어와 보디랭귀지 같은 물리적 언어가 일치하지 않으면 언어보다 물리적 언어가 우위를 차지합니다."

구글과 페이스북 같은 거대 테크기업들이 '우리는 파이어폭스를 시작하지 않았다.'*, '스티븐 타일러의 스카프', '중독성' 같은 이름을 건 회의실에서 회의하는 이유이다. 이런 이름들은 미소 짓듯 은근슬쩍 직원들에게 유머를 환영한다는 장난기 넘치는 신호를 보낸다.

지금쯤이면 다들 거대 테크기업들의 탁구대, 트램펄린, 회의실들을 이어주는 형형색색의 미끄럼틀(그렇다. 이것은 진짜 물건이다) 같은 도가 넘치는 업무 환경에 대해 다들 들어 봤을 것이다.

사무실 공간을 진정한 놀이터로 바꾸는 사이 실제로 유머를 위

---

* 이 이야기를 듣자마자 우리 친구 데이비드 이스코는 말도 없이 한 시간 동안 사라졌다. 그러고 빌리 조엘의 노래 'We Didn't Start the Fire'에 역사적으로 정확한 가사를 첨가한 곡을 들고 나타났다. 감상해 보길.
"We Didn't Start the Firefox" by David Iscoe
NCSA, Mosaic, Erwise는 완전 망했어
마크 앤드리슨, 제임스 클락, 박스데일 CEO는 구닥다리
넷스케이프 네비게이터, 고질라는 게이터를 닮았네(넷스케이프의 첫 이름 모질라Mozilla는 모자이크와 고질라를 합친 말로 모자이크 킬러를 의미한다고도 한다-옮긴이).
시장점유율 1위, 킬러 IPO
넷스케이프는 AOL에 팔리고 제품 지원은 망했어
iPlanet은 해체되고 갈 곳 없는 신세
AOL은 악화일로, 모질라는 오픈소스로
재단과 법인, 파이어폭스, 썬더버드 강력 반대
친절한 해커들이 Bugzilla, Gecko, Pocket이라는 단어를 퍼뜨렸네
우리는 파이어폭스를 시작하지 않았어
그건 세상에 브라우저가 생긴 이래 고대유물이 되었지
우리는 파이어폭스를 시작하지 않았어
우리는 그걸 코딩하지 않았어
하지만 우리의 아이폰은 그걸 로딩하지

한 (그리고 집단소송을 위한) 환경을 만들 수 있지만, 결코 그것만이 유일한 방법은 아니다. 연구에 따르면 작업공간 설계에 따른 직원의 자율성 증대에서 식물을 들이고 밝은색을 사용하는 단순한 요인에 이르기까지 환경 요인의 다양성이 참여도, 생산성, 창의성, 웰빙을 촉진할 수 있다고 한다. 스탠퍼드대학의 조직 심리학자 저스틴 버그의 말에 따르면 직원들이 아이디어를 떠올리면서 보는 최초의 시각적 신호인 '원시 마크primal mark'가 참신함과 유용성의 궤적을 고정시킨다고 한다. 원시 마크가 놀랍거나 특이할 때 주로 창의성이 뒤따른다.

실제로 우리가 관찰한 물리적 공간을 변화시키는 가장 효율적이고 심오한 방법 중에 '우리는 여기 일하기 위해 있지만, 놀기 위해 있기도 하다.'라는 신호를 그 공간 전체에 은근히 끊임없이 주입하는 아주 간단한 방법도 있었다.

이를테면 집잡JibJab의 리더들이 로스앤젤레스 본사에서 사무실을 처음 설계할 때 일련의 사인을 만들어 걸기로 했는데 그중 하나가 AGILITY였다. 정확히 AGILITY라 읽혀야 했다. 하지만 실제로 AGILITITY로 쓰이고 말았다. 웁스. 하지만 공동 창업자 그레그와 에반 스피리델리스는 회사가 실패를 감싸 안고 그것을 지나치게 진지하게 받아들이지 않는다는 사실을 상기시키고자 철자가 틀린 사인을 그대로 전시하기로 했다.

유머를 위한 공간을 설계하는 것은 중요한 조직적 가치를 강화하는 데 상당한 효과가 있다. IDEO는 직원들에게 벽에 게재한 재미있거나 생각을 자극하는 질문에 답하도록 격려하거나 화장실 바닥에 만든 미니 골프 홀처럼 사무실 전체에 무작위로 희한한 놀랄 거리를 심는 등의 일에서 전문가다. 포레스터Forrester에서는 한 팀이 가장 웃긴 순간과 구절을 기록하는 '이 주의 이야기'라는 벽보를 만들어 전 직원이 회사에 있는 내내 유머와 즐거움의 순간을 볼 수 있게 했다. 그리고 2014년, 테슬라는 보유 특허를 모두 대중에게 공개하겠다고 발표했을 때 공장 내 거대한 벽에 쓰인 "우리의 모든 특허는 당신의 것입니다."를 한창 유행 중인 밈meme으로 자랑스럽게 게시함으로써 그 중대한 이정표를 기념했다.

결론적으로 그 회사가 바라는 행동 지침 같은 회사 문화의 독특한 가치와 특징을 정밀하게 반영하는 것이 구체적인 물리적 변화보다 훨씬 중요하다. 픽사로 돌아가, 에드 캣멀은 우리에게 창의성이 흘러넘치는 그들의 사무실 주위를 보여 줬다. 그곳에는 정교하게 장식된 책상을 비롯해 조그만 개인 오두막까지 있었다. 오랜 시간 동안 픽사의 애니메이터이자 감독으로 일한 브래드 버드는 그곳을 이렇게 묘사했다. "애니메이션 파트의 아래층을 돌아보면 그곳이 얼마나 혼란스러운지 보일 겁니다……. 한 사내가 서부시대 마을 입구에 세워져 있을 것 같은 게이트를 짓고 있을지도 몰라요. 또 다른 사람은 하와이에서나 볼 법한 뭔가를 만들고 있을 거예요."

한 사무실을 지날 때 벽에 그려진 아치형 윤곽이 보였다. 우리가 의아해하는 것을 알아차린 에드가 설명했다. 픽사는 애니메이터들이 빈 캔버스 위에 마음껏 그림을 그릴 수 있게 사무실 벽면을 항상 하얀색으로 유지했다. 언젠가 한 직원이 거기서 조금 더 나아가 거대한 아치형으로 벽을 뚫어 자기 사무실에서 지나가는 사람들을 마음껏 바라볼 수 있게 했다. 그 직원이 나간 뒤 그 자리에 들어온 직원은 벽에 뚫린 구멍을 메웠지만, 그 자리에 아치형 윤곽을 그려 경의를 표했다. 와일 E. 코요테를 채용했다면 그 작품은 위태로웠을 것이다(와일 E. 코요테는 애니메이션 〈루니툰〉에 등장하는 캐릭터로 그림 실력이 상당하다—옮긴이).

사무실을 개인화하는 픽사의 이런 태도는 에드의 직장 내 유머 철학을 상징적으로 보여 준다. 유머는 유기적으로 일어나야 한다. 에드는 말했다. "유기성은 시작과 끝을 암시합니다. 우리의 전통이 자라고 진화하고 새로운 전통을 위한 공간을 만들어 주기 위해 그 전통이 유기적으로 죽도록 내버려 두어야 합니다."

에드의 시선에서 전통은 가벼움을 고수해야 하는 것들이다. 일부는 사라지고 또 일부는 자리를 잡기 위해 생겨날 것이다. 사무실에 있던 아치형 벽면처럼 리더는 우리를 놀라게 하고 즐겁게 만드는 새로운 것이 유기적으로 생겨날 수 있도록 기존의 것을 죽게 내버려 둬야 한다. 리더는 자신이 올바른 씨앗을 심고 올바른 사람들을 움직이게 했다는 사실을 믿어야 한다. 그렇게 될 때 새로운 의식, 전통, 물리적 공간에서의 요소들이 형태를 갖춘다.

7장

유머의 회색지대 탐구

[

"유머는 큰 불 가까이에서 움직인다.
진짜다. 그래서 청중이 그 열기를 느끼는 것이다."

- E. B. 화이트

]

뭔가가 재미있는지 없는지를 놓고 친구, 동료, 파트너와 의견 충돌을 겪은 적이 있다면 (그런 다음 그날 밤 그들이 잠든 사이, 벤 앤 제리 아이스크림 한 통을 움켜쥔 채 한 줄기 눈물을 흘리며 당신의 유머감각을 탓하던 어머니가 옳았는지 당신이 어처구니없는 실수를 저질렀는지 궁금해 한다면), 이 장은 당신을 위한 것이다. 이 장은 유머에 대한 인식의 차이, 무엇이 그 차이를 유발하는지, 문제가 어떤 식으로 펼쳐지는지, 문제가 발생했을 때 어떻게 대처해야 하는지에 대한 내용이다.

우리는 유머에 관한 한 모두 다른 취향과 감성을 갖고 있다. 당신은 〈사인펠트〉가 방송을 빛낸 가장 훌륭한 쇼라고 생각할 수 있지만, 당신의 제일 친한 친구는 그 쇼를 '그저 그렇다.'라고 생각한다. 당신은 정치 유머가 금기시할 것이 너무 많아서 사무실에서 구사할 수 없다고 생각하지만, 당신의 동료는 현재 대통령 집무실을 차지하고 있는 이를 끊임없이 흉내 낸다. 당신의 열일곱 살 딸은 당신이 도무지 이해할 수 없는 유튜브 채널이나 트위치 스트리밍에 빠져 있다.*

모두를 웃길 수 있는 유머는 거의 없다

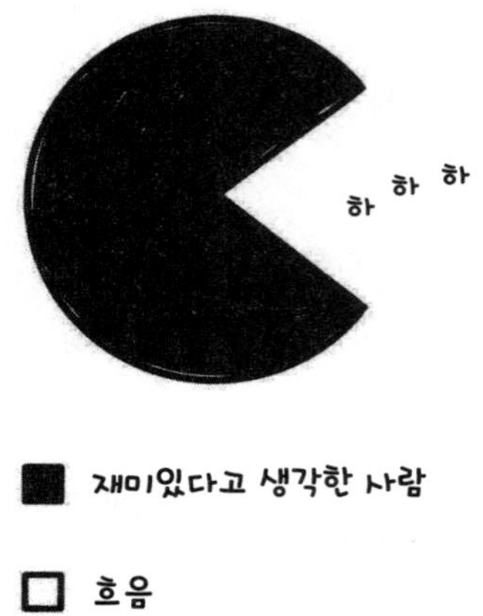

핵심은 우리가 재미있다고 생각하거나 적절하다고 생각하는 것이, 보편적인 것은 아니라는 말이다. 유머에 관한 한 엄청난 회색지

* 당신의 아버지는 괜찮은 말장난이 하루를 밝혀 준다고 생각하지만, 당신은 좋은 말장난은 결코 빛을 보지 못하는 것이라 생각한다. 아니면 당신의 친구는 '상대를 가리지 않고 공격하는 기회균등범'으로 〈사우스 파크South Park〉를 사랑하지만, 당신은 24가지 잘못은 옳지 않다고 생각한다. 아니면 당신의 여동생은 실수에 대해 농담하는 것을 (직접적이든 은유적이든) 불쾌한 일이라 여기지만, 당신은 필요할 때마다 그런 농담을 서슴없이 한다. 아니면 당신은 〈프렌즈〉 등장인물들의 익살스런 행동이 재미있다고 생각하지만, 〈퓨처라마Futurama〉에 나오는 Omicron Persei 8 행성의 Lrrr처럼 '왜 가장 큰 프렌드인 로스가 다른 다섯 명을 잡아먹지 않는지' 의아해할지도 모른다. 아니면 당신은 미스터 빈이 머리에 칠면조를 얹고 다닌 것을 재미있어 하지만, 당신의 배우자는 어떤 상황에서도 인간이 가금류를 착용해서는 안 된다고 생각할지도 모른다. 아니면 당신의 친구는 마리아 뱀포드가 우울증에 대해 대놓고 이야기하는 것을 좋아할지도 모르지만, 당신은 그 우스꽝스러움 때문에 거기 동의하기 힘들지도 모른다. 아니면 당신은 동물들이 쏟아내는 말장난 때문에 〈보잭 홀스맨BoJack Horseman〉을 좋아하지만, 당신의 사촌은 그것이 (동물들의 말장난으로 순화한) 지독하게 정확한 정신질환의 묘사라서 좋아할 수도 있다. 아니면 당신이 엄격한 사람이고 열심히 일하는 것의 가치를 알기 때문에 우리의 각주가 진짜 재미있다고 생각할지도 모른다. 땡큐. 고맙습니다.

대가 존재한다.

우리가 사람들에게 무엇이 직장에서의 유머 사용을 막는지 물었을 때 많은 이들이 무심코 선을 넘는 데 대한 두려움을 꼽았다. 이런 걱정은 할 만도 하다. 직장에서 (잘못된 맥락에서 혹은 잘못된 상대를 놀리는 것같이) 부적절하거나 공격적인 유머는 관계를 강화하기보다 약화하고 직장 내 갈등을 해결하는 데 방해가 된다.*

더욱이 민감성이 고조되고 정치적 양극화가 심해지고 철회 문화Cancel Culture가 성행하는 현시대에 직장에서 유머를 사용하는 것이 그 어느 때보다 위험해 보일 수 있다. 지금쯤이면 파악했겠지만, 우리는 유머를 우리가 보유해야 할 아주 중요한 도구라고 믿는다. 그러나 그렇다고 해서 휘두르기가 늘 쉽거나 간단하다는 뜻은 아니다. 이 장에서 유머가 실패할 때와 그 이유 그리고 그런 일이 벌어졌을 때 어떻게 해야 하는지 탐구해 보자.

우리는 유머의 회색지대를 찾고 그 경계를 걷는 방법부터 살펴볼 것이다. 그러고 나서 실패하는 유머를 시도하는 라이프사이클을 탐구하는 연습, 공격당한 순간을 인지하는 방법(힌트: 단순히 웃기기 위해 이야기를 듣는 것보다 더 복잡하다), 상황을 진단하고 바로잡는 방법같이 유머의 실패와 관련한 내용을 살펴보자.

목표는 민감성, 공감, 재미 모두를 갖춘 유머를 책임감 있게 구사하는 것이다. 그 뉘앙스를 이해하면 유머가 덜 위험하고 더 다양한 용도로 쓰일 수 있다는 사실을 알 수 있다.

---

* 돈 리클스(미국의 코미디언, 영화배우. 욕설 코미디의 대가—옮긴이)가 사무직 일을 해 본 적이 없다는 사실에 주목할 필요가 있다.

유머의 회색지대

분기의 절반 정도에 이르면 우리는 스펙트럼이라는 수업을 하면서 한 가지 활동을 한다. 그 방법은 이렇다.

우리는 학생들에게 다양한 공개 토론회에서 저자나 제작자가 웃기려는 의도로 했을 것으로 추정되는 일련의 농담이나 발언을 보여 준다. 코미디언 미셸 울프의 백악관 출입 기자 만찬에 대한 발언 영상, 일론 머스크가 만우절에 올린 트윗, 〈디 어니언〉에서 따온 최신 헤드라인 같은 내용이다.

각 자료가 공개된 후에 우리는 학생들에게 각각 어땠는지 조용히 생각해 보게 한다. 각자 생각하는 '적절함'의 정도가 다른 학생들의 의견에 흔들리지 않도록 개인적으로 포스트잇 노트에 먼저 쓰게 한다. 그런 다음(여기가 재미있는 부분이다) 자신이 생각하는 적절함의 등급에 따라 '완전히 적절함'에서 '완전히 부적절함'까지 강의실 한쪽 끝에서 다른 쪽 끝으로 줄을 세운다. 학생들이 그 내용을 얼마나 재미있어 했는지에 중점을 두는 것이 아니라는 점에 유의하라. 우리는 사람들이 불쾌해하거나 부적절하다고 생각하는 것이 무엇인지, 그리고 그 정도가 얼마인지에 관심이 있다. 그 내용이 사람들을 웃게 했는지 아닌지는 상관없다.

일단 줄서기가 완료되면 그룹은 어떻게 그 반응이 일어났는지, 왜 그 자리에 서게 됐는지 토론한다. 많은 문항에서 우리는 놀라울 정도로 광범위한 반응을 얻는다. 그 때문에 학생들은 스펙트럼 연습의 목표가 누군가의 잘못을 증명하는 것이 아니라는 사실을 반드시 이해해야 한다. 이 훈련은 유머가 다양한 방식으로 다른 사람들에게 영향을 미치고, 적절성과 부적절성을 구성하는 것은 대부분 매우 주관적이며, 그것이 개인의 경험, 배경, 설정, 정치 성향, 욕구의 정도를 포함한 많은 요소가 빚어내는 결과물임을 보여 준다.

그래서 질문은 이러하다. 우리가 일상과 일터에 유머를 시도하는 동안 반응의 범위를 어떻게 예상할 것인가? 어떻게 선을 넘지 않고 길을 걸을 수 있을 것인가?

진실, 고통, 거리

세컨드 시티 극장의 오랜 감독이자 시카고의 컬럼비아대학에서 미국 내 코미디 창작 및 공연학에서 최초로 학부 학생들을 지도하는 교수 앤 리베라는 유머의 회색지대에서 미묘한 차이를 만드는데 도움이 되는 코미디 이론을 갖고 있다. 삼권으로 분리된 우리 정부처럼(이론적으로는 어쨌거나 그렇다는 말이다) 코미디도 진실, 고통, 거리라는 세 부문이 서로 협력해 작용한다는 이론이다. 제대로 다이얼을 돌리면 이 세 가지는 눈부신 유머의 원천이 되지만, 잘못 걸면 상대를 불쾌하게 만들고 사이를 갈라 놓을 수 있다. 그러므로 그들을 이해하는 것은 당신의 유머를 문맥, 지위, 상황에 맞게 변화시키는 비결이며, 돌이켜볼 때 당신의 유머가 선을 넘은 이유도 알게 해준다.

진실은 코미디의 심장이다. 우리는 우리가 인지하는 것에 웃음을 터뜨린다. 동시에 진실에는 고통이 동반되고 거리를 충분히 두지 않으면 무감각하고 공격적이며 유해한 인상을 줄 수 있다.

고통은 신체적이거나 감정적일 수 있다. 살짝 당황스럽거나 어색한 순간에서 심각한 비극이나 트라우마의 순간까지 포함한다. (앤은 금기, 위험, 인지부조화 같은 요소를 포함하기 위해 고통을 보다 광범위하게 정의하지만, 우리가 추구하는 목적에서는 보통 일정한 수준의 불편함을 포함한다고 보면 된다) 어떤 경우에는 고통에서 유머를 찾는 것이 카타르시스가 될 수 있고, 또 다른 경우에는 다시 경험하고 싶지 않은 해묵은 감정을 불러올 수도 있다.

거리는 개인이나 그룹이 당신의 유머 주제에서 얼마나 떨어져 있는지를 측정하는 척도다. 일시적일 수 있고(뭔가에 대해 웃기에는 '너무 이르다'), 지리적(나 자신 아니면 내 이웃에게 일어난 일 대 지구 반대편의 누군가에게 일어난 일) 또는 심리학적일(어떤 것이 우리의 개인적인 경험과 얼마나 관련이 있는지) 수도 있다.

스펙트럼

이 세 가지 요소들이 어떻게 작용하는지 보기 위해 스펙트럼 훈련으로 돌아가 보자.

이 트윗이 적절한가? 우리가 학생들에게 이 질문을 했을 때 학생들의 의견은 일치했다: 청중에 따라 다르다.

> 시스코에서 방금 취업 제안을 받았어! 이제 나는 산호세까지 매일 출근하고 그 일을 증오하는 것과 두둑한 월급의 유용성을 저울질해 봐야 해.
>
> 3:17 AM Mar 18th from web

예를 들어 완벽하게 해롭지 않다고 생각한 한 학생은 이것을 트위터 친구만이 볼 수 있는 사적인 트윗으로 생각했다고 썼다. 그녀가 생각하는 '적절한' 등급은 자신의 불만을 친구들에게 털어 놓는 것이 중요하고, 건강에도 좋으며, 유머를 사용해서 그렇게 할 수 있다면 치료 효과도 있다는 믿음에서 온 것이었다.

한편 강의실 저쪽 '완전히 부적절함'에 있던 학생은 다른 견해를 내보였다. 이것이 공개적으로 트윗된 내용이라면 어떨까? 그 학생은 이렇게 지적했다. "자기가 들어가려고 하는 회사를 본질적으로 조롱하는 내용입니다. 만약 제가 시스코 직원이라면 불쾌감이 들고 솔직히 이 사람을 채용해야 하는 이유에 의문이 생길 것 같습니다."

빙고.

이 진술에서는 진실이 쉽게 보인다. 그것은 우리 모두가 강요받고 있는 일과 삶의 균형에 관한 문제에 맞닿아 있다.* 하지만 만약 이 트윗에서 유머를 제거한다면, 이 사람은 본질적으로 이렇게 말하

---

* 일과 삶을 절충하지 못하는 사람은 직업이 없거나 삶이 없는 사람이다. 아니면 둘 다 완벽하게 하는 사람이 있다. 이런 경우에 우리는 질투를 느낀다.

고 있다. "시스코에서 일하는 건 끔찍해. 만약 급여가 두둑하지 않았다면 나는 절대 이 일을 할 생각조차 안 했을 거야."

친구에게 하는 말로는 적절할지 몰라도, 전체 트위터 세상에서는 아닐 것이다. 특히 당신이 끔찍하다고 말한 회사 사람들은 분명 트위터 계정을 갖고 있을 테고, 당신의 농담은 금방 알려질 것이다.

사실 이 내용은 공개 트윗이었고 한 시스코 직원의 눈에 띄었다. 회사 측은 그 진실에 분노했고, 결국 취업은 철회되었다.

하지만 유머를 사용해 고통스런 진실을 밝히는 것이 항상 금기는 아니다. Take Cards Against Humanity라는 인기 있는 파티 게임은 불손하고 신랄하고 가끔은* 정치적으로 정확하지도 않다. 2009년 킥스타터 캠페인을 통해 시작된 이 베스트셀링 게임은 긱팩Geek Pack, 90년대 노스탤지어 팩, Cards Against Humanity for her를 포함한 특별판으로 확장되었다. Cards Against Humanity for Her는 FAQ에서 설명한 대로 '여성용' 상품의 실재를 패러디한 버전이다.

Q: 이미 Cards Against Humanity 게임을 갖고 있어요. 이것도 살 필요가 있나요?

A: 자신을 위해 선물하세요! 그 드레스가 마음에 든다고 말해요. 당신의 피부톤에 제일 잘 맞는 색을 찾아봐요. 여자친구들과 함께해요.

---

* 게임은 언제든지 의도한 대로 진행된다.

Q: 다른 점은 뭔가요?

A: 박스가 분홍색이에요. 하지만 카드는 기존의 Cards Against Humanity와 정확히 똑같아요. 그냥 우리 마음대로 만들었어요.

Q: 그런데 왜 5달러 더 비싸죠?

A: 그럴 만한 가치가 있으니까요.

이 브랜드의 풍자는 실제 게임 그 자체에만 국한되지 않고 이 광고의 경우처럼 웹사이트와 마케팅으로 이어진다.

우리가 수업에서 이 내용을 보여 줬을 때 남자들보다 훨씬 많은 여자들이 이 유머를 재미있어 한다는 사실이 별로 놀랍지 않았다. 말이 된다. 여자들은 이 농담에서 진실을 더 잘 인지할 가능성이 높다. '여성용'으로 마케팅한 제품은 정확히 똑같은 '남성용'*보다 비쌀 때가 많다. (의료, 헤어케어 제품, 피부 케어 제품, 면도기, 달러**…….)

그러나 이 내용이 '남자들은 경제와 시사 문제에 대해 심도 있는 논쟁을 벌이며 저녁 시간을 보내고, 여자들은 남자들에게 시가와 위스키를 가져다준 뒤 쇼핑 목록이나 비교하러 간다.'라는 것을 암시한다면 어떨 것 같은가? 우리 수업에 있던 여자들은 (혹은 남자들은) 불쾌해했을까? 대부분 아니었다. 농담임이 너무 확실했기 때문이다. 수업에 있던 거의 모두가 이 광고를 적절하다고 생각했다. 너무 과장되어 있어서 농담인지 아닌지 헷갈릴 여지가 없기 때문이다.

한 학생이 말했다. "이건 정말 웃기면서 중요한 문제에 관한 진실을 꼬집고 있어요." 다른 학생은 이렇게 말했다. "강력한 발언이고 강력한 발언을 하기 위한 강력한 방법입니다." 적어도 우리 학생들에게 이 광고의 진실은 의도가 너무나 분명해서 문제가 되지 않았다. 특정한 성차별의 현실을 옹호하는 것이 아니라 재미로 꼬집

---

* Q: 이 상품의 의도대로 내가 카드를 주의 깊게 살펴보지 않고 구입한 뒤 원래 Cards Against Humanity와 똑같은 카드임을 발견한다면 환불할 수 있나요?

** 이런 것을 두고 분홍세Pink Tax라 부른다. 만약 당신이 남자 회계사를 시세보다 비싸게 고용한다면 분홍세를 절약할 방법을 알려줄 것이다.

는 것이라는 의도가 보였다.

고통과 거리는, 거리의 정도에 따라 해당 관객이 그 주제에 대해 느끼는 고통의 정도를 예측할 수 있을 때가 많다는 점에서 서로 밀접하다. 만약 당신에게, 친구에게, 이웃에게, 당신의 개에게, 당신의 개의 이웃에게, 당신의 이웃의 개에게 비극적인 일이 일어난다면 그 고통은 당사자 또는 그 개와 개인적 연관성 없이 뉴스로 시청하는 누군가보다 당신에게 더 생생히 다가올 것이다.

동시에 농담을 말하는 사람과 주제와의 거리도, 그 주제가 농담에 적절한지를 판단하는 지표가 된다. 이 광고의 적절성에 대해 긴가민가하던 소수의 학생들이 기본적으로 "누가 이 농담을 썼느냐에 달려 있다."라고 말한 이유가 여기 있다. '집단'에 속한 사람은 일반적으로 그 집단에 속하지 않은 사람에게 허용되지 않는 특정한 일을 말하는 것이 허용된다. 직관적으로 이것은 맞는 말이다. 여자들은 남자들이 할 수 없는 여자들에 대한 농담을 하고, 노인들은 젊은이들이 할 수 없는 노인에 대한 농담을 할 수 있다. 그 때문에 학생들은 똑똑하고 재미있는 여자들이 Cards Against Humanity for Her 광고를 썼다는 사실을 알고 나면 이 광고가 더욱 적절하다고 느낄 것이다. 반면에 남자가 썼다면 이 광고를 불쾌해할지도 모른다.

풍자는 세상의 고통스러운 현실을 폭로하고 다루는 강력한 도구다. 하지만 너무 고통스럽거나 농담을 하기엔 너무 내 일 같은 일이 있는가? 그리고 농담으로 다루기엔 '너무 이르다.'라는 사실은 어떻게 알 수 있는가?

학생들에게 미국 사람들이 근래에 경험한 가장 고통스러운 집단 트라우마 중 하나인 테러공격이 있은 지 2주 후에 편찬된 〈디 어니언〉의 9/11 이슈 첫 페이지에 대해 물었다. 예상대로 이와 관련한 이야기가 이어졌다. 테러 후 그 암울한 시간 동안은 웃음 짓기에 너무 일렀을 뿐 아니라 많은 사람들이 코미디와 특히 〈디 어니언〉 스타일의 풍자가 영원히 끝날 것 같다고 걱정했다.

표면적으로 9/11 테러가 발생한 후 너무 빨리 그 사건을 가볍게 여기는 것은 심하게 무감각하고 명백하게 부적절해 보였다. 실로 엄청난 수의 미국인들이 배우자, 형제, 친구, 사촌, 동료, 부모를 잃은 슬픔에 잠겨 있었다……. 그리고 무엇보다 나라가 전쟁 국면으로 들어서는 듯했다. 고통은 극심했고, 거리감은 존재하지 않았다.

하지만 (2001년 당시 대부분이 고등학생이나 대학생이었던) 우리 학생들에게 물어 본 결과, 대다수가 '맙소사, @@ ## 같은 일: 미국에 대한 공격, 그리고 달리 무엇을 해야 할지 모르는 여성이 성조기 케이크를 굽는다'라는 헤드라인은 완벽하게 계산된 풍자적 비틀기로 사람들이 경험한 충격, 비탄, 무력감을 포착한 것이라 말했다(9/11사태라는 충격적인 사태에 아무것도 할 수 없는 무력감을 느낀 한 여성이 성조기 케이크를 구웠다는 이야기에서 나온 헤드라인—옮긴이). 뉴욕 출신으로 당시 뉴욕에서 학교에 다니던 학생은 "상상할 수 없는 일을 감당하느라 도움이 절실하던 때에 코믹한 안도감을 얻었습니다."라고 반응했다. 이는 이 헤드라인이 때로는 아플수록 더 웃을 필요가 있다는 가슴 아픈 사실을 상기시켰기 때문이다.

물론 비극에 대한 반응을 기억하는 것도 중요하지만 그 비극과 현재 사이의 19년은 상당히 거리가 있다. 하지만 이 문제에 대한 대중의 반응을 파고들다 보면 놀랍도록 비슷한 이야기를 듣는데 〈디 어니언〉 작가들이 아주 주의 깊게 설정한 어조가 그 주된 이유였다. 그렇지 않았다면 높은 수준의 고통과 그 고통과의 가까운 거리는 극명하게 다른 반응으로 이어질 수 있었을 것이다.

예를 들어 '포옹이 76,000퍼센트에 달하다'라는 헤드라인은 달콤하면서도 가슴 아프다. 힘든 시기에 사람들이 함께하고 있다는 사실을 상기시킨다. 코미디언들은 고통에 대해 농담하는 것이 아니라 사랑에 대해 농담하는 것이다.

반면에 '펜타곤 테러 14페이지 뉴스'는 펜타곤에 대한 대규모 공격이 지금껏 뒷전으로 밀려나 있는 상황의 심각성을 인지하고 있다. 거의 모두가 동의할 수 있는 것으로 논쟁거리가 되지 않는다.

〈디 어니언〉의 언급 후 다음 날, 〈와이어드〉 지에서는 "무감각함에서 나왔다기보다 쓰라린 진실을 말하는 풍자다. 문제는 복잡하고, 위험은 현실이고, 미래는 불확실하다."라고 논평했다.

당신이 고용주에 대한 농담을 트윗하거나 성 불평등과 싸우는 상품을 만들거나 비극적인 사건 후 국민에게 코믹한 안도감을 안겨주는 일을 시도하는 게 아니더라도, 이런 원칙들은 당신이 세상에 내놓고 싶은 유머를 더 잘 이해하게 하는 틀을 제공한다. 그리고 사람들 사이에서 농담의 적절성을 평가하는 수단이 되어 줄 수도 있다. 이것은 융통성 없는 규칙이 아니다. 유머의 회색지대는 혼란스럽고 골치 아프며 끊임없이 변화한다. 따라서 그 지대를 살필 때 할 수 있는 최선은 다음 사항을 염두에 두는 것이다.

- **진실을 확인하라**: 만약 당신이 진실에서 유머를 제거하면 어떨 것 같은가? 이런 맥락에서도, 이 청중들에게, 여전히 이 유머를 공유하는 것이 적절하다는 생각이 드는가?

- **고통과 거리를 고려하라**: 고통이 얼마나 큰가? 거리는 웃기에 충분할 만큼 먼가? 아니면 너무 가까운가? 나는 이 사람이나 이 집단에 충분히 가까이 있는가? 아니면 나는 고통의 근원을 개인적으로 충분히 경험했는가? 그 고통에 관해 농담할 자신이 있는가?

- **공간을 읽어라**: 공간을 읽는 것은 무엇이 관객을 웃게 할지 이해하려는 노력일 뿐 아니라 관객이 어떻게 느낄지 이해하려는 노력이기도 하다. 사람들이 농담을 받아들일 기분인가? 고려해야 할 문화적 차이나 다른 상황이 있는가?

실패하는 유머의 라이프사이클

정직원이 서른 명 정도인 조그만 디지털 미디어 회사의 CEO 토머스에게는 말썽을 부리는 직원이 있었다. 우리는 그녀를 재키라고 부를 것이다. 재키의 팀원 모두가 토머스에게 재키가 늦게 출근하고 일찍 퇴근하며 마감일을 넘기고 중요한 임무를 완수하지 못하기 때문에 그 팀의 기준에 부합하지 않는다고 말했다. 무엇보다 팀원들은 재키의 태도가 팀 문화를 해친다고 생각했다. 그녀는 팀원들에게 말을 함부로 했고 마감을 놓친 일을 지적하면 화를 냈다. 몇 달 동안 토머스는 재키에게 구체적이고 실행 가능한 피드백을 줬다. 하지만 그녀가 여전히 나아지지 않는다는 것이 확실해지자 그녀를 해고하는 힘든 선택을 했다.

"한참 전부터 그런 순간이 올 거라는 걸 알고 있었지만, 그것은 여전히 어려운 결정이었습니다. 팀이 작기 때문에 모두가 서로를 알고 아끼는 사이였거든요." 그러다 보니 그 변화는, 어떤 면에서는 집단에 안도감을 줬지만, 동시에 약간의 안타까움과 스트레스도 주었다. 팀원들은 이제 그들이 물려받을 재키의 업무량을 걱정했고(그녀를 대체할 즉각적인 계획은 없었다) 더욱이 대부분의 사람이 재키가 떠나야 했던 이유를 인지했지만, 여느 소규모 기업에서의 해고 문제가 그러하듯, 그 일은 다른 이들에게도 직업을 잃을 수 있다는 일말의 두려움을 불러일으켰다.

해고 후 처음으로 실시된 팀 회의는 원래 재키가 주도했던 회의였고 그녀의 부재를 실감할 수 있었다. 토머스는 긴장감을 줄이려고 "나가 주세요, 재키!"라는 농담으로 회의를 시작했다. 그러고는 이내 자신이 만들어 낸 그 끔찍한 분위기에서…… 스스로 나갈 수 있기를 바랐다.

어색한 웃음소리가 조금 새어 나온 뒤 회의실은 침묵에 휩싸였다. 그때 한 용기 있는 직원이 일어서서 말했다. "그 농담은 재미가 없어요."

토머스의 유머는 참상이었다. 그는 즉시 그 사실을 깨달았다.

"그것은 배움의 순간이었습니다." 토머스는 나중에 반추하며 회의실 내 긴장감에 보다 생산적으로 대응하기 위해선 무슨 일이 일어났는지 터놓고 이야기하고 모두의 감정을 살피고 팀의 불안감을 달래기 위해 노력했어야 했다고 했다. 하지만 그때는 그중 뭔가를 하기에 이미 늦었다.

토머스는 때에 맞지 않은 자신의 농담을 바로잡기 위해 신속하고 결단력 있게 행동했다. 생각을 정리하고 말했다. "전적으로 동의합니다. 죄송합니다." 토머스는 긴장이 완화되기를 바라고 한 농담이었지만, 시기가 적절하지 않았다는 것, 아니면 그런 농담을 하는 것이 긴장을 완화시키는 방법이 아니었다는 것을 인정했다. 그의 사과는 진심이었고 즉각적이었다.

직원들의 반응은 어땠을까? 한 명이 끼어들었다. "괜찮아요. 원하신다면 다시 시작하셔도 돼요." 회의실 내 다른 직원들도 동의하며 고개를 끄덕였다.

그래서 그는 그렇게 했다. 처음부터.

이번에는 재키가 해고되었다는 사실을 제대로 인정하면서 업무량 관점에서 그것이 모두에게 어떤 영향을 미칠지, 자신이 팀원들에게 얼마나 감사해하는지로 회의를 시작했다. 그는 팀원들과 우려되는 점을 함께 나누고 솔직하게 그리고 공감해 가며 이야기했다. 그리고 때가 되었다고 느껴지자 회의를 위해 계획한 의제로 넘어갔다.

유머의 실패를 극복하기 위해서는 세 단계 절차를 거쳐야 한다. 첫 번째는 단순히 그 일이 일어났음을 인정하는 것이다. 두 번째는 뭐가 잘못됐는지 스스로 진단해야 하며, 마지막으로 바로잡아야 한다. 토머스에게 이 과정이 어떻게 진행됐는지 살펴보자.

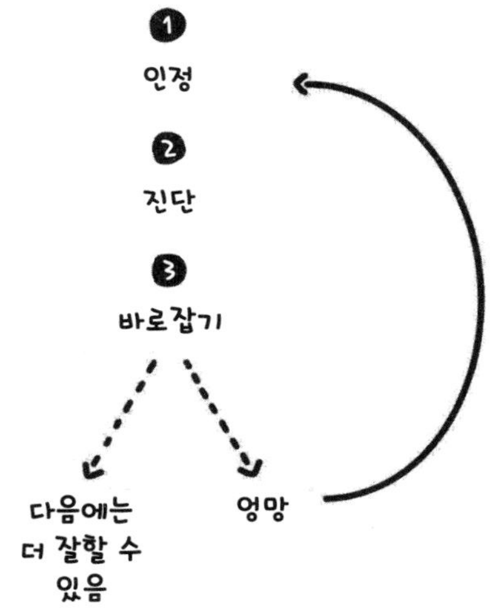

1단계: 인정

토머스는 모든 면에서 훌륭하고 성공적인 경영진으로 대중 앞에서 쉽게 실수하는 사람이 아니다. 그런데 좋은 의도였음에도 불구하고 자기의 유머가 지독하게 불발되었다는 사실에 죄책감을 느꼈다. 어째서 그토록 똑똑하고 경험 많고 선의를 지닌 사람이 이런 실수를 저지르는 걸까?

지위가 올라갈수록 적절성의 신호를 인지하기가 더 어려워지는 세 가지 주요 이유가 있다.

1. 적절성의 경계는 끊임없이 변화하고 있다.

직장에서 경력을 쌓아가는 각 개인에게 그리고 끊임없이 발전하는 사회의 구성원인 우리 모두에게 적절성은 움직이는 목표물이다.

사회적 차원에서 유머는 계속 사용됨으로써 예절의 문화적 경계를 밝히는 리트머스 테스트와 같다. 이 경계는 20년이나 30년 전, 심지어 10년 전, 5년 전과도 아주 다르다. 이런 점을 직접 느껴 보기 위해서 〈프렌즈〉나 〈윌 앤 그레이스Will & Grace〉(또는 당신이 가장 좋아하는 10년 전의 시트콤)에 나오는 에피소드를 보라. 우리가 재미있고 순수하고 장난스런 유머로 기억했던 것이 이제는 인종, 성별, 성 정체성, 문화에 대한 고정관념, 그 밖에도 개탄스러울 정도로 많은 예에서 무감각한 면을 볼 수 있다.

개인적인 차원에서는 당신이 저녁 식사 자리에서 하는 모든 농담이 일터에서 그대로 받아들여지지 못할 것이 명백하다. 그리고 인간으로서 우리는 전후 사정에 따라 문맥을 변화하는 데 능숙하다. 하지만 적절성이 권력에 따라 어떻게 변화하는지는 덜 명백하다. 즉 당신이 중간 관리자로서 한 농담은, 당신이 CEO일 때는 받아들여지지 않을 수도 있다는 것이다. 인터뷰 중에 또 인터뷰 후에 우리는 유머와 지위 사이의 관계로 어려움을 겪는 리더들을 관찰했다.

특히 리더들이 이런 만연한 함정에 빠지는 이유는 무엇일까?

2. 상대적 지위가 올라갈수록 특정 유머의 대상을 (즉 더 낮은 지위에 있는 사람들을) **접촉하기가 힘들어진다. 따라서 실제로 당신이 얼마나 재미있는지를 가늠하기가 더욱 힘들어진다.**

더 높은 지위에 있는 누군가를 희화할 때 당신은 용감하고 자신감 있어 보일 수 있다. 하지만 낮은 지위에 있는 누군가를 우스개의 대상으로 삼으면 당신은 약자를 괴롭히는 사람으로 보일 수 있다.

에이프릴 언더우드는 "구글과 트위터에서 내 유머는 거의 항상 성공적이었어요."라고 말한다. 그녀는 이들 회사를 거쳐 슬랙Slack에서 최고제품책임자CPO가 되었다. 경력 초기에 그녀의 유머는 불손해 보일 수 있었다. 그리고 미묘하게 논란의 여지가 있는 문제들을 건드릴 때도 있었다. 하지만 팀의 많은 선임들을 희화하는 것은 그녀를 자신감 있어 보이게 했고, 실제로 그녀의 지위를 괄목할 만하게 상승시키는 데 도움이 되었다. "대부분의 경우 그 공간에서 후임 그룹에 속해 있던 나는 유머감각 덕분에 어떤 상황에서 유머를 구사하고, 그 자리에 있는 리더들을 인간화하고, 내가 리더들에게 유머러스한 방식으로 진실을 말할 '허락'을 받았다는 신호를 보내는 방식으로 동료들과 겨룰 수 있었습니다."

하지만 슬랙에서는 곧바로 CEO에게 보고하고 100명이 넘는 팀을 관리하는 자리에 있다 보니 그런 식의 유머를 구사할 곳이 없었다. 그녀는 말했다. "나는 이전과 같은 종류의 유머로는 신뢰를 형성할 수 없을 거라는 사실을 이내 깨달았어요. 어쩌면 나나 나의 역할에 겁먹은 직원들에게 겁을 줄 수도 있을 것 같았지요. 나는 그 자리로 나를 데려다 준 중요한 도구를 잃은 느낌이었어요. 그 공간에 있는 상사로서 내 유머가 어떻게 보일지를 알아내야 했어요. 나는 아직도 그것을 알기 위해 애쓰고 있습니다."

주로 '위에서 내려오는 유머'는 자기비하의 형태를 보인다. 높은 지위에 있을수록 다른 사람을 희화하는 일은 '남을 비난하고 공격하는' 일이 될 가능성이 높기 때문이다.

동시에 자기비하는 리더가 자신의 결점을 조롱할 만큼 자신감 있다는 사실을 보여 주는 일이기도 하다. 그래서 리더들에게 자기비하는 겸손함을 투영할 뿐 아니라, 더 친근하고 접근 가능한 이미지를 만들고, 더불어 지위와 권력을 높이는 수단이 되기도 한다.

(메모: 반대로, 낮은 지위에 있는 사람이 자기를 비하할 때 그의 지위에 대한 인식이 더 폄하될 수 있다. 사람들이 그의 발언에 자신감이 부족하다고 볼 가능성이 높다. 따라서 중요한 규칙은 오랜 계급제도에서 위로 올라갈수록 남들을 대상으로 한 유머를 줄이고 자신에 대한 유머를 더 늘리는 것이다.)

3. 더 높은 지위와 권력을 가질수록 당신의 유머가 실제로 어떻게 받아들여지는지 가늠하기가 어렵다.

우리는 다른 사람의 웃음으로 우리가 구사하는 유머의 성공 여부를 가늠해 왔다. 하지만 우리가 권력과 권위를 얻으면 이 척도는 그 정확도를 잃는다. 웃음과 사회적 계급은 불가분의 관계이기 때문이다.

확실히 이해할 수 있게 아래 농담을 살펴보자:

> 오븐에 머핀 두 개를 굽고 있다. 한 머핀이 외친다. "아, 여기 뜨거워!" 그러자 다른 머핀이 말한다. "세상에! 말하는 머핀이라니!"

플로리다주립대학의 심리학자 그룹인 타일러 스틸먼, 로이 바우마이스터, 네이선 드월은 실험 내용에 대한 정보가 없는 참가자들에게 A급 아재 개그를 던졌다. 그중 한 참가자는 자신이 실험 진행자보다 더 지위가 높은 사람으로, 다른 참가자는 더 지위가 낮은 사람으로 인식하게끔 준비했다. 연구 결과, 농담은 '지위가 낮은 쪽'으로 전달될 때 웃음을 유발할 가능성이 훨씬 컸다.

물론 상사의 비위를 맞추는 것은 전략적 행위이다. (그리고 우리의 초기 조상들이 써 온 생존 전술이다.) 하지만 사회적 동물인 우리가 그저 환심을 사려는 의도로만 웃는 것은 아니다. 실은 그보다 더 내재화된 성향에서 나오는 행위이다. 연구자들은 새롭게 우스꽝스러운 주제를 설정하고 동일한 실험을 진행한 결과로 이 같은 사실을 알게 되었다. 이 실험에서 참가자들은 미리 녹화된 비디오를 통해 그 농담을 들었고, 실험 진행자가 자기들의 반응을 보거나 들을 수 없다는 것을 알고 있었다. 여기서도 실험 진행자가 더 높은 지위에 있다고 믿는 참가자들이 훨씬 많이 웃었다. 진행자가 누가 웃었는지 누가 웃지 않았는지 알 방도가 없었음에도 불구하고 말이다.

요약하자면 당신이 높은 지위에서 농담을 하면 사람들은 농담 그 자체에 대한 반응보다 지위와 계급에 대한 반응으로 웃는 경우가 많다. 당신이 재미있거나, 아니면 그냥 상사이기 때문일 수도 있다는 말이다.* 스티브 레아돈은 말했다. "CEO가 된다는 것은 사람들이 당신이 말하는 그 어떤 바보 같은 헛소리에도 웃을 것이란 사

* 화면 전환: 연말 회사 파티에서 무대 위에 선 한 여자가 건배를 권하자 모두가 웃음을 터뜨린다. 그녀가 카메라 쪽으로 몸을 돌리고 슬로모션으로 윙크를 하는 사이 귀에 익은 징글벨 소리가 점점 커진다.
"그녀는 유머감각을 타고났나 보다. 아니면 그냥 상사여서일지도 모른다."

실에 눈을 뜨는 것이다." 그 때문에 리더가 자기 유머의 영향력을 정확히 가늠하는 것은 이례적으로 어려워질 수 있다.

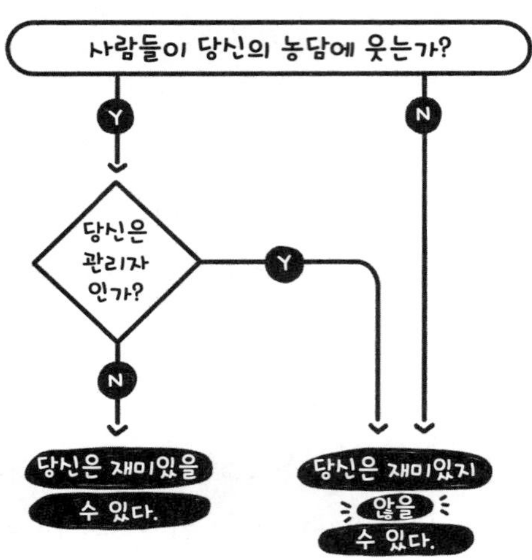

토머스의 경우는 완전한 침묵이 유머 불발의 명백한 첫 신호탄이었다. (두 번째는 누군가가 말 그대로 그의 면전에 대고 말했을 때였다.) 그의 조직이 아직 소규모이고 상대적으로 비계층적이어서 다행이었다. 처음에 몇몇이 어색하게 키득거리긴 했지만, 직원들은 재빨리 지위 차이를 극복하고 진짜 반응을 드러냈다.

불행히도 우리가 항상 그런 명확한 신호를 얻지는 못한다. 그리고 스스로 그런 인식 부족을 자각하기란 아주 힘들뿐더러, 외적인 데이터가 없는 상태에서는 유머가 선을 넘었다는 사실을 제대로 인식하지 못할 수 있다. 정확한 피드백을 얻지 못한다면 어떻게 바로

잡을 수 있겠는가?

우리가 세스 마이어스에게 학생들을 위한 제일 중요한 조언 하나를 부탁했을 때 이 차이를 잘 알아차릴 수 있는 대답을 얻을 수 있었다. “저는 제가 진짜 웃고 있을 때와 예의를 차리기 위해 웃고 있을 때의 차이를 아주 잘 가늠하고 있습니다. 당신이 스스로 그것을 더 잘 인지할수록 다른 사람들의 차이도 잘 인지할 수 있을 것입니다.”

요컨대 유머의 실패를 인지하는 데는 몇 가지 방법이 있다: 누가 뭔가를 말한다. 아무도 웃지 않거나 모두 웃는다. 하지만 당신은 자기 자신을 (그리고 자신의 위치를) 확인할 수 있을 만큼 현명하다. 여기서 우리는 작동 중인 지위의 역학을 인식하고 웃음의 진정성을 당연시하지 않아야 한다는 사실을 배워야 한다.

2단계: 진단

그래서 정말 망쳐 버렸다. 이제 어떻게 해야 하는가? 잠깐 시간을 갖고 유머가 실패한 이유를 생각해 볼 가치가 있다.

토머스의 경우, 문제는 두 가지였다. 첫째 그는 공간을 읽지 못했다. 그는 사람들이 웃을 때로 적절한지, 자신의 특정 농담을 그들이 어떻게 느낄지를 정확히 가늠하지 못했다. 유머에 실패한 만큼 공감에도 실패했다는 뜻이다. 잠깐 시간을 갖고 직원들의 감정 상태를 확인하고서야 재키의 해고에 웃을 사람이 아무도 없다는 사실을 깨달았을 것이다.

둘째, 그는 권력의 단계에서 자기보다 지위가 낮은 사람을 희화하려고 우스갯소리를 했다. 유머와 지위 사이의 관계 때문에 이런 식의 농담은 모두, 특히 리더들이 조심할 필요가 있다.

상사가 된다는 것의 무언의 규칙

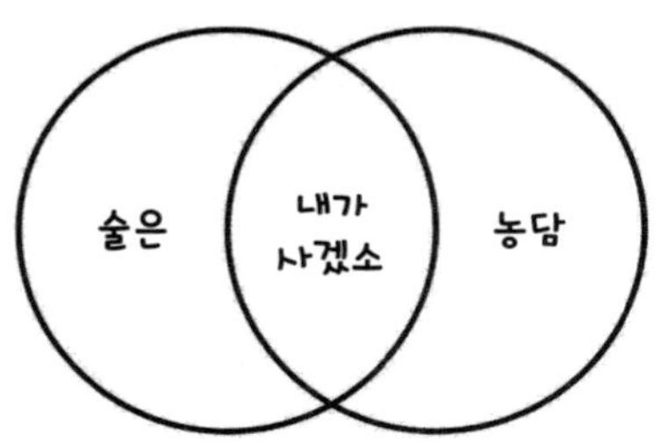

물론 토머스의 경우처럼 관객이나 그 안에서 작동 중인 지위 체계를 잘못 읽는 것이 유머가 실패하는 유일한 길은 아니다.

- **당신이 할 수 없는 농담 알기.** 일부 학생들이 Cards Against Humanity 광고를 여자들이 썼는지 물었듯이, 어떤 농담은 고통과 거리에 제일 많은 영향을 받는 이들의 몫이 되면 가장 좋다. 2016년 세스 마이어스의 〈레잇 나잇쇼〉는 간단하지만 심오한 코너인 '세스가 할 수 없는 농담'을 추가했다. 거기서 작가들이 세스에게 농담거리들을 전달하면 세스는 이렇게 말한다. "나는 이성애자 백인 남성이라 말하기 어려울 것 같은데요." 정체성에 기반한 유머는 항상 위험이 따른다. 〈모스Moth〉

에서 스토리슬램*을 위해 정한 첫 번째 규칙을 따르는 것이 현명할 것이다. 이벤트: 다른 사람의 정체성을 즉흥극, 플롯 포인트(이야기 작법에서 이야기를 다른 방향으로 전환시키는 포인트—옮긴이), 핵심 대목으로 쓰지 말 것. 요약하자면: 당신이 처음부터 그 농담을 해야 할 사람이 아니어서 당신의 유머가 실패했는지도 모른다.

- **전달수단에 신경 쓰기.** 직접 유머를 구사하는 것과 글로 쓰는 것은 다르다. 명백해 보이지만, 대부분의 사람은 매체 변화에 능하지 않다. 저스틴 크루거, 니콜라스 에플리, 제이슨 파커, 즈 웬 응이 실시한 실험에서 특별한 감정적 분위기를 유발하는 이메일을 보내게 한 뒤 받는 사람이 그 분위기를 정확히 해석할 수 있다고 얼마나 자신하는지를 평가했다. 서프라이즈! 그들은 그들의 풍자성 유머를 상대방이 이해할 거라고 심각하게 과신하는 경향이 있었다. 요컨대: 당신의 유머는 전달 과정에서 그 의미를 잃었기 때문에 실패했는지도 모른다.
- **맥락 변화.** 유머가 맥락에 달려 있다는 사실은 말할 필요도 없다. 거실에서 한 농담이 반드시 이사회에서 통하지는 않을 것이다. 일터에서는 PG13 등급을 유지하라. 그러니까 〈어벤저스〉, 〈주만지〉, 〈유치원에 간 사나이〉 수준을 유지하라는 말이다. 만약 아놀드 슈왈제네거가 다섯 살 아이들 앞에서 할 것

* 이름이 이렇긴 하지만, 스토리슬램은 WWE 이벤트와는 전혀 관련이 없는 스토리텔링 오픈 마이크 행사다. WWE 황금시간대 행사에서 브록 레스너가 접이식 의자 대신 책을 한 권 꺼내서 모두에게 사랑, 이별, 허리 근육과 관련된 가슴 찡하고 아름다운 이야기를 들려준다면 정말 사랑스러울 것 같긴 하지만 말이다.

같지 않은 유머라면 직장에서 말하지 마라. 요컨대 당신의 유머는 맥락 변화에 실패해서 실패했는지도 모른다.

- **개인적인 유머 함정 피하기.** 1장에서 우리는 네 가지 광범위한 유머 스타일을 살펴봤다. 당신이 그 스펙트럼에서 공격적인 쪽에 있다면 당신이 친밀감을 드높이는 농담이라고 보는 것이 상대를 상처 입히거나 공격하는 것처럼 들릴 수 있다. 당신이 협력적인 쪽이라면 (토머스처럼) 그러지 말아야 할 때 분위기를 가볍게 하려는 의도로 유머를 쓸 것이다. 요컨대: 당신의 유머는 개인적인 스타일에 따른 함정에 빠져 실패했는지도 모른다.

우리가 공간을 읽는 데 실패하든, 지위가 낮은 사람을 희화화하든 (그러지 말아야 할 때) 자신을 비하하는 유머를 하든, 다른 많은 실수 중 하나를 저지르든 우리는 모두 한 번쯤 헛다리를 짚는다. 많이 불쾌한가? 그럴 것이다. 하지만 그 또한 과거에 일어난 일이다. 과학이 시간 여행을 알아낼 때까지 우리는 그것을 바꿀 수 없다. 당신이 할 수 있는 모든 것은 거기서 배우는 것이다. 그리고 그것을 바로잡으려 애쓰는 것이다.

3단계: 바로잡기

유머 실패를 바로잡는 방법에 대한 가장 현명한 조언 중 하나는 크리시스 텍스트 라인Crisis Text Line 설립자이자 CEO인 낸시 루블린이 한 것이다. 유머 실패를 바로잡는 방법에 대한 가장 현명한 조언 중

하나다 : 선을 넘었을 때 고압 세척기를 꺼내라.

우리가 도와줄 것이다. 당신의 유머문화가, 낸시가 앞서 설립한 비영리단체dosomething.org에서 만든 것과 같다면 사람들이 때로 너무 지나치게 행동할 위험성을 감수해야 한다. 낸시가 CEO로 보내는 마지막 날의 전날 밤을 예로 살펴보자. 낸시는 한 무리의 직원들과 '스텐실링'*을 나가는 것으로 (말 그대로) 그 자리를 기념하기로 했다. 그들은 차에 올라타고 브루클린, 퀸즈, 맨해튼을 돌아다녔고 회사 동료의 집에 멈춰 설 때마다 낸시가 스프레이 페인트로 집 앞 인도 위에 "그동안 정말 잘해줘서 고마웠어요."나 "리더는 바로 이렇게 생겼습니다."를 쓴 다음 그 집을 향해 화살표를 그려 넣었다. 감사한다는 마음을 눈에 보이는 방법으로 전해 사람들을 놀래 줄 생각이었다.

대부분의 직원은 그것을 알아차리고 개그를 받아들였다. 하지만 낸시는 그중 마이크가 "화"를 냈다고 회상했다. 이제 막 새 아파트에 세를 든 마이크는 집주인의 반응을 두려워했다. 다음 날 아침에 그가 낸시에게 말했다. "지금 쫓겨나게 생겼어요. 우리 집주인은 아주 다정한 노부인이에요. 그분이 지금 나를 자기 집 앞 인도 위에 스프레이 페인트나 뿌리는 공공기물 파손자라 생각할 거라고요." 그는 진심으로 괴로워했다. 그날 마이크는 집에 꼼짝없이 머물러야 했다. 직장에 있는 사이 집주인이 자기 물건을 싹 끌어 모아 진짜 내다 버릴 것 같아서 집을 떠날 수가 없었다.

---

* 멋진 그래피티 작품으로 공공재를 훼손하는 일.

냰시는 끔찍한 기분이 들어 마이크에게 사과했다. 하지만 자신의 사과가 진심인 만큼 여전히 자기 의도를 증명할 뭔가를 해야 한다는 느낌이 들었다. 그날 점심때 친구 재키 베조스*에게 그 사태를 이야기하던 중 반 농담으로 이렇게 말했다. "내일 마이크가 쫓겨나지 않도록 브루클린에 있는 이 친구 집에 가서 고압세척을 해야 할지도 몰라!" 말이 입 밖으로 떨어지자마자 우스꽝스럽게 들리는 그 말이 자신의 사과를 완성하기 위해 해야 할 바른 일이라는 생각이 들었다. 그렇게 해서 dosomething.org의 CEO는 점심시간 동안 할 일의 우선순위를 바꿔 브루클린에서 고압세척업자를 찾았고 그에게 마이크 집 앞 인도에 새긴 스텐실링 세척을 의뢰했다. 평소 끔찍한 스탠실링과 온갖 더러운 것들을 세척하는 일에 익숙해져 있던 그는 낸시를 제정신이 아니며 사람들을 괴롭히는 여자라 생각했다. 하지만 그 내용을 보고는 웃음을 터뜨리며 비용을 반값으로 깎아 주었다. 이제껏 '애정 문구'는 한 번도 지워 본 적이 없다면서.

마이크는 낸시가 내내 상황을 바로잡으려고 애쓴 것을 보자 화가 순식간에 풀렸다. 토머스의 직원들이 그의 진심 어린 인정과 사과를 보고 "원하시면 다시 시작하셔도 돼요."라며 그를 받아들인 것과 같았다.

실수를 인정하고 그것을 신속하게, 직접, 겸손하게, 진심으로 다루는 힘을 절대 과소평가하지 마라. 비록 그것이 당신의 잘못을 지우기 위해 중장비를 빌리는 것을 의미하더라도 말이다.

---

* 재키는 여전히 만날 때마다 고압세척 사건으로 낸시를 놀린다. 한 번은 재키가 낸시에게 장난으로 스프레이 페인트 한 캔을 주기도 했다.

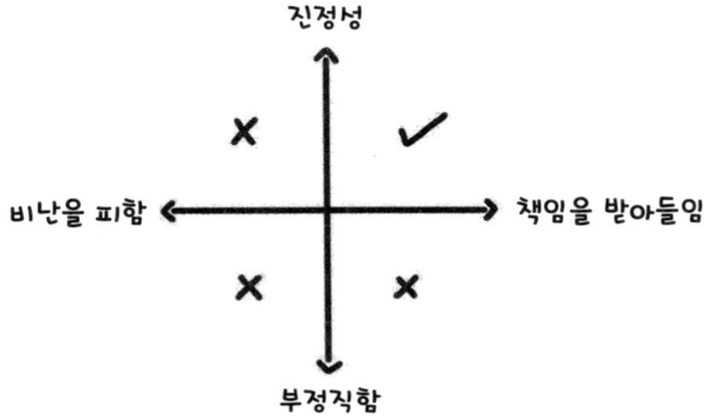

초능력의 위험: 마무리

만약 당신이 우리처럼 유머가 초능력이라 믿는다면 모든 마블 영화가 우리에게 주는 교훈을 기억하라고 권하고 싶다. 그 대단한 힘은 선을 위해 쓰일 수 있다……. 아니면 아주 쉽게, 악을 위해 쓰일 수도 있다.

당신이 악할 수도 있다는 말이 아니다. 아마 '닥터 둠'Dr. Doom(마블코믹스에서 출간한 만화책에 등장하는 악당 캐릭터—옮긴이) 말고는 아침에 일어나서 "이제 악해질 시간이야."라고 말하는 사람은 아무도 없을 것이다.

대신 이런 뜻이다. 유머의 실패를 인지하고 바로잡는 것은 중요하다. 하지만 부적절한 유머를 인식하는 것은 더욱더 중요하다. 이는 개인으로서의 당신을 위한 것뿐만 아니라 한 사회에 속한 우리 모두를 위해서다.

인종차별, 성차별, 이 밖에 편견에 사로잡힌 유머가 잔인하고 공격적이며, 일터나 그 어디서든 적절하지 못하다는 사실은 누구나 안다. 그런데도 우리 대부분은 유머가 선을 넘는 순간을, 누군가가 (당신이 아니라!) "그냥 농담이었어."나 "물론 나는 그렇게 생각하지 않아."라는 괴상한 말로 정당화하려는 순간을 경험했다. 그리고 아마 우리는 그 순간을 그냥 그렇게 넘겼을 것이다. 하지만 이런 정당화에는 우리가 생각하는 것보다 더 큰 위험이 있다.

슬픈 진실은 단지 비난과 정체성에 기반한 유머에 노출되는 것만으로도 실제로 이미 거기에 영향을 받은 사람들의 편견을 영구화할 수 있다는 것이다.

로빈 말렛, 토머스 포드, 줄리 우지카가 실시한 연구에 따르면 (사전 테스트에서) 성차별적 견해*를 지닌 남성들이 중립적인 농담이나 성차별주의적 농담**을 들었을 때, 성차별주의적 농담을 들었던 사람들이 직장에서의 성차별에 훨씬 관대한 것으로 보고되었다. 심지어 개인적으로 여성을 괴롭혔다는 상상을 해 보라고 했을 때 죄책감도 덜 느끼는 것으로 보고되었다. 토머스 포드, 크리스티 박서,

* 이 책에서 제일 재미없는 부분인 각주에서 더 자세히 알아보자. 이 남성들은 '양면적 성차별 항목'의 '적대적 성차별주의' 부문에서 높은 점수를 기록했다. 그들이 '여성이 남성을 더 지지하고 덜 비판하면 이 세상은 더 나은 곳이 될 것이다.', '부인이 남편보다 직장에서 더 크게 성공해선 안 된다.', '성적으로 허락할 것처럼 행동한 뒤 접근을 거부하는 것으로 남성을 조롱하는 일에 재미를 느끼는 여성들이 많다.' 같은 내용에 동의를 표했다는 뜻이다.

** 이를테면: 남자와 여자가 한 엘리베이터에 갇혔다. 그들은 살아서 나갈 수 없을 거란 사실을 깨달았다. 여자가 남자를 향해 말했다. "죽기 전에 내가 여자라 느낄 수 있게 만들어줘요." 그래서 남자가 옷을 벗고 말했다. "이걸 개켜." 으음, 그렇다. 이런 것이다.

제이콥 암스트롱, 제시카 에델이 실시한 비슷한 연구에서는 성차별주의 코미디 촌극을 본 남성들이 그들의 대학에 속한 다른 학생 단체들보다 여성 단체에 가는 자금을 더 크게 삭감할 것을 권고했다.

요컨대: 비난하는 유머는 그저 경계선을 강화하고 분열을 부각하는 것만이 아니다. 그것은 분열을 더 크게 만들 수 있다.

그렇다면 Cards against Humanity for her 광고는 어땠는가? 의아하다는 생각이 들지 않았는가? 그것은 완전한 성차별주의 광고다. 아니면 〈디 어니언〉의 9/11 이슈에 나온 "테러리스트들은 지옥에 있는 자신을 발견하고는 깜짝 놀랐다."는 어떤가? 이슬람교에 대한 오해를 바탕으로 하고 있다. 이런 것들은 분열적일까? 아니면 유머를 특정 고정관념의 순전한 부조리를 조명하는 도구로 사용하는 것일까?

선이 항상 명확하지는 않다. 결국 그 차이는 독자와 그들이 웃고 있는 이유로 귀결된다. 사람들은 명백하고 의도적인 우스꽝스러움, 그러니까 현실과 말해지고 있는 것의 부조리에 웃는 것인가, 아니면 그 고정관념이 사실이라고 생각하기 때문에 웃는 것인가?

그런 긴장감 속의 웃음은 사라 실버만이 말한 '피를 머금은' (혹은 '디 어니언' 설립자 스콧 디커스가 이와 유사하게 '피의 웃음'이라 이름 붙인) 웃음에서 나온다. 당신의 상스러운 농담을, 혐오감을 자아내는 비방과 고정관념에 대한 비평이나 논평이 아니라 그에 대한 지지로 해석한 누군가가 터뜨리는 격앙된 웃음이다. 이는 이 영역에 수반되는 유감스러운 위험요소이며 우리 모두 모스가 스토리슬램 이벤트를 위해 정한 첫 번째 규칙인 '다른 사람의 정체성을 즉흥극, 플롯 포인트, 핵심 대목으로 쓰지 말 것'을 어기기 전에 다시금 생각하게 만드는 부분이다.

결과에 대한 두려움으로 유머 사용을 겁내야 한다는 말이 아니다. (완전히 반대다. 당신이 이 사실을, 원대한 영향을 미치는 유머의 힘을 밝힌 앞 장에서 이미 알아냈기를 바란다.) 오히려 그런 회색지대를 항해하는 것이 우리의 책임이다. 문화적, 개인적 변화에 따라 계속 교정하고, 실수를 인정하고 바로잡으며, 우리가 구사하는 유머의 영향을 이해해야 한다. 특히 유머를 강력한 도구로 사용할 때, 그것은 해로운 고정관념과 사회적 불평등 문제를 밝힐 수 있다.

엄청난 유머에는 엄청난 책임이 따른다.

좋은 일을 위해 유머를 써라.

7.5장

인생의 비밀 병기

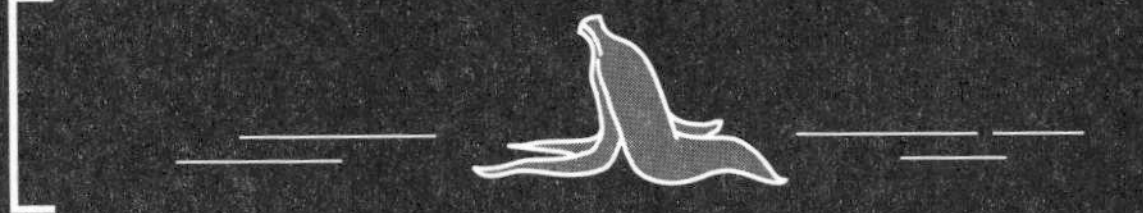

"유머 감각……에는 갑옷이 필요하다.
마음속 기쁨과 입술에 머금은 웃음은
그 사람의 내면이 인생을 아주 잘 파악하고 있다는 신호다."

- 휴 시디

당신은 이 책의 마무리 단계에 왔다. 이제 당신은 일터에 유머와 재미를 어떻게 불어넣어야 할지, 그것이 왜 중요한지 알고 있다. (그러기를 바란다.) 하지만 여기서 한번 생각해 보자. 일단 일이 끝나면 당신은 충만하고 아름답고 복잡한 당신의 삶으로 돌아간다. 그렇다면 그다음은 어떻게 되는 걸까?

이제 다들 알겠지만, 제니퍼는 지난 20년 동안 인간의 웰빙을 이끄는 원동력을 연구해 왔다. 사람들은 어떻게 자신의 삶에서 의미를 만들까?, 의미는 행복과 어떻게 다른가? 궁극적으로 어떻게 인생을 잘살 수 있을까?

제니퍼의 연구 중 많은 부분이 죽어 가는 이들의 후회에서 영감을 받았다. 제니퍼가 죽음에 몰두하게 된 것은 어린 시절부터였다. 그녀의 어머니는 거의 40년 동안 호스피스에서 자원봉사를 해 왔고, 제니퍼는 저녁 식사 자리에서 어머니가 돌봤던 사람들과 그들이 삶의 마지막 날에 무엇을 원했는지에 대한 이야기를 들으며 자랐다.*

* "우리는 소위 말하는, 진짜 재미있는 가족입니다." - 제니퍼

그녀는 인생의 마지막 순간에서 사람들이 말하는 소망을 들으며 그들이 달리 행동했으면 좋았겠다고 후회하는 것들이 대담성, 진정성, 현재를 살기, 사랑, 기쁨이라는 몇 가지 일관된 주제를 중심으로 모여 있다는 사실을 알아차렸다.

지난 6년 동안 함께 일해 오면서 우리는 유머와 재미가 이런 각각의 후회들과 싸우는 독특하고 강력한 도구이며, 이런 식으로 웰빙에 기여한다는 사실을 알게 되었다.

오해하지 말길 바란다. 우리는 당신이 공격적인 비즈니스 거인이 되는 것에 신경 쓴다. 당신의 최종 결산에 신경 쓴다. 심지어 당신의 최초 결산*에도 신경 쓴다. 하지만 우리는 한 사람으로서의 당신에 대해 더욱 신경을 쓴다. 우리는 당신이 이 책에서 얻은 개념을 활용해 더 훌륭하고 충만한 인생을 살 기회를 찾기를 바란다. (그래서 언젠가 마지막을 맞이할 때 후회가 없도록, 아니 적어도 후회를 덜 할 수 있기를 바란다) 이 책에서 얻은 개념을 이용할 기회에 대해 더욱 신경 쓰기를 바란다.

그래서 우리의 학술 연구와는 다르지만, 심오하게 연결된 두 가지 측면, 즉 유머와 웰빙을 통합함으로써 여정을 끝내려 한다. 대담성, 진정성, 현재를 살기, 기쁨, 사랑은 그 두 측면에서 성장한다.

대담성: "더 겁 없이 살았더라면"

나는 재미있지 않아. 그저 용감할 뿐. - 루실 볼

* 주: 사실 아무것도 아니다.

두려움은 우리가 우리의 삶을 정의할 수 있는 대담한 선택을 못하게 막는다. 따라서 좀 더 대담하게 살기 위해서는 우선 두려움과 싸워야 한다. 유머는 두려움을 녹인다. 우리를 좀 더 용감하게 혹은 두렵지 않게 만들어서가 아니라 변화와 가능성에 눈뜨게 해 줌으로써 두려움을 녹인다. 유머는 우리에게 더 큰 위험성을 무릅쓸 대담함을 부여하고 우리를 좌절에서 더 빨리 회복하도록 도와준다. 그래서 우리는 스스로 먼지를 털고 일어나 다시 도전할 수 있다.

진정성: "나 자신에게 진실한 삶을 살았더라면."

남의 의견을 바꾸려고 시간을 낭비하지 마라. 당신의 일을 하라. 그리고 그들이 좋아하든 말든 신경 쓰지 마라.

- 티나 페이

유머는 삶을 보다 진정성 있게 살게 하는 비밀스런 힘이다. 다른 사람들이 우리에게 혹은 우리가 우리 자신에게 만들어 놓은 장벽은 극복할 수 있다. 우리가 우리의 특정한 모습을 보여 주는 데 지나치게 에너지를 집중하면 그 길로 가는 도중에 진짜 모습을 잃을 수 있다. 유머는 이런 기대에서 오는 스트레스에 대처하고 진짜 우리의 관점에 맞춰 위험성이 있거나 관습에 얽매이지 않는 생각을 공유할 힘을 실어 준다. 그렇게 함으로써 그 장벽을 움직일 수 있다. 우리에 대한 다른 사람의 기대를 더 자신에게 진실된 것으로 바꾸라. 자신의 유머를 이해하는 사람들은 자기 자신을 아는 사람들이다.

현재를 살기: "그 순간을 더 잘 인지했더라면."

지난 시간은 존재하지 않는다. 오직 지금만이 존재할 뿐…… 오직 지

금 뿐. - 빌 머레이

현재를 산다는 것은 지금 이 순간을 인지한다는 의미고, 유머는 당신이 그 순간에 있기를 요구한다. 유머를 즐길 때든 그저 유머를 들을 때든 당신은 그 순간에 있어야 한다. 과거를 반성하고 거기서 배우며 미래에 대한 목표와 포부를 세우되 지금 여기, 바로 지금 이 날이 당신의 인생이라는 사실을 결코 잊어선 안 된다. 매 순간에서 숨겨진 진실을 찾고 새로운 시각으로 사람들과 상황을 바라봐야 한다. 유머와 재미는 당신이 현재를 살 수 있게 한다.

기쁨: "더 많이 웃었더라면……. 그리고 나 자신을 너무 진지하게 받아들이지 말았더라면."

법체제가 허용하는 한도 내에서 당신을 행복하게 만드는 일들을 하라.

- 엘렌 드제너러스

기쁨은 행복한 우연이 아니라 우리가 만드는 선택이다. 우리가 스스로 추구하고 찾도록 허락된 일이다. 웃음에 더 관대해지고 하루 중 즐거운 순간을 찾는 데 마음을 여는 일이다. 너무 진지해지지 않을 때 당신은 애쓰지 않고도 웃을 수 있다. 그리고 그때가 바로 기쁨이 흐르는 순간이다.

사랑: "'사랑해'라고 한 번만 더 말할 기회가 있었더라면."

내 경험상 당신은 진정으로 당신이 사랑하는 것만 섬길 것이다. 친구를 사랑하면 친구를 섬긴다. 커뮤니티를 사랑하면 당신의 커뮤니티를 섬길 것이다. 돈을 사랑하면 돈을 섬길 것이다. 오직 자기 자신만을 사

랑한다면 당신은 오직 자신만 섬길 것이고, 그러면 당신에게는 오직 자신만 남게 될 것 이다. - 스티븐 콜버트

사랑이 있는 곳에는 유머도 가까이 있다. 누군가와 웃음을 나누는 것만큼 쉽고 관대한 행동은 거의 없다. 이런 순간들이 아주 잠깐일지라도 소소한 사랑의 표현이다. 그리고 신뢰와 자기 표출로 가는 길을 앞당김으로써 관계는 강화된다. 웃음이 긴장과 분열을 뚫고 연결고리를 구축할 때 유머와 재미는 사랑을 가능하게 한다.

대담성, 진실성, 현재를 살기, 기쁨, 사랑. 이보다 더 보람 있는 인생의 목적은 상상하기 어렵다. 그리고 우리(그리고 우리의 독자)에게 다행스럽게도 이들은 각각 유머와 깊이 연관되어 있다. 이것이 바로 목적과 의미가 있는 삶이 웃음과 재미로 가득 차 있다고 강하게 믿는 이유다.

(이 책의) 마무리

우리와 함께 깊이 탐구해 줘서 감사한다. 당신이 죽음과 웰빙에 관한 이런 무거운 명상을 잘 거쳐 준 것에 감사한다. 이런 면에서 말장난이나 유머 소재 정도를 기대하며 이 책을 집어 들었을 사람들에게 특히 감사한다.

기억하라. 유머는 일과 삶 모두에서 사고방식의 미묘한 변화로 시작된다. 움직임으로 시작하는 것이다.

그러니 움직여라.

일상의 경험 구석구석에서 유머의 불꽃을 자세히 관찰하라. 당신의 배우자나 동료나 가게 점원을 참여시키고 함께 즐길 수 있는 초대장을 찾아라.

그리고 당신이 이 작은 불꽃을 보았을 때 휴대폰만 들여다보고 있지 말고 산소를 공급하고 부채를 부쳐 불길을 만들고 함께 즐기고 더 키워라. 그래서 불꽃을 퍼뜨리고 더 키워서 당신의 동료들과 당신이 사랑하는 주변 사람들을 따뜻하게 하라. 어둠의 순간에도 마찬가지다. 그럴 때일수록 더 열심히 불꽃을 퍼뜨리고 키워야 한다.

이제, 세상의 모든 사람들이 이런 마인드셋을 가졌다면, 모두가 이런 불꽃을 찾아 나섰다면, 모두가 미소의 절벽 끝에서 비틀거리면서도 유머를 찾는 인생을 걸었다면 어땠을지 상상해 보자.

그런 세상을 상상해 보자.

이제 그런 세상을 만들어 보자.

사랑을 담아.

마이클 루이스와의 대화

마이클: 오케이, 흐음, 이 후기를 위해선. 기존 후기의 틀을 깨야 할 것 같네요.

제니퍼: 맞아요! 우리는 틀-반대론자예요. 틀을 완전히 깰 준비가 돼 있어요. 어떻게 하실 건가요?

마이클: 진짜 자연스럽게 이렇게 하는 거예요. '우리 책에 대해 누군가와 인터뷰하는 것으로 이 책을 마무리하려 합니다.' 자기들 책 마무리를 그렇게 할 사람이 누가 있겠어요?

나오미: 진짜 대단하세요. 좋아요. 우리 다 함께해요. 시작하기 전에 다른 조언은 없나요?

{마이클은 잠깐 가만히 있다가…… 나오미의 거실 양쪽 구석을 가리켰다.}

마이클: 저 오른쪽에 있는 화분을 왼쪽으로 옮기고 왼쪽 화분은 오른쪽으로 옮기면 좋겠는데.

나오미: 솔직히 몇 주 동안 저 화분을 의식하고 있었어요. 말해줘서 고마워요. 의식할 필요가 없었네요.

그래서 이렇게 하기로 했다. 우리는 우리 책에 관해 마이클 루이스와 인터뷰를 하는 것으로 이 책을 마무리 지을 것이다. 아무도 이렇게 안 할 테니까 말이다. 여기 인터뷰가, 그러니까 후기가 있다.

제니퍼: 책에서 우리는 일터와 일상에서 작용하는 유머, 좀 더 광범위한 용어로 재미의 역할에 대해 (많이) 이야기했습니다. 마이클 씨의 인생에서 유머와 재미는 어떤 역할을 했다고 생각하나요?

마이클: 항상 재미있게 지내자는 것이 내가 인생을 대하는 방식입니다. 내 인생을 풍요롭게 한 것들은 대부분 힘들지라도 정말 재미있는 것들이었습니다. 보통 내 삶이 길을 벗어난 것 같다고 느낄 때, 그러니까 내가 제대로 살고 있지 않다는 생각이 들 때는 정말 재미가 없을 때였어요. 그래서 내가 바른 길을 가고 있는지 확인하는 방법 중 하나는 이렇죠. '한동안 유머 없이 지냈다는 생각이 뇌리를 스친다. 뭔가가 잘못됐다.' 당신이 숲에 있는데 갑자기 곧 잡아먹힐 것 같다는 느낌이 들 때와 같아요. 그러면 나는 의도적으로 멈춰 서서 그 사실을 의식한 다음 무슨 일을 하든 그 상태를 벗어나려고 합니다.

제니퍼: 그러면 마이클 씨의 일상은 끊임없이 유머가 함께하나요?

마이클: 네. 그렇습니다. 하지만 중요한 건 유머가 그 자체의 범주에 속해 있는 것이 아니라는 사실이에요. 유머는 마음속 조그만 코미디 클럽 안에 들어 있는 것이 아니라 다른 모든 범주

에 스며드는 것입니다. 마치 기내식에 뿌리는 소금 같은 것이죠. 모든 것을 더 낫게 만드는 것. 유머는 어디에나 존재하지 파워포인트의 첫 페이지에만 존재하는 것이 아닙니다. 이 책을 선택한 대부분의 사람들은 자기 자신에 대해 '나는 재미있어질 필요가 있어.'라고 생각하는 사람들일 겁니다. 하지만 그들에게 필요한 것이 그게 아님을 알게 될 거예요. 필요한 건 완전히 다른 정신을 삶에 들이는 겁니다. 아마 이제는 그들이 뭔가 잊고 있거나, 아니면 의식적이든 아니든 자신과 다른 사람들 사이에 벽을 쌓고 있다는 사실을 느끼겠지요.

그리고 이 책은 사람들이 그 벽을 넘고 무너뜨리는 데 도움을 줍니다.

나오미: 유머라는 주제에 매료되었다고 앞서 말씀하셨죠. 처음에 어떻게 유머에 관심을 갖게 되었나요?

마이클: 유머에 관한 여러분의 작업에 대해 들었을 때 처음 든 생각이 '탐구하기에 이 얼마나 재미있는 비효율성인가!'였어요. 그게 바로 이 콘셉트에서 내가 좋아하는 점입니다. 유머감각을 갖고 있거나 아니거나 둘 중 하나라는 그런 아이디어에 대항해 여러분이 취하고 있는 방식 말입니다. 정신은 유머를 가르칠 수 있다는 생각을 거부합니다. 유머는 대화 중에 자연스럽게 이뤄져야 하는 것처럼 느껴지기 때문이지요. 그것은 키울 수 있는 것이 아니라 타고나는 것처럼 보이

니까요. 유머를 가르칠 수 있는 기술이라고 느낀 건 세컨 시티에 즉흥극을 배우러 갔을 때뿐이었습니다.

제니퍼: 세컨드 시티에서 수업을 듣게 된 계기는 뭔가요? 당신의 정신이 그 아이디어에 저항하고 있는데도 말이에요.

마이클: 지금 18살인 내 아이가 당시엔 아마 8살이었을 겁니다. 그때 우리 딸은 뭐든 견디기 힘들어했어요. 매사에 부정적이었죠. 새로운 음식을 먹일 수도 없었고 우리가 제안하는 건 뭐든 거부했어요. 우리 딸의 인생이 코미디와는 정반대 같다는 생각이 들더군요. 그러다 내가 딸의 인생에 약간의 '예스. 그러면'을 넣어줄 수 있다면 사정이 좀 나아질 거라는 생각이 들었지요. 그래서 딸을 이틀 과정의 키즈 클래스에 등록시켰고 나도 그 시간에 어른을 위한 코스를 들었습니다. 수업을 시작하고 3시간 후 점심을 먹으러 갔을 때가 기억나네요. 그때 나는 땀으로 흠뻑 젖어 있었습니다. 내가 살면서 겪은 가장 공포스러운 3시간이었어요. 너무 힘들었죠. 그때 딸이 얼굴 가득 환한 웃음을 지으며 나오더군요. 그리고 이렇게 말했어요. "진짜 재밌었어요! 너무너무 쉬워요!" 나는 그것이 어른과 아이의 차이라고 생각했어요. 그런 상황에 몰리기 전까지 우리는 머릿속이 얼마나 경직되어 있는지 깨닫지 못합니다. 지금까지도 나는 이따금 그때를 기억하고 즉흥극에서 내가 했던 방식대로 세상에 반응하려고 노력합니다.

나오미: 그 이야기에서 마이클 씨가 다른 방식으로 세상을 향해하

는 마인드셋에 집중하는 모습이 마음에 들어요. 마이클 씨는 전에 대처 켈트너가 제안한 실험을 하면서 매일 마무리 단계로 웃긴 것 3가지를 적어야 했다고 했어요. 본인이 삶에서 끊임없이 재미를 찾는 사람임에도 웃긴 것을 써야 하는 순간이 갈수록 어려워졌다고 하셨죠. 앉아서 구체적으로 뭔가를 찾으면 마법을 잃는 것 같다면서요. 그렇다면 이 두 가지를 어떻게 조화시킬 건가요? 찾지 않고 어떻게 인생에서 더 많은 유머를 발견할 수 있나요?

마이클: 맞아요. 뭔가를 적어야 하는 순간 그게 제약이 되더군요. 내가 적어놓은 것들이 별 재미가 없어 보였어요. 너무 힘들어서 마지막 날에 19살짜리 딸에게 생각할 수 있는 모든 웃긴 것들의 목록을 달라고 했어요. 그렇게 아이디어를 훔칠 수 있었죠.

독자분들이 이 책에서 얻은 결론도 이와 비슷할 거예요. 근본적인 문제를 생각하면서, '이건 진짜 웃기는 것과 거리가 멀잖아.'라고 말하겠지요. 이 모든 것을 배웠으니 이제 배운 것을 살짝 움켜쥐고 마인드셋을 세상을 향해 옮기세요. 너무 애쓰지 마세요. 결과에 집중하지도 마세요. 그냥 마인드셋을 이런 식으로 바꾸기만 한다면, 모든 면에서 당신의 인생은 더 나아지고 더 풍부해질 것입니다.

이건 진짜 맞는 말입니다. 티머시 골웨이의 '이너게임(배우며 즐겁게 일하는 법)'이라는 책이 있는데 이 책은 70년대에 코칭 같은 이너 게임의 시초였습니다. 그 책을 묘사하는 세 가지 문장은 이렇습니다. 테니스를 지도하는 사람은 더 이상 사람들에게 테니스공을 어떻게 치는지 말하지 않는다. 그는 테니스공을 얼마나 잘 치는지에 대한 것보다 복부 근육이나 호흡이나 그밖에 다른 것들에 집중하라고 말한다. 그는 결과가 아니라 몸으로 하고 있는 일 같이 중요한 것에 집중하라고 말한다.

만약 '웃기는 것'이 결과라면 그리고 결과에 너무 집중한다면 (이를테면 너무 생각을 많이 하고 테니스공이 어디로 갈지에 집중하기 시작한다면) 흐름을 잃을 수 있습니다. 우리의 마음은 집중할 것을 찾을 거예요. 웃기는 데 집중하지 않는 것이 훨씬 더 낫습니다. 재미가 스스로 알아서 하도록 내버려 두세요.

제니퍼: 그러면 웃기기보다 즐기기에 더 집중해야겠네요. 즐기는 것에 집중한 건 어디서 온 건가요?

마이클: 여러분이 이 책에서 묘사한 태도는 내 고향 뉴올리언스 사람들이 지녔던 태도와 아주 비슷합니다. 그곳 사람들은 웃기는 것이 중요하지 않다고 말할 겁니다. 당신과 함께 있는 것이 재미있다고 느끼는 것이 중요하지요. 그리고 '아, 당신과 함께 있으니까 정말 좋네요.'라는 감정을 불러일으킬 방법은 많아요. 그런 감정은 나 자신을 더 발전시키고 내 일을 더 잘 할 수 있게 합니다. 내가 어떤 책이나 팟캐스트나 극본에서 재미를 못 느끼면 관객들도 재미없어할 때가 많거든요. 사람들은 재미없는 인생을 살고 싶어 하지 않습니다. 심지어 지루한 대화도 원하지 않지요. 그런 건 그저 위험 회

피용일 뿐입니다. 두려워할 필요 없는 환경을 만들면 순식간에 일이 해결되지요.

나오미: 인생에서 재미가 없다는 느낌이 들 때, 그러니까 숲에서 막 잡아먹히려 할 때 같은 그런 상황에서는 어떻게 하나요?

마이클: 내가 그런 순간에 있을 때면, 즉 내가 '아, 지루함이 좀 오래 가네.'라는 생각이 들면 나는 주로 어떤 문제를 일으킵니다. 예를 들어볼게요. 어느 날 우리 가족이 저녁 식사할 때가 다 됐을 때였어요. 뭔가 일이 잘못 되어간다는 불길한 느낌이 들더군요. 아이들이 말다툼을 벌이고 있었거든요. 그 당시 나는 노래 수업을 듣고 있었어요. 노래 때문이 아니라 어마어마하고 무시무시하고 끔찍한 소리를 내가며 음역을 확장하는 발성 연습 때문이었지요. 나는 그 자리에서 아이들이 티격태격하는 소리를 들으며 우렁차게 노래를 하기 시작했어요. 그 미친 듯한 발성 연습을 하면서 말입니다. 멀찍이서 그 소리를 들은 아이들은 깜짝 놀랐죠. 그러다 이내 내가 뭘 하는 건지 알아차리고는 바로 다툼을 멈췄어요. 진짜 이상한 짓이었죠. 하지만 효과가 있었어요.

유머를 사용하는 것은 불을 피우기 시작하는 것과 같습니다. 자기가 있는 곳이 차갑고 어두울 때 그곳을 따뜻하고 밝게 만들고 싶겠지요. 그러니까 조그만 문제를 만들어 보세요. 그 문제 뒤에 사랑이 존재하는 한 그건 재미로 돌아올 겁니다.

인생을 재미있게 사는 습관을 들이면, 그런 식으로 살아야 한다고 믿고 삶을 살아가면 재미있지 않을 때를 자각하게 됩니다. 나는 아주 오랫동안 인생을 재미있게 살아 왔기 때문에 재미없는데 참는 것은 상상조차 할 수 없습니다. 그 반대도 사실입니다. 재미있게 사는 습관을 들이지 않으면 재미를 자각할 수조차 없어질 겁니다. 이미 재미를 못 느끼는데 익숙해졌기 때문이죠.

제니퍼: 인터뷰를 마치기 전 마지막으로 질문드릴게요. 이 책의 마지막에서 우리는 사랑과 유머 사이의 관계에 대해 이야기했습니다. 웃음의 공유가 소소한 사랑의 표현이라는 내용이었지요. 마이클 씨의 삶에서도 그 내용이 사실이었나요? '예스'라 답해주시길 바랄게요.

{테이블 위로 100달러짜리 지폐가 슬며시 건네진다.}

마이클: 예스.

보통 감정은 유머의 원천입니다. 사랑이든 미움이든, 심지어 슬픔이라도 그렇지요. 감정은 당신을 뭔가에 집중하게 합니다. 하지만 특히 사랑은 아주 감정적인 영역을 만들어 내지요.

지난 여름, 나는 어느 장례식에 추도연설을 부탁받았습니다. 한 번도 안 해본 일이었지요. 그래서 나는 추도식을 많이 해본 사람에게 조언을 구했어요. "그냥 간단하게 하면 됩니다." 그러니까, 간단한 추도사가 그런 상황에 있는 사람들의 마음에 남으며 간단한 추도사를 할 때 그 내용에 진심을 담으면 모두의 감정을 드높일 수 있다는 얘기였지요.

그래서 나는 내가 친구를 사랑했고 그 친구를 사랑했던 이유를 설명하고 우리가 함께했던 이야기들을 들려주었죠. 사이사이 소소한 유머를 끼워 넣어 분위기를 너무 무겁지 않게 했어요. 내가 깨달은 건 사람들이 모든 것을 실제보다 10배는 더 재미있게 받아들였다는 거예요. 이미 그들이 진짜 감정적인 영역에 속해 있기 때문이지요.

그래서 나는 사랑하는 마음이 있다면 유머는 그리 멀리 있지 않다고 말하고 싶습니다.

[1장]

유머 절벽:

그 심연의 바닥에서 우리는 갤럽조사에 응답한 166개국 140만 명 가운데 일별 웃거나 미소짓는 횟수가 23세를 전후로 곤두박질친다고 밝힌 사람들과 만났다.

평균 네 살짜리는 하루에 300번 웃는다.: P.겔로프, 2011년 6월 22일 허핑턴포스트.

https://www.huffpost.com/entry/laughter-and-health_b_881210

유머감각이 있는 직원을 선호:

Hodge-Cronin & Associates, 1886, "Humor in Business: A Survery."

리더십에 대한 신뢰의 부족:

D.Sturt와 T.Nordstrum의 "!0 Shocking Workplace Stats You Need to Know." 2018sus 3월 8일 포브즈Forbes.

https://www.forbes.com/sites/davidsturt/2018/03/08/10-shocking-workplace-stats-you-need-to-know/#76e360b2f3af.

자기비하 유머를 사용하는 리더들:

C.Hoption, J.Barling, N.Turner, "It's Not You, It's Me,: Transformational Leadership and Self –Deprecating Humor" Leadership&Organization Development Journal 34(1), 2013, 4-19, doi:10.1108/01437731311289947.

팀 성과를 매기는 관리자들의 평가:

N.Lehmann-Willenbrock, J.A.Allen의 "How Fun Are Your Meetings? Investigating the Relationship Between Humor Patterns in Team Interactions and Team Performance," Journal of Applied Psychology 99(6), 2014, 1278.

지위, 역량, 자신감:

T. B. Bitterly, A. W. Brooks, M. E. Schweitzer, "Risky Business: When Humor Increases and Decreases Status," Journal of Personality and Social Psychology 112(3), 2017, 431–55.

유머감각이 있는 관리자들:

W. H. Decker, "Managerial Humor and Subordinate Satisfaction," Social Behavior and Personality 15(2), 1987, 225-32.

174,000명의 갤럽 응답자들:

좋은 소식은 만약 당신이 이들 174,000명의 갤럽 응답자들과 같다면, 당신은 이미 일터가 아닌 곳에서 이런 활동을 훨씬 더 많이 했을 가능성이 높다는 것이다. 그러니까 당신은 이미 연습을 해 오고 있는 것이다.

성장 마인드셋:

마인드셋: 스탠퍼드 인간성장 프로젝트, 캐럴 드웩, 김준수 옮김, 2017,10,30,스몰빅라이프

호르몬 칵테일(도파민, 코르티솔, 엔돌핀):

J. Yim, “Therapeutic Benefits of Laughter in Mental Health: A Theoretical Review,” Tohoku Journal of Experimental Medicine 239 (3), 2016, 243–49.

호르몬 칵테일(옥시토신, 엔돌핀):

S. J. Nasr, “No Laughing Matter: Laughter Is Good Psychiatric Medicine,” Current Psychiatry 12 (8), 2013, 20–25.

37 퍼센트 더 높은 지위:

T. B. Bitterly, A. W. Brooks, and M. E. Schweitzer, “Risky Business: When Humor Increases and Decreases Status,” Journal of Personality and Social Psychology, 112 (3), 2017, 431–55.

우스꽝스러운 질문에 유머러스한 대답:

Daniel P. Howrigan and Kevin B. MacDonald, “Humor as a Mental Fitness Indicator,” Evolutionary Psychology 6, no. 4, 2008: 147470490800600411.

‘그리고 내 반려 개구리도 내놓겠소.’:

Karen O’Quin and Joel Aronoff, “Humor as a Technique of Social Influence,” Social Psychology Quarterly (1981): 349–57.

33 퍼센트 더 높은 포인트:

T. R. Kurtzberg, C. E. Naquin, and L. Y. Belkin, “Humor as a Relationship - Building Tool in Online Negotiations,” International Journal of Conflict Management 2009.

현 사안에 대해 더 잘 기억한다는 사실:

"Public Knowledge of Current Affairs Little Changed by News and Information Revolutions," Pew Research Center, April 15, 2007.

간단한 단기 기억력 테스트:

G. S. Bains, L. S. Berk, N. Daher, E. Lohman, E. Schwab, J. Petrofsky, and P. Deshpande, "(The Effect of Humor on Short-Term Memory in Older Adults: A New Component for Whole-Person Wellness)" Advances in Mind-Body Medicine 28(2), 2014, 16–24.

기말 시험에서 11 퍼센트 더 높은 점수를 기록:

A. Ziv, "Teaching and Learning with Humor: Experiment and Replication," Journal of Experimental Education 57(1), 1988, 4–15.

NPR뉴스 시청자 설문조사

"The State of the Union," In Your Words , NPR, January 25, 2011.

30 퍼센트 더 친밀:

A. W. Gray, B. Parkinson, and R. I. Dunbar, "Laughter's Influence on the Intimacy of Self-Disclosure," Human Nature 26(1), 2015, 28–43.

관계에 23 퍼센트 더 만족:

D. G. Bazzini, E. R. Stack, P. D. Martincin, and C. P. Davis, "The Effect of Reminiscing About Laughter on Relationship Satisfaction," Motivation and Emotion 31 (1), 2007, 25–34.

다섯 살 아이들:

T. P. German and M. A. Defeyter, "Immunity to Functional Fixedness in Young Children," Psychonomic Bulletin & Review 7 (4), 2000, 07–12.

웃음이 그들의 기능적 고정관념을 극복하고 새로운 연결과 연관성을 보는 데 도움이 된 것이다.:

A. M. Isen, K. A. Daubman, and G. P. Nowicki, "Positive Affect Facilitates Creative Problem Solving," Journal of Personality and Social Psychology 52(6), 1987, 1122.

코미디언들의 자막이 더 나았다.:

O. Amir and I. Biederman, "The Neural Correlates of Humor Creativity," Frontiers in Human Neuroscience 10, 2016, 597.

25 퍼센트 더 창의적:

Barry Kudrowitz, "Creativity, Idea Generation, Improvisational Humor, and Product Design," Massachusetts Institute of Technology PhD dissertation.

심리적 안정감:

A. Edmondson, "Psychological Safety and Learning Behavior in Work Teams," Administrative Science Quarterly 44(2), 1999, 350–83.

유머와 심리적 안정감의 연결고리:

L. S. Berk, S. A. Tan, and D. Berk, "Cortisol and Catecholamine Stress Hormone Decrease Is Associated with the Behavior of Perceptual Anticipation of Mirthful Laughter," 2008.

더 낮은 코티솔(스트레스) 레벨과의 상관관계:

B. K. Lee, T. A. Glass, M. J. McAtee, G. S. Wand, K. Bandeen-Roche, K. I. Bolla, and B. S. Schwartz, "Associations of Salivary Cortisol with Cognitive Function in the Baltimore Memory Study," Archives of

General Psychiatry 64(7), 2007, 810–18.

더 많은 기능적 의사소통:

N. Lehmann-Willenbrock and J. A. Allen, "How Fun Are Your Meetings? Investigating the Relationship Between Humor Patterns in Team Interactions and Team Performance," Journal of Applied Psychology 99(6), 2014, 1278.

직장 스트레스:

J. Goh, J. Pfeffer, and S. A. Zenios, "The Relationship Between Workplace Stressors and Mortality and Health Costs in the United States," Management Science 62 (2), 2016, 608–28.

현재 자신들의 사회적 관계에 만족도도 증대된 것:

D. Keltner and G. A. Bonanno, "A Study of Laughter and Dissociation: Distinct Correlates of Laughter and Smiling During Bereavement," Journal of Personality and Social Psychology 73 (4), 1997, 687.

우울증 사례가 줄고:

S. A. Crawford and N. J. Caltabiano, "Promoting Emotional Well-being Through the Use of Humour," Journal of Positive Psychology 6 (3), 2011, 237–52.

혈류와 근육의 이완을 증가시키고:

M. Miller and W. F. Fry, "The Effect of Mirthful Laughter on the Human Cardiovascular System," Medical Hypotheses 73 (5), 2009, 636–39.

동맥벽의 경직성을 감소시키는 것:

C. Vlachopoulos, P. Xaplanteris, N. Alexopoulos, K. Aznaouridis, C. Vasiliadou, K. Baou, . . . and C. Stefanadis, "Divergent Effects of Laughter and Mental Stress on Arterial Stiffness and Central Hemodynamics," Psychosomatic Medicine 71(4), 2009, 446–53.

폐기능 개선을 경험했다.:

M. H. Brutsche, P. Grossman, R. E. Müller, and J. Wiegand, "Impact of Laughter on Air Trapping in Severe Chronic Obstructive Lung Disease," International Journal of Chronic Obstructive Pulmonary Disease 3 (1), 2008, 185.

임신확률이 16 퍼센트 증가했다.:

S. Friedler, S. Glasser, L. Azani, L. S. Freedman, A. Raziel, D. Strassburger, . . . and L. Lerner-Geva, "The Effect of Medical Clowning on Pregnancy Rates After In Vitro Fertilization and Embryo Transfer," Fertility and Sterility 95 (6), 2011, 2127–30.

15년 동안 종적 연구를 실시한 결과:

S. Romundstad, S. Svebak, A. Holen, and J. Holmen, "A 15-Year Follow-up Study of Sense of Humor and Causes of Mortality: The Nord-Trøndelag Health Study," Psychosomatic Medicine 78 (3), 2016, 345–53.

[3장]

프라이밍 효과:

J. A. Bargh and T. L. Chartrand, "Studying the Mind in the Middle: A Practical Guide to Priming and Automaticity Research," Handbook of Research Methods in Social Psychology, 2000.

'간호사'라는 단어를 더 빨리 인지했다.:

D. E. Meyer and R. W. Schvaneveldt, "Facilitation in Recognizing Pairs of Words: Evidence of a Dependence Between Retrieval Operations," Journal of Experimental Psychology 90 (2), 1971, 227.

웃음의 높은 감정적 전염성:

J. E. Warren, D. A. Sauter, F. Eisner, J. Wiland, M. A. Dresner, R. J. Wise, . . . and S. K. Scott, "Positive Emotions Preferentially Engage an Auditory-Motor 'Mirror' System," Journal of Neuroscience 26 (50), 2006, 13067–75.

[4장]

사피어워프의 가설:

P. Kay and W. Kempton, "What Is the Sapir – Whorf Hypothesis?" American Anthropologist 86 (1), 1984, 65–79.

적어도 일주일의 절반:

W. Johnson, "Leading Remotely," MIT Sloan Management Review, winter 2020, https://sloanreview.mit.edu/article/leading-remotely/.

오늘날 평균적인 직장인들:

M. Chui, J. Manyika, J. Bughin, R. Dobbs, C. Roxburgh, H. Sarrazin, G. Sands, and M. Westergren, "The Social Economy: Unlocking Value and Productivity Through Social Technologies," McKinsey Global Institute, July 2012, https://www.mckinsey.com/industries/technology-media-and-telecommunications/our-insights/the-social-economy.

90 퍼센트의 사람들이 ~~ 추신을 읽는다는 사실:

S. Vögele, Handbook of Direct Mail: The Dialogue Method of Direct Written Sales Communication (Prentice Hall, 1992).

평가와 거의 차이가 없었다.:

N. Ambady and R. Rosenthal, "Half a Minute: Predicting Teacher Evaluations from Thin Slices of Nonverbal Behavior and Physical Attractiveness," Journal of Personality and Social Psychology 64(3), 1993, 431.

피크 엔드 룰:

D. Kahneman, B. L. Fredrickson, C. A. Schreiber, and D. A. Redelmeier, "When More Pain Is Preferred to Less: Adding a Better End," Psychological Science 4(6), 1993, 401–405.

[5장]

자기 상사보다:

D. Sturt and T. Nordstrum, "10 Shocking Workplace Stats You Need to Know," Forbes , March 8, 2018, https://www.forbes.com/sites/davidsturt/2018/03/08/10-shocking-workplace-stats-you-needto-know/#76e360b2f3af.

직장에서 업무성과에 가장 큰 영향을 끼치는 단 하나의 문제:

J. Morgan, "Trust in the Workplace: What Happened to It, and How Do We Get It Back?" Forbes , September 11, 2014.

자신감의 위기가 ~~ 위협이 된다~:

"Redefining Business Success in a Changing World: CEO Survey," PricewaterhouseCoopers, January 2016, https://www.pwc.com/gx/en/ceo-survey/2016/landing-page/pwc-19th-annual-global-ceo-survey.pdf.

30에서 49세 사이의 통계치:

L. Rainie, S. Keeter, and A. Perrin, "Trust and Distrust in America," Pew Research Center, July 22, 2019.

개를 키우는 미국인의 비율 (44%):

F. Newport, J. Jones, L. Saad, and J. Carroll, "Americans and Their Pets," Gallup News Service, December 21, 2016.

신뢰도가 높은 환경에서는 직원들이:

2016 HOW Report. A Global, Empirical Analysis of How

Governance, Culture and Leadership Impact Performance.

일관된 이야기를 하고 있었다.:

2019 Edelman Trust Barometer Global Report, https://www.edelman.com/sites/g/files/aatuss191/files/2019-02/ 2019_Edelman_Trust_Barometer_Global_Report.pdf.

유머 감각이 있다고 인정받는 관리자들:

W. H. Decker, "Managerial Humor and Subordinate Satisfaction," Social Behavior and Personality 15(2), 1987, 225–32.

'상사에게서 벗어나기 위해':

J. Harter and A. Adkins, "Employees Want a Lot More from Their Managers," Gallup Workplace , April 8, 2015.

직원 이직률이 88 퍼센트 증가해:

2019 Retention Report, Work Institute, https://info.workinstitute.com/hubfs/2019 percent20Retention percent20Report/Work percent20Institute percent202019 percent20Retention percent20Report percent20final-1.pdf.

웃음이 리더들을 위해 뭔가를 해 주는 것이 아니라:

Dana Bilksy Asher, "The Surprising Link Between Laughter and Learning," Fast Company , May 10, 2016.

S&P 500 기업의 절반 가까이가 교체:

Scott D. Anthony, S. Patrick Viguerie, Evan I. Schwartz, and John Van Landeghem, "2018 Corporate Longevity Forecast: Creative Destruction Is Accelerating," Innosight Insights, https://www.

innosight.com/insight/creative-destruction/.

자신의 인생 이야기를 코미디로 해석:

스탠퍼드대학의 새로운 연구는 긍정적이고 부정적인 삶 모두 비극이나 드라마로 해석하기보다 코미디로 해석하는 사람들이 스트레스를 덜 받고, 더 활기차고, 도전적이고, 성취감도 높다고 보고하고 있다.

친근한 상사:

J. Harter and A. Adkins, "Employees Want a Lot More from Their Managers," Gallup Workplace , April 8, 2015.

자기비하 유머를 사용하는 리더들:

C. Hoption, J. Barling, and N. Turner, "'It's Not You, It's Me': Transformational Leadership and Self - Deprecating Humor," Leadership and Organization Development Journal 34(1), 2013, 4–19. doi: 10.1108/01437731311289947.

'감사의 부족':

"Performance Accelerated: A New Benchmark for Initiating Employee Engagement, Retention and Results," OC Tanner Learning Group, https://www.octanner.com/content/dam/oc-tanner/documents/global-research/White_Paper_Performance_Accelerated.pdf.

[6장]

더 많은 기능적인 의사소통과 문제 해결 행동:

N. Lehmann-Willenbrock and J. A. Allen, "How Fun Are Your Meetings? Investigating the Relationship Between Humor Patterns in Team Interactions and Team Performance," Journal of Applied Psychology 99(6), 2014, 1278.

리더들은 조직문화에 불균형한 영향을 끼친다.:

S. Oreg and Y. Berson, "The Impact of Top Leaders' Personalities: The Processes Through Which Organizations Become Reflections of Their Leaders," Current Directions in Psychological Science 27 (4), 2018, 241–48.

피크 엔드 룰:

D. Kahneman, B. L. Fredrickson, C. A. Schreiber, and D. A. Redelmeier, "When More Pain Is Preferred to Less: Adding a Better End," Psychological Science 4(6), 1993, 401–405.

집단 결속의 근원:

F. Gino and M. I. Norton, "Why Rituals Work," Scientific American , May 14, 2013.

원시 마크:

J. M. Berg, "The Primal Mark: How the Beginning Shapes the End in the Development of Creative Ideas," Organizational Behavior and Human Decision Processes 125 (1), 2014, 1–17.

[7장]

연구결과 농담이 '지위가 낮은 쪽'으로 전달될 때 웃음을 유발할 가능성이 훨씬 더 컸다.:

T. F. Stillman, R. F. Baumeister, and C. Nathan DeWall, "What's So Funny About Not Having Money? The Effects of Power on Laughter," Personality and Social Psychology Bulletin 33 (11), 2007, 1547–58.

실험진행자가 더 높은 지위에 있다고 믿는 참가자들:

Ibid.

더 친근하고 접근 가능한 이미지를 만들고:

A. Gherini, "What a Self-Deprecating Sense of Humor Says About Your EQ," Inc., November 29, 2018.

낮은 지위에 있는 사람들이 자기를 비하할 때:

T. B. Bitterly, A. W. Brooks, and M. E. Schweitzer, "Risky Business: When Humor Increases and Decreases Status," Journal of Personality and Social Psychology 112(3), 2017, 431–55.

성차별에 훨씬 더 관대한 것:

R. K. Mallett, T. E. Ford, and J. A. Woodzicka, "What Did He Mean by That? Humor Decreases Attributions of Sexism and Confrontation of Sexist Jokes," Sex Roles 75 (5–6), 2016, 272–84.

받는 사람이 그 분위기를 정확하게 해석:

J. Kruger, N. Epley, J. Parker,

and Z. W. Ng, "Egocentrism over E-mail: Can We Communicate as Well as We Think?"Journal of Personality and Social Psychology 89 (6), 2005, 925.

여성 단체에 가는 자금을 더 크게 삭감할 것을 권고했다.:

T. E. Ford, C. F. Boxer, J. Armstrong, and J. R. Edel, "More than 'Just a Joke': The Prejudice-Releasing Function of Sexist Humor," Personality and Social Psychology Bulletin 34 (2), 2008, 159–7